공간과 장소

공간에 우리의 경험과 삶,
애착이 녹아들 때
그곳은 장소가 된다

공간과 장소

이-푸 투안 지음 ─ 윤영호 김미선 옮김

사이

우리는 공간과 장소를 〈경험〉합니다

사유의 생애는 우리네 삶 자체와 마찬가지로 끊임없이 이어지는 이야기입니다. 정치 세계에서 한 행위가 다른 행위를 이끌어내는 것처럼 하나의 책 또한 다른 한 권의 책에서 파생됩니다. 저는 인간의 물리적 환경에 대한 온갖 다양한 태도와 가치를 분류하고 정리할 요량으로 『토포필리아*Topophilia*』(풍경이나 장소에 대한 사랑)라는 장소애場所愛에 관한 책을 집필한 적이 있습니다. 다양하고 광범위한 인간의 환경적 경험을 주의 깊게 살펴보았음에도 당시의 저는 그 이질적인 소재들을 체계적으로 엮을 수 있는 어떤 핵심적인 주제나 개념을 찾아낼 수 없었습니다. 그래서 결국 핵심 주제에서 논리적으로 발전되어 나온 것이 아닌 그저 편리하고 상투적인 범주, 이를테면 교외, 시내, 도시 혹은 인간의 여러 감각들에 대한 개별적인 취급과 같은 것에 의존해야 하는 경우가 많았습니다.

하지만 이 책에서는 보다 일관성 있게 논의를 펼쳐 보고자 합니다. 그러기 위해 아주 밀접하게 연관된 환경 요소인 〈공간〉과 〈장소〉에 초점을 맞추고자 합니다. 이와 관련해 보다 중요하게는, 소위 공간과 장소에서의 〈경험〉이라는 하나의 관점에서 내용을 전개하고자 합니다. 미숙한 감정에서 명확한 개념에 이르기까지, 아주 복잡한 〈인간 경험의 본질〉이 이 책의 내용과 주제를 차지하고 있다고 보면 되겠습니다.

저는 간혹 학문적인 신세를 진 것에 대해 제대로 감사의 마음을 전하기가 어려웠습니다. 그 한 가지 이유는 제가 너무나 많은 사람들에게 너무나 많은 신세를 지고 있기 때문입니다. 더 큰 문제는 아마 가장 많은 신세를 진 사람들에게조차도 제대로 감사의 마음을 전하지 못할 수도 있다는 것입니다. 저는 그들의 지식을 집어삼켰습니다. 그들의 견해는 제 마음속의 사상이 되었습니다. 이름 없는 저의 조언자들 중에는 미네소타 대학의 학생들과 동료들도 포함되어 있습니다. 제가 무의식적으로 그들의 통찰력을 빌리는 것에 대해 그저 그들이 관대하게 받아주기만을 기원할 뿐입니다. 왜냐하면 스승이라면 모름지기 그것이 제자로부터 받을 수 있는 가장 진심 어린 형태의 찬사임을 알기 때문이지요.

제가 특별히 신세를 진 사람들이 있는데 그분들에게 감사의 말을 전할 수 있게 되어 기쁩니다. 먼저 제 어설픈 노력에 격려를 보내준 J. B. 잭슨과 P. W. 포터, 그저 의욕만 넘치는 원고에 근사한 그림을 그려준 수창 왕, 샌드라 하스, 패트리샤 버웰, 그리고 꼼꼼하게 교정 작업을 해준 대학 출판부의 도리안 코틀러에게 마음 깊이 감사의 마음을 전합니다. 또한 지난 2년 동안 아무 지장 없이 이 책을 집필할 수 있도록 지원해준 여러 기관들도 빼놓을 수가 없겠네요. 일년간의 휴직 후에도 제게 안식년을 허가해준 미네소타 대학교, 또 뜻이 맞는 대학원생들과 함께 이 책의 주제를 처음으로 연구할 수 있게 해준 하와이 대학교, 제게 호주를 방문할 수 있도록 지원해준 호주-미국 교육재단(풀브라이트 헤이즈 프로그램), 또한 제가 생각을 하고 집필을 할 수 있도록 격려와 자극이 되는 환경을 제공해준 호주국립대학 인문지리학과, 그리고 햇살과 온기와 인간미가 넘치는 일년의 시간을 허락해준 캘리포니아 대학 데이비스 캠퍼스에도 꼭 감사의 말을 전하고 싶습니다.

1977년 춘절에
이-푸 투안

1

서론:
공간에 가치를 부여하면
그곳은 장소가 된다

공간과 장소는 평범한 경험을 나타내는 친숙한 단어들입니다. 우리는 공간 속에서 살고 있습니다. 하나의 부지에는 또 다른 건물을 지을 공간이 없습니다. 아메리카 대평원(The Great Plains, 북아메리카 대륙 중앙에 남북으로 길게 뻗어 있는 대평원)은 그야말로 드넓어 보입니다. 장소는 〈안전〉을 상징하고, 공간은 〈자유〉를 상징합니다. 우리는 장소에 〈애착〉을 갖지만 동시에 공간을 〈갈망〉합니다. 집home과 같은 장소는 그 어디에도 없지요. 그렇다면 집이란 무엇일까요? 그것은 오래된 가옥이자 오래된 동네이며 고향이자 혹은 우리가 태어나고 자란 모국입니다. 지리학자들은 장소를 연구합니다. 도시계획가들은 〈장소감sense of place〉(한 사람이 어떤 장소에 대해 갖는 주관적인 느낌)을 불러일으키려 하고요. 이런 것들은 그다지 특별하지 않은 표현 방식입니다. 공간과 장소는 우리가 살아가는 세계를 구성하는 기본적인 요소입니다. 그래서 우리는 그들을 당연하게 여깁니다. 하지만 우리가 공간과 장소에 대해 생각할 때 그들은 예상치 못한 의미를 드러내고, 또한 전혀 생각지도 못한 질문을 던지기도 합니다.

그렇다면, 공간이란 무엇일까요? 신학자 폴 틸리히(Paul Tillich, 독일 출신의 신학자로 히틀러에 의해 추방되어 1933년 미국으로 망명)의 일화를 자세히 들여다보면 그 안에 담겨 있는 〈인간의 경험에서 공간이 갖는 의미〉를 알 수 있을 겁니다. 틸리히는 19세기 말인 1886년 8월 독일 동부의 한 소도시에서 태어나 그곳에서 어린 시절을 보냈습니다. 당시 그 도시는 중세의 모습을 그대로 지니고 있었습니다. 성벽에 둘러싸여 있는 데다가 중세시대의 분위기를 풍기는 시청 건물이 있던 그곳은 마치 작고 안전한 자급자족의 세상이라는 인상을 주었습니다. 상상력이 풍부한 어린아이에게 그 작은 도시는 좁고 갑갑하게 느껴졌을 겁니다. 하지만 어린 틸리히는 해마다 가족과 함께 발트해로 탈출과도 같은 여행을 떠날 수 있었습니다. 끝없이 이어진 수평선과 무한대로 펼쳐진 해변으로 떠나는 여행은 틸리히에게는 굉장한 경험이었습니다. 오랜 세월이 흐른 후 틸리히는 은퇴 후 말년을 보낼 장소로 대서양 연안의 한 곳을 선택했습니다. 그곳을 고른 이유는 의심할 여지 없이 어린 시절의 경험에 크게 영향을 받은 결과입니다. 소년 시절에도 틸리히는 더 큰 도시인 베를린으로 여행을 다니면서 소도시의 갑갑한 생활에서 벗어날 수 있었습니다. 대도시를 방문할 때면 그는 묘하게도 바다를 떠올렸습니다. 베를린 역시 어린 틸리히에게 개방감, 끝없이 펼쳐짐, 그 어떤 제한도 받지 않는 자유로운 공간이라는 느낌을 주었던 것입니다.[1] 이런 종류의 경험은 우리가 이미 잘 알고 있다고 생각하는 공간이나 광활함 같은 단어의 의미를 다시금 생각해 보게끔 만듭니다.

그럼, 장소란 무엇일까요? 무엇이 한 장소에 고유한 정체성과 분위기를 부여할까요? 이것은 물리학자 닐스 보어와 베르너 하이젠베르크가 덴마크의 크론베르크성을 방문했을 때 갖게 된 의문이었습니다. 보어는 하이젠베르크에게 이렇게 말합니다.

"여기에 햄릿이 살았다고 상상하자마자 이 성이 다르게 보이는 게 이상하지 않나요? 과학자인 우리는 이 성이 오로지 돌로만 되어 있다고 믿으면서 건축가가 그 돌들을 축조한 방식에 경의를 표하죠. 돌과 고색창연한 초록 지붕, 교회 안의 목각물들이 이 성 전체를 이루고 있어요. 그 중 그 어느 것도 여기에 햄릿이 살았다는 사실 때문에 변하지는 않지만 이 성은 이제 완전히 달라졌어요. 갑자기 성벽과 성곽이 이전과는 전혀 다른 말을 하고 있어요. 성의 안마당은 하나의 온전한 세계가 되고, 어두운 모퉁이는 우리에게 인간 영혼의 어두운 면을 떠올리게 하고, 또한 우리는 바로 여기서 "사느냐 죽느냐, 그것이 문제로다!"라고 말하는 햄릿의 목소리를 듣습니다. 하지만 우리가 햄릿에 대해 아는 거라곤 13세기의 한 기록에 그의 이름이 나온다는 것이 전부예요. 아무도 그가 실제로 살았는지 증명할 수 없어요. 하물며 여기 이 성에 살았는지의 여부는 더더욱 말할 필요도 없죠. 하지만 누구나 셰익스피어가 그에게 던지게 했던 질문, 그를 통해 밝히고자 했던 인간의 깊이를 알고 있습니다. 그래서 그 역시 지구상의 한 장소, 여기 크론베르크성에서 발견되어야만 했죠. 그리고 일단 그것을 알게 되자 크론베르크성은 우리에게 이전과는 완전히 다른 성이 되는 거죠."[2]

　최근의 행동학적 연구들을 살펴보면 인간 이외의 동물들도 영역감sense of territory과 장소감이 있다는 것을 알 수 있습니다. 다른 동물들도 공간에 자신의 영역을 표시하고 침입자들로부터 자신을 방어합니다. 장소는 허기, 갈증, 휴식, 출산 같은 생물학적 욕구가 충족되는 〈가치의 중심지〉입니다. 인간은 어느 일정한 행동양식을 다른 동물들과 공유하지만, 틸리히와 보어의 사례에서 나타나는 것처럼, 사람들은 동물의 세계에서는 상상할 수 없는 복잡한 방식으로 공간과 장소에 반응합니다. 어떻게 발트해와 베를린 모두 개방감과 무한함의 느낌을 자아내게 할 수 있었을까요? 어떻게 크론베르크성을 떠도는 단순한 전설 하나가 두 유명한 과학자의 마음속에 특별한 감정이 스며들게 할 수 있었을까요? 만약 인간 환경의 본질과 특성에 대한 우리의 관심이 진지하다면 이런 의문은 분명히 기본적인 질문이 될 것입니다. 하지만 그런 질문들은 거의 제기된 적이 없습니다. 대신 우리는 쥐와 늑대 같은 동물들을 연구하면서 인간의 행동과 그 가치도 동물과 거의 비슷하다고 말합니다. 혹은 공간과 장소를 측정하고 지도로 작성하면서 그에 따른 공간 법칙을 세우고 우리의 노력이 필요한 자료 목록을 만듭니다. 물론 이런 것들도 중요한 접근법이긴 하지만 우리 스스로는 인간이기 때문에 우리가 수집할 수 있고 자신감 있게 해석할 수 있는 경험적 데이터로 보완할 필요가 있습니다. 우리 인간은 정신, 사고, 감정에 접근할 수 있는 특권을 지닌 존재입니다. 우리는 인간에 대한 사실에 대해서는 내부자적 시각을 지니는데, 이는 다른 종류의 사실에 대해서는 가질 수 없는 것입니다.

사람들은 간혹 궁지에 몰려 경계하는 동물처럼 행동하기도 합니다. 하지만 때때로 법칙을 고안해 내고 자료를 지도화하는 작업에 전념하는 냉철한 과학자처럼 행동할 때도 있습니다. 물론 어떤 태도도 오래 지속되지는 않습니다. 그만큼 인간은 복잡한 존재인 것이죠. 인간은 다른 영장류와 비슷한 감각기관을 갖고 태어나긴 했지만 이례적일 정도로 뛰어나게 정제된 상징화 능력을 갖고 있습니다. 동물과 몽상가와 컴퓨터를 결합해 놓은 듯한 이러한 인간이 세계를 경험하고 이해하는 방식이 바로 이 책의 핵심 주제라 할 수 있습니다.

공간은 움직이는 곳, 장소는 정지하는 곳

인간이 선천적으로 부여받은 능력을 감안하면, 사람들은 어떤 방식으로 공간과 장소에 의미를 부여하고 그곳들을 체계화할까요? 이 질문에 대해 사회과학자들은 설명의 근거로 문화부터 내세우려고 합니다. 물론 문화는 오직 인간에게만 발달된 것으로 인간의 행동과 가치에 지대한 영향을 미칩니다. 공간과 장소에 대한 에스키모인들의 감각이 미국인들과는 큰 차이를 보이는 것만 봐도 알 수 있지요. 하지만 이러한 접근법은 설득력은 있지만, 이 경우 문화적 특수성을 초월해 어쩌면 보편적인 인간의 조건을 반영할 수도 있는 공통적인 속성의 문제를 간과하고 있다고도 볼 수 있습니다. 보편성에 주목하게 되면 행동과학자들은 영장류의 행동을 유추하려 할 것입니다. 따라서 이 책에서는 인간이 동물적 유산을 지닌다고 가정합니다. 문화는 당연히 중요합니다. 문화는 불가피한 요소이며 이 책의 모든 장에서 다루고 있습니다. 하지만 이 책의 목적은 문화가 공간과 장소에 대한 인간의 태도에 어떤 영향을 미치는지를 알려주는 안내서 역할을 하고자 하는 것이 아닙니다. 오히려 이 책은 무수한 다양성을 지닌 문화에 대한 프롤로그라고 할 수 있습니다. 여기서는 인간의 성향, 능력, 욕구에 대한 일반적인 문제들과 문화가 그것들을 강조하거나 왜곡하는 방식에 초점을 맞출 것입니다. 따라서 이 책은 다음과 같은 세 개의 주제로 이루어졌습니다.

1. 생물학적 사실

유아들은 공간과 장소에 대해 매우 미숙한 개념을 지니고 있습니다. 하지만 시간이 지나면서 아이들은 정교한 지식을 습득합니다. 그럼 이와 같은 학습의 단계는 어떻게 진행될까요? 인간의 신체는 엎드리거나 똑바로 서 있는(직립) 자세를 취합니다. 직립 자세를 하면 우리 신체의 주위로 위와 아래, 앞과 뒤, 오른쪽과 왼쪽이 생겨납니다. 이런 신체적 자세, 이로 인한 공간의 분할, 가치는 주위의 공간에 어떻게 영향을 미칠까요?

2. 공간과 장소의 관계

경험의 측면에서 공간의 의미는 종종 장소의 의미와 합쳐지기도 합니다. 공간은 장소보다 추상적입니다. 처음에는 별 특징이 없던 공간은 우리가 그곳을 더 잘 알게 되고 그곳에 가치를 부여하면서 장소가 됩니다. 건축가들은 장소의 공간적 속성에 대해 말합니다. 물론 그들은 공간의 입지적(장소적) 특성에 대해서도 그만큼 말할 수 있습니다. 공간과 장소의 개념은 각각의 의미를 규정하기 위해 서로를 필요로 합니다. 우리는 장소의 안전과 안정을 통해 공간의 개방성과 자유, 위협을 인식하며 그 반대의 경우도 마찬가지입니다. 더욱이 우리가 공간을 〈움직임movement〉이 허용되는 곳으로 생각한다면, 장소는 〈정지pause〉가 일어나는 곳이 됩니다. 움직임 중에 정지가 일어난다면 그 위치는 바로 장소로 바뀔 수 있는 것입니다.

3. 경험이나 지식의 범위

인간인 우리의 경험은 직접적이고 친밀할 수도 있지만 상징에 의해 매개되어 간접적이고 개념적일 수도 있습니다. 우리는 자신의 집에 대해서는 구석구석 잘 알고 있지만 아주 큰 국가에 살고 있다면 국가에 대해서는 그저 알기만 합니다. 미니애폴리스에 오래 거주한 사람은 그 도시를 잘 알고 있고, 택시기사는 그 도시 안에서 길 찾는 법을 배우고, 지리학자는 미니애폴리스를 연구하면서 개념적으로 그 도시에 대해 알고 있습니다. 이것들이 바로 세 가지 종류의 경험입니다. 어떤 사람은 한 장소를 개념적으로뿐만 아니라 친밀하게 잘 알고 있을 수 있습니다. 하지만 그는 여러 개념을 설명할 수는 있지만 자신의 촉각, 미각, 후각, 청각, 시각을 통해 그가 알고 있는 것을 표현하는 데는 어려움이 있습니다.

사람들은 자신이 표현할 수 없는 것은 억제하려는 경향이 있습니다. 만약 자신의 어떤 경험이 타인과 원활하게 의사소통을 하는 데 문제가 된다면 행위자들은 흔히 그 경험을 지극히 개인적인 혹은 특이한 것으로 간주하며 그다지 중요하지 않은 것으로 여깁니다. 환경적 특성에 관한 수많은 문헌 중에서 사람들이 공간과 장소에 대해 어떻게 느끼는지 이해하고, 경험의 다양한 형태(감각운동적, 촉각적, 시각적, 개념적 형태 등)를 고려하고, 공간과 장소를 복잡한(종종 양면적인) 감정의 이미지로 해석하려고 시도하는 자료는 상대적으로 거의 없는 편입니다. 전문적인 도시계획가들은 긴급하게 실행해야 하는 탓에 너무 성급하게 실무적인 모델과 자료에 의존합니다. 일반인들은 영향력 있는 도시계획가들과 홍보 전문가들이 이미 미디어를 통해 수차례 전했을 법한 환경 슬로건을 너무나도 쉽게 받아들입니다. 하지만 이런 추상적인 것들의 기반이 되는 많은 〈경험적 데이터〉는 쉽사리 잊혀지고 맙니다. 그러나 우리 인간의 미묘한 경험은 충분히 표현될 수 있습니다. 많은 예술가들이 그러한 시도를 했고 또 종종 성공을 거두기도 했습니다. 인본주의 심리학, 철학, 인류학, 지리학뿐만 아니라 문학에서도 복잡한 인간 경험의 세계가 잘 기록되어 있습니다.

이 책은 인문주의자들이 공간과 장소에 대해 제기해온 질문들에 주목합니다. 또 인문학적 통찰력을 체계화하고 그것을 개념적 틀로 제시해 그 중요성이 우리 인간의 본성, 즉 경험에 대한 우리의 잠재력에 대해 더 알고 싶어 하는 사려 깊은 사람들뿐만 아니라 보다 많은 인간 거주지의 설계에 실질적으로 관심을 갖는 〈지구의 세입자〉들인 우리에게도 명확하게 전달하고자 합니다. 그러한 접근법은 결론을 내리기보다는 더 자주 제안하는 것을 목표로 삼기 때문에 서술적인 방식을 취합니다. 너무 많은 것들이 잠정적인 분야에서는 아마도 각각의 서술은 물음표로 끝나거나 제한하는 구절이 동반되기 마련입니다. 그 공백을 채우는 것은 아마도 독자들의 몫일 것입니다. 저는 이런 탐구적 성격의 책은 설령 학술적인 세밀함은 부족하더라도 명료성이라는 덕목만은 갖춰야 한다고 생각합니다.

이 책의 핵심 용어는 〈인간의 경험〉입니다. 그렇다면 과연 우리가 겪는 경험의 본질과 경험적 관점의 본질은 무엇일까요?

2

우리가 공간을 느끼는
두 가지 감정:
광활함과 과밀함

공간과 광활함spaciousness은 인구밀도와 과밀함crowding처럼 서로 밀접하게 연관된 단어입니다. 하지만 넓은 공간이 항상 광활하게 느껴지는 것은 아니며, 높은 밀도가 반드시 과밀함을 의미하는 것도 아닙니다. 광활함과 과밀함은 정반대의 감정입니다. 하나의 감정이 다른 감정으로 바뀌는 지점은 쉽게 일반화하기 어려운 조건들에 의해 좌우됩니다. 공간과 인구, 광활함과 과밀함이 어떻게 관련되어 있는지 이해하려면 우리는 특정한 조건들에서 그것들이 지니는 의미부터 살펴보아야 합니다.[1]

먼저, 공간을 생각해 볼까요. 기하학적 단위(면적이나 부피)로서 공간은 측정이 가능한 분명한 양quantity입니다. 보다 개괄적으로 말하자면, 공간은 자리 혹은 여지room를 의미합니다. 독일어로 공간을 나타내는 단어는 라움raum입니다. "창고에 나무상자를 하나 더 들여놓을 만한 자리가 있을까요?" "부지에 집을 한 채 더 지을 만한 자리가 있나요?" "대학에 더 많은 학생을 수용할 만한 자리가 있나요?" 비록 이 질문들은 비슷한 문법적 구조에 모두 〈자리〉라는 단어를 적절히 사용하고 있지만 그 의미는 각각의 사례마다 다릅니다. 첫 번째 질문은 더 많은 물건이 들어갈 수 있는지의 여부를 묻는 것으로 단순하고 객관적인 수치를 대답으로 요구합니다. 하지만 두 번째와 세 번째 질문에서는 자리가 물리적 공간 그 이상을 의미할 수 있음을 보여줍니다. 그것은 바로 광활함을 나타냅니다. 두 번째 질문은 집이 물리적으로 그 부지에 적합한지의 여부가 아닌, 부지가 충분히 넓은지를 묻고 있는 것입니다. 그리고 세 번째 질문의 경우, 대학은 강의실과 시설을 적절히 갖추고 있어야 할 뿐만 아니라 사유의 세계를 넓히고자 하는 학생들이 편하고 자유롭게 느낄 수 있도록 해야 함을 내포하고 있습니다.

광활함은 〈자유롭다〉는 느낌과 밀접하게 연관됩니다. 자유는 공간을 암시합니다. 자유는 행동할 수 있는 힘과 〈충분한 공간〉을 갖는다는 것을 의미합니다. 자유롭다는 것은 여러 단계의 의미를 지닙니다. 기본적인 단계의 의미는 현재의 조건을 초월하는 능력이며, 이 초월성은 움직일 수 있는 기본적인 능력으로 가장 잘 드러납니다. 움직이는 동작 속에서 공간과 공간의 속성은 직접적으로 체험됩니다. 움직이지 못하는 사람은 추상적인 공간에 대한 기본적인 개념을 익히기도 어렵습니다. 왜냐하면 그 개념은 움직임, 즉 움직이면서 직접적으로 공간을 체험하는 것에서 비롯되기 때문입니다.

어린 아기는 자유롭지 못합니다. 죄수들과 침대에서 누워만 지내는 사람들도 마찬가지입니다. 그들은 자유롭게 움직일 능력이 없거나 또는 그런 능력을 상실했습니다. 따라서 그들은 한정된 공간에서만 지냅니다. 노인은 점점 더 움직이기 힘들어집니다. 그들에게 공간은 점점 더 닫혀져 가는 듯합니다. 활동적인 아이에게 계단은 두 층 사이의 연결로, 다시 말해 맘껏 오르내리라는 〈초대장〉인 반면, 노인에게 계단은 두 층 사이의 장벽, 다시 말해 가만히 있으라는 〈경고장〉입니다. 아이들과 운동선수들처럼 육체적 활기가 넘치는 사람들은 공간적 확장감을 즐기는데, 그들의 육체적 무용담을 부러움과 시기심 섞인 마음으로 듣는 사무직 근로자들에게 이런 느낌은 무척 생소한 것입니다. 캐나다 토론토 메이플 리프스 소속의 하키선수 에릭 네스터린코는 어린 시절에도 승리보다 움직임의 기쁨이 더 컸다고 말합니다. "어렸을 때 나의 진정한 기쁨은 내 마음대로 움직이는 것이었습니다." 그는 이렇게 회상했습니다. "누구에게라도 갈 수 있었기 때문에 해방되는 기분을 느꼈죠. 한마디로, 나는 자유로웠습니다." 서른여덟 살이 된 그는 여전히 공간적 자유를 느낄 때 즐거워했습니다. 어느 춥고도 청명하고 상쾌한 날 오후에 그는 거리에서 커다란 빙판을 보았습니다. 무심코 그는 빙판 위로 차를 몰았고 차에서 내려 스케이트를 신었습니다. 그 하키선수는 이렇게 말했습니다.

"나는 낙타털로 만든 코트를 벗었습니다. 그저 양복 차림에 스케이트를 신고 있을 뿐이었죠. 이윽고 나는 힘껏 내달렸습니다. 그곳에는 아무도 없었습니다. 나는 마치 새처럼 자유로웠습니다…… '믿을 수 없어! 아름다워! 지금 내가 중력의 한계를 무너뜨리고 있어.' 나는 이것이야말로 인간의 타고난 욕망이라는 느낌이 들었습니다."[2]

개방된 공간에서는 장소에 대한 열망을,
안전한 장소에서는 광활한 공간에 대한 열망을

도구와 기계는 공간과 광활함에 대한 인간의 감각을 확장합니다. 인간이 두 팔을 뻗어 측정할 수 있는 공간은 창을 던지거나 화살을 쏘아서 측정할 수 있는 공간에 비하면 작은 세계에 불과합니다. 신체는 이 두 가지 측정의 단위(창과 화살)를 몸과 체험을 통해 느낄 수 있습니다. 크기는 사람이 팔을 뻗을 때 느끼는 규모를 말합니다. 그것은 사냥꾼이 창을 던지고, 손에서 창이 빠져나가는 것을 느끼고, 창이 멀리 사라지는 모습을 볼 때 경험하는 것입니다. 도구나 기계는 이처럼 인간의 세계를 확장합니다. 그것들을 이용하게 되면서 인간은 자신의 육체적 능력이 직접적으로 확대되는 것을 느낍니다. 자전거는 공간에 대한 인간의 감각을 확장하는데 이는 스포츠카도 마찬가지입니다. 그것들은 인간이 마음대로 조종할 수 있는 기계들입니다. 날렵한 스포츠카는 운전자의 미세한 요구에도 반응을 합니다. 그것들은 속도와 공기와 움직임의 세계로 우리를 인도합니다. 직선도로를 질주하거나 굽은 도로를 돌아갈 때 운동량과 중력 같은 물리학 서적에 나오는 따분한 용어들을 우리는 실제 움직임을 통해 느끼게 됩니다. 1920년대에 사용되던 경비행기의 경우도 인간을 광활한 자연과 더 친밀하게 해주었을 뿐만 아니라 인간의 자유와 인간의 공간도 확장시켜 주었습니다. 『어린 왕자』를 쓴 프랑스의 작가이자 비행사인 앙투안 드 생텍쥐페리는 이렇게 표현했습니다.

언뜻 보기에 기계는 자연의 심대한 문제들로부터 인간을 소외시키는 도구처럼 보이지만, 실상은 인간을 더 깊숙이 그 문제들 속으로 몰아넣는다. 농부와 마찬가지로 조종사에게도 여명과 황혼은 중대한 사건이 된다. 그에게 극히 중요한 문제들은 산과 바다와 바람에 의해 결정된다. 비바람 거센 하늘의 거대한 심판대 앞에 홀로 선 조종사는 우편물을 지키고…… 이 세 가지 신성한 요소들과 평등이라는 용어에 대해 논쟁한다.[3]

구석기 시대의 사냥꾼이 손도끼를 내려놓고 활과 화살을 집어들 때 그는 공간을 극복하는 데 있어 한 걸음 나아가게 되고 공간은 그의 앞에서 확장합니다. 한때 육체적 범위와 정신적 지평 너머에 있던 사물들이 이제 그의 세계의 일부를 형성합니다. 가장 먼저 자전거 타는 법을 배우고 그 다음 스포츠카 운전하는 법을 배우고 마침내 경비행기 조종하는 법을 배운 사람이 있다고 상상해 볼까요. 그는 점점 더 빠른 속도로 움직이고 점점 더 먼 거리를 극복하게 됩니다. 이때 그는 공간을 정복하기는 하지만 감지되는 공간의 크기는 어찌하지 못합니다. 반대로 공간은 그의 앞에 계속 펼쳐집니다. 하지만 교통수단을 이용한 이동이 수동적인 경험이라면, 공간의 정복은 〈공간의 축소〉를 의미할 수 있습니다. 인간에게 자유를 주는 속도 때문에 우리는 오히려 광활함이라는 감각을 잃게 되는 거지요. 제트여객기를 생각해 보세요. 그것은 몇 시간 만에 대륙을 횡단하는데, 이때 승객들이 경험하는 속도와 공간은 아마 바람을 가르며 오토바이로 고속도로를 질주하는 사람에 비해 생동감이 훨씬 떨어질 겁니다. 제트기 승객들은 자신들이 타고 있는 기계를 전혀 통제할 수 없으며 그것을 통해 자신의 생물학적 능력이 확장된다고도 느끼지 못합니다. 승객들은 좌석에 안전하게 벨트로 고정된 채 한 지점에서 다른 지점으로 수동적으로 운송되는, 그저 사치스러운 운반용 상자일 뿐입니다.

공간은 서구세계에서는 보편적으로 자유를 상징합니다. 공간은 개방되어 있습니다. 따라서 공간은 미래를 제안하며 행동을 촉발합니다. 부정적인 측면에서 보자면, 공간과 자유는 하나의 위협입니다. 〈나쁜bad〉이라는 단어는 어원적으로 〈개방된open〉이라는 의미를 지닙니다. 개방되고 자유로운 상태는 노출되고 취약한 상태이기도 합니다. 개방된 공간에는 사람들이 지나다닌 길이나 표지판이 없습니다. 그곳에는 확립된 인간적인 의미들이 고착화되어 나타나는 형태가 전혀 없습니다. 따라서 개방된 공간은 의미가 부여될 수 있는 백지와도 같습니다. 그리하여 개방되어 있지 않고 인간화된 공간은 장소입니다. 공간과 비교하면 장소는 기존의 가치들이 내재된 〈평온한 중심지〉입니다. 인간은 공간과 장소 모두를 필요로 합니다. 인간의 삶은 안정적인 거주지와 모험지, 애착과 자유 사이에서 변증법적으로 전개됩니다. 개방된 공간에서 사람들은 장소에 대한 열망이 강렬해질 수 있고, 안전한 장소에 고립된 상태에서는 그 너머의 광활한 공간을 끊임없이 떠올리게 됩니다. 건강한 사람이라면 구속과 자유, 장소의 제한과 공간의 노출을 기꺼이 받아들입니다. 하지만 밀실공포증 환자는 작고 협소한 장소를 따뜻한 유대감을 쌓거나 혼자 명상을 할 수 있는 공간이 아닌 억압적인 봉쇄로 여깁니다. 반면 광장공포증 환자는 개방된 공간을 두려워합니다. 그에게 그런 공간은 잠재된 행동을 표출하고 자아를 확장하기 위한 곳으로 다가오지 않습니다. 그곳은 오히려 자아의 연약한 온전성을 위협하는 곳으로 다가옵니다.[4]

누군가에게는 광활한, 누군가에게는 황량한

물리적 환경은 크기와 광활함에 대한 인간의 감각에 영향을 미칠 수 있습니다. 오스트레일리아 멜라네시아 군도의 티코피아는 길이가 고작 5킬로미터에 불과한 작은 섬입니다. 이 섬의 주민들은 광활함에 대한 개념이 희박합니다. 그들은 과연 대양의 파도소리가 들리지 않는 땅이 존재하는지 궁금해 했습니다.[5] 이와는 정반대로 중국은 한 대륙의 전반에 걸쳐 있습니다. 중국인들은 머나먼 거리를 상상하는 법을 배웠고 그런 거리를 두려워하는 법도 배웠습니다. 왜냐하면 그토록 머나먼 거리는 친구 혹은 연인과의 이별을 의미할 수도 있기 때문입니다. 초기 중국 문학에서는 멀리 떨어져 있는 거리감을 묘사하기 위해 〈천리千里〉라는 표현을 사용했습니다. 한漢왕조 시대에는 〈만리萬里〉라는 표현이 유행하기도 했습니다. 이처럼 지리적 지식이 발전하면서 시적 과장법도 수정되어야 했답니다. 더욱이 시인들은 멀리 떨어져 있는 거리에 대한 감각과 이별에 대한 느낌을 표현하기 위해 대조적인 자연환경을 사용할 수 있게 되었습니다. 한왕조 시대의 작품인 아래의 시구는 이별의 감정과 그 감정을 고조시키는 방법을 보여줍니다.

가네 가네, 계속 가네
멀리 당신과 헤어져.
우리 사이는 만리가 넘고
서로가 하늘 반대편 끝자락에 있네.
내가 가는 길은 험하고 멀어
언제 우리가 다시 만날지 누가 알리오?
후의 말은 북풍에 기대고
유에의 새는 남쪽 가지에 둥지를 트네.
날마다 우리의 이별은 더 멀어져만 가고…….[6]

후Hu는 한국에서 티베트에 이르는 중국 북부지역을 지칭합니다. 유에Yueh는 양쯔강 어귀의 주변 지역을 일컫습니다. 따라서 거리에 대한 추상적 과장이라고 할 수 있는 만리는 특정한 두 지역과 그곳의 대조적인 생태환경에 대한 이미지로 구체화됩니다.
광활한 느낌은 특정한 유형의 환경과 동일시될 수 있을까요?

어떤 환경이 그 누군가에게 자유롭게 움직일 수 있도록 허락한다면 그에게 그 환경은 광활한 것이 됩니다. 가구가 어수선하게 놓여 있는 방은 광활하지 않습니다. 반면 텅 빈 강당이나 광장은 광활하며 그런 곳들에 아이들을 데려가면 신나게 뛰어다닐 것입니다. 나무 하나 없는 드넓은 평원은 탁 트이고 광활해 보입니다. 환경과 감정의 관계는 명확한 듯하지만 사실 일반적인 규칙을 도출하기는 어렵습니다. 이 문제를 어렵게 만드는 요인은 두 가지입니다. 첫 번째 요인은 광활한 느낌이 대조를 통해 강화된다는 것입니다. 예를 들면, 집은 바깥의 계곡에 비하면 작고 정돈된 세계입니다. 반면 집 안에서 보면 계곡은 넓고 흐릿해 보입니다. 하지만 계곡 자체는 그 뒤로 펼쳐지는 평원에 비하면 확실히 움푹 들어간 구덩이에 불과합니다. 두 번째 요인은 문화와 경험이 환경의 해석에 지대한 영향을 미친다는 것입니다. 미국인들은 서부의 넓디넓은 평원을 기회와 자유의 상징으로 받아들입니다. 하지만 러시아 농부들에게 끝없이 펼쳐진 평원은 정반대의 의미를 갖습니다. 그것은 기회가 아닌 절망을 암시했습니다. 그것은 행동을 독려하기보다 오히려 하지 못하게 억제했습니다. 그것은 자연의 방대함과 냉담함 대신에 인간의 하찮음을 나타냈습니다. 그 방대함은 인간을 무겁게 억눌렀습니다. 그래서 러시아의 작가 막심 고리키는 이렇게 적었습니다.

통나무벽과 초가지붕의 시골집들이 옹기종기 모여 있는 끝없는 평원은 인간의 영혼을 황폐하게 만들고 그 무언가를 하려는 욕망을 모두 없애버리는 독약 같은 성질을 가지고 있다. 농부는 자기 마을의 경계를 벗어나 더 먼 곳으로 갈 수 있고 그곳에서 자신을 둘러싼 텅 빈 공간을 보게 되고 얼마 후에는 그 황량함이 자신의 영혼으로 밀려드는 듯한 기분을 느낄 것이다. 어디서도 수고한 흔적을 찾아볼 수 없다…… 눈이 닿는 곳까지 끝없는 평원이 펼쳐져 있고 그 평원의 한가운데에 서 있는 하찮고 불쌍한 작은 사나이는 이 황량한 대지 위에 버려진 채 갤리선을 젓는 노예처럼 일한다. 그는 무심한 느낌에 압도되어 있는데, 그 느낌은 과거의 경험을 생각해내고 기억해내는 능력과 그런 경험으로부터 영감을 이끌어내는 능력을 말살시킨다.[7]

환경과 감정이 어떻게 연관되는가라는 문제는 광활한 느낌이 숲과 관련될 수 있는가라는 질문으로 귀결됩니다. 어떤 관점에서 보면 숲은 개방된 공간과는 반대되는 어수선한 환경입니다. 숲에서는 먼 거리의 풍경을 볼 수 없습니다. 농부는 농장과 목초지를 위한 공간을 마련하기 위해 나무들을 잘라내야 합니다. 하지만 일단 농장이 조성되면 그곳은 의미를 지닌 정돈된 세계, 즉 장소가 되고 그 너머에 숲과 공간이 있게 됩니다.[8] 황량한 평원과 마찬가지로 숲도 가능성을 지닌, 사람의 발길이 닿지 않은 영역입니다. 어떤 관점에서 공간에 어수선하게 들어찬 나무들은 다른 관점에서는 공간에 대한 특별한 인식을 만들어내는 수단이 될 수 있습니다. 왜냐하면 눈으로 볼 수 있는 지점까지 나무들은 앞뒤로 나란히 늘어서 있고 그런 광경은 인간에게 무한성을 추정하도록 해주기 때문입니다. 활짝 펼쳐져 있는 평원은 아무리 넓더라도 시각적으로는 지평선에서 끝나게 됩니다. 하지만 숲은 다소 작더라도 그 속에서 길을 잃은 사람에게는 끝없이 펼쳐진 광활한 곳처럼 보입니다.

숲이 울창한 산이나 풀이 우거진 평원이 광활한 이미지를 주느냐의 여부는 적어도 어느 정도는 한 민족이 지닌 역사적 경험의 특성에 좌우됩니다. 유럽인들이 왕성하게 팽창하던 시기인 19세기에 유럽에서 아메리카 대륙으로 온 이주민들은 대체로 삼림지역에서 초원지역으로 이동했습니다. 북아메리카의 초원지대는 처음에는 두려움을 불러일으켰습니다. 그곳은 유럽인들의 정착지가 꾸려진, 숲으로 뒤덮인 동부의 그물망 같은 공간에 비하면 특별히 뚜렷한 것이 없었습니다. 훗날 미국인들은 서부의 평원을 보다 긍정적으로 해석했습니다. 미 동부의 해안지역이 잘 정돈된 장소들을 갖추고 있다면, 서부는 공간과 자유를 품고 있다는 것입니다. 하지만 미국인들의 경험과는 전혀 다르게, 중국에서는 오래전부터 인구의 중심지가 다소 습하고 약간 건조한 북부의 비교적 개방된 지역에 위치했습니다. 이후 중국인들은 언덕이 많고 숲이 울창한 남부로 이동했습니다. 중국인들은 숲이 울창한 남부와 광활한 느낌을 연관시킬 수 있었을까요? 적어도 그들 중 일부는 그랬던 것 같습니다. 이를테면 한왕조 시대의 시들에는 남부의 황야가 경이롭게 묘사되어 있습니다. 북부에서 쫓겨난 관리들은 그곳에서 온통 안개로 뒤덮인 산과 호수로 둘러싸인 방대하고 원시적인 세계를 마주했습니다. 자연을 묘사한 시와 산수화가 최고로 부흥했던 시기도 바로 남조시대였습니다. 그 당시의 시와 산수화는 모두 끊임없이 변하는 빛과 무한대로 이어진 첩첩산중의 세계인 광활한 자연을 폐쇄적이고 형식적인 인간의 세계와 대비시켰습니다.[9]

공간은 생존의 조건이자
심리적 욕구와 부와 권력의 대상이다

물론 공간은 복잡하고 변화무쌍한 관점이나 감정 그 이상입니다. 공간은 생물학적 생존을 위한 조건입니다. 하지만 인간이 안락하게 살기 위해서는 얼마나 많은 공간이 필요한가라는 질문에는 결코 쉽게 대답할 수가 없습니다. 자원으로서의 공간은 문화적으로 평가되기 때문입니다. 동양에서는 한 농가가 불과 몇 에이커의 토지만 있어도 만족스럽게 살아갈 수 있습니다. 반면 1862년 미국에서는 4분의 1평방마일 혹은 160에이커의 토지가 자작농 한 가구가 살아가는 데 적당한 규모로 인식되었습니다. 욕망의 수준은 확실히 사람의 〈공간적 적정성〉에 영향을 미칩니다. 욕망은 문화적으로 형성됩니다. 예를 들면, 중국은 전통적으로 열심히 일해서 벌어들인 소득을 투자해 재산을 증식하기보다 지대를 받으며 여가를 즐기는 소지주들이 많았습니다. 반면 서구의 자본주의 사회에서는 예전부터 욕망과 기업가정신이 있어 왔으며 그것은 점점 더 강해져 왔습니다. 진정 탐욕스러운 사람들은 좀처럼 자신이 소유한 것들에 만족하지 못합니다. 공간 또한 현재의 활동을 하는 데 충분히 만족할 만큼 넓어도 여전히 부족하다고 느낄 수 있습니다. 생물학적 욕구는 곧 그들의 자연적 한계에 도달하지만, 탐욕이라는 왜곡된 형태로 나타나기 쉬운 초생물학적 욕망은 잠재적으로 무한정 확장될 수 있습니다. 톨스토이는 몹시 격분하며 이렇게 물은 적이 있습니다. "도대체 인간은 얼마나 많은 땅을 필요로 하는가?" 그리고 같은 제목의 우화에서 그는 호소력 있게 해답을 제시했습니다. 비록 그의 질문이 상투적으로 들리긴 하지만 그의 대답과 다른 사람들에 의해 제시된 것들은 대개 심오한 정치적 도덕적 약속을 숨기고 있었습니다.

공간은 적절히 활용되면 부와 권력을 창출하는 〈자원〉이 됩니다. 공간은 전 세계적으로 위세를 상징하는 것으로 통용됩니다. 중요 인물은 지위가 낮은 사람들보다 더 넓은 공간을 차지하거나 더 많은 공간에 접근할 수 있습니다. 공격적인 자아는 끊임없이 더 많은 활동 공간을 요구합니다. 권력에 대한 갈증은 특히 돈이나 영토와 관련된 것일 경우에는 채워지지 못할 수도 있습니다. 재정의 증가와 영토의 확장은 기본적으로 착안하거나 추정하는 데 상상력이 필요하지 않은 단순한 부가적인 개념이기 때문입니다. 국가라는 집단적인 자아는 더 많은 생활권을 차지하기 위해 주변의 약소국가들을 침략합니다. 일단 한 국가가 영토 확장에 성공하기 시작하면 세계정복을 이룰 때까지 별다른 성장의 한계를 인식하지 못합니다. 공격적인 사람과 마찬가지로 공격적인 국가에게도 광활함이라는 느낌에 동반되는 만족감은 더 많은 공간을 획득함에 따라 사라져가는 신기루 같은 것입니다.

　모든 동물에게 생물학적 필요조건인 공간은 인간에게는 심리적 욕구이자 사회적 특권이며 심지어 영적인 특성이기까지 합니다. 공간과 광활함은 문화에 따라 서로 다른 의미를 지닙니다. 서구의 가치에 지대한 영향을 미친 히브리인들의 전통에 대해 생각해 볼까요. 구약성서에서 광활함을 나타내는 단어들은 어떤 맥락에서는 물리적 크기를 의미하고, 또 다른 맥락에서는 심리적, 영적 속성을 드러냅니다. 물리적 척도로서 광활함은 "아름답고 광대한 땅, 젖과 꿀이 흐르는 땅"(출애굽기 3장 8절)입니다. 이스라엘 민족은 약속의 땅 크기에 관심을 가졌습니다. 그들은 스스로 무기를 들고 이웃 나라의 희생을 감수하면서까지 영토를 확장할 수는 없었지만 하나님은 그들의 모험을 허락해 주셨습니다. "내가 이방 나라들을 네 앞에서 쫓아내고 네 지경을 넓히리니 아무도 네 땅을 탐내지 못하리라."(출애굽기 34장 24절) 히브리인들의 전통에서 심리적으로 공간은 위험으로부터의 탈출, 구속으로부터의 자유를 의미합니다. 승리는 "광활한 장소로의" 도피입니다. "여호와는 나를 넓은 곳으로 인도하시고 나를 기뻐하시므로 나를 구원하셨도다."(시편 18장 19절) 시편 119장에서 광활함을 나타내는 언어는 토라(Torah, 유대교에서 율법을 이르는 말)를 아는 사람에게 지적 확장과 영적 자유를 추구하도록 이끕니다. "주께서 내 마음을 넓히시리니 내가 주의 계명들의 길을 달려가리이다."(시편 32절) 영적 차원에서 공간은 〈구원과 구제〉를 암시합니다.[10]

타인이 자신을 관찰한다고 느낄 때
우리는 공간적으로 구속받는다고 느낀다

지금까지 우리는 다른 사람들의 존재를 고려하지 않은 채 광활함의 의미를 살펴보았습니다. 고독은 방대함이라는 느낌을 얻기 위한 조건입니다. 혼자 있을 때 인간의 사유는 자유롭게 공간을 떠돕니다. 하지만 같은 공간에 다른 사람들이 존재하면 동일한 곳에 자신들의 세계를 투영하는 그들을 인식하게 되면서 나의 생각은 억제됩니다. 그래서 공간에 대한 두려움은 종종 〈고독에 대한 두려움〉을 동반합니다. 설령 단 한 명일지라도 다른 사람과 한 공간에 같이 있다는 것은 그 공간을 축소시키고 개방성을 위협하는 효과를 일으키기 때문입니다. 다른 한편으로, 사람들이 공간에 나타나면 그들이 늘어날 때마다 광활한 느낌은 점차 정반대의 느낌인 과밀함으로 변하게 됩니다. 그렇다면 과밀함을 이루는 요소는 무엇일까요? 우리는 나무들이 울창한 숲과 잡동사니들로 가득한 방을 떠올릴 수 있습니다. 하지만 과밀함을 유발하는 주체는 대체로 사람들입니다. 사물보다는 사람들이 우리의 자유를 제한하고 우리의 공간을 빼앗을 가능성이 크기 때문입니다.

 타인들이 어떻게 나의 세계의 크기에 영향을 미칠 수 있는지를 보여주는 극단적인 사례로, 커다란 방 한구석에서 피아노를 연습하고 있는 수줍음 많은 사람을 한번 상상해 볼까요. 자, 지금 누군가 들어와 그를 쳐다봅니다. 그러면 그 피아니스트는 곧바로 자신이 공간적으로 구속을 받고 있다고 느낍니다. 단지 한 사람이 더 있는 것조차 그에게는 너무 많다고 느껴질 수 있습니다. 다른 사람의 시선을 받게 되면서 그는 그 공간을 통제하는 유일한 주체에서 방 안의 수많은 객체들 중 하나가 됩니다. 그는 자신만의 고유한 관점에 따라 사물을 공간에 질서정연하게 배열하는 힘을 상실했다고 느낍니다. 무생물체는 좀처럼 이런 효과를 일으키지 못합니다. 비록 선조들의 초상화로 가득한 방에서 아마도 그림 속 선조들의 시선 때문에 불편함을 느끼는 사람이 있을 수 있다 해도 말입니다. 심지어 가구 하나가 몹시 눈에 거슬릴 수도 있습니다. 하지만 사물은 오직 사람들이 그것에 생명력이나 인간적 속성을 부여하는 경우에만 이러한 힘을 갖게 됩니다. 반면, 인간은 선천적으로 이런 힘을 지니고 있습니다. 하지만 사회는 인간에게서 그 힘을 박탈할 수도 있습니다. 인간도 사물처럼 취급되면서 마치 책꽂이처럼 더 이상 다른 사람들에게 거슬리지 않게 될 수 있습니다. 그 예로, 부유한 사람은 시종들에게 둘러싸여 있지만 그들이 자신의 주위에서 눈에 거슬리게 북적댄다고 생각하지는 않습니다. 비천한 신분 탓에 시종들은 눈에 띄지도 않으며 그저 목공품의 일부처럼 여겨질 뿐입니다.

과밀함은 모든 사람들이 한 번쯤은 경험합니다. 사람들은 사회에서 살아갑니다. 에스키모인이든 뉴욕 시민이든, 사람이라면 다른 사람들과 함께 일하거나 살아야 할 상황이 반드시 생깁니다. 이런 상황은 뉴욕 시민에게는 당연한 현실이지만, 에스키모인이라고 항상 활짝 펼쳐져 있는 툰드라의 광활한 무대를 돌아다니는 것은 아닙니다. 어둡고 기나긴 밤들이 계속되는 동안 그들은 환기도 잘 안 되는 오두막에서 서로 함께 지내야 합니다. 뉴욕 시민들만큼 자주는 아니더라도 에스키모인도 이따금 다른 사람들을 그림자나 물건처럼 취급하면서 그들의 자극을 차단해야 할 때가 있습니다. 에티켓과 무례함은 같은 목적을 위한 정반대의 수단입니다. 그 목적이란 바로, 타인과의 접촉이 너무 심해질 위험이 있을 경우 그 접촉을 피하도록 사람들을 돕는 것입니다.

과밀한 느낌은 아주 다양한 조건에서 다양한 규모로 나타날 수 있습니다. 앞서 언급했던 한 방 안의 두 사람도 군중으로 여겨질 수 있습니다. 피아니스트는 한 사람이 들어오자 연주를 멈추고 자리를 떠납니다. 대규모의 밀집과 이주 현상도 생각해 보세요. 19세기에 많은 유럽인들은 조그만 농지, 밀집된 거주지, 오염된 도시를 버리고 신세계의 미개척지를 향해 떠났습니다. 우리는 당연히 그런 이주는 더 자유롭고 더 광활한 환경에서 새로운 기회를 찾고자 하는 열망에서 비롯되었다고 해석합니다. 유럽과 북아메리카 모두에서 나타난 또 다른 주요한 인구이동은 시골과 소규모 촌락에서 대규모 도시로의 이동을 들 수 있습니다. 하지만 우리는 시골에서 도시로의 이주가 앞서 일어난 바다 너머 신세계로의 이주와 마찬가지로 과밀함을 피하려는 욕망에서 비롯될 수 있다는 점을 잊어버리는 경향이 있습니다. 왜 시골 사람들, 특히 젊은이들은 고향의 작은 마을을 떠나 대도시로 갔을까요? 한 가지 이유는 고향에는 자리가 부족하기 때문입니다. 젊은이들은 경제적으로는 일자리가 부족하기 때문에, 심리적으로는 행동에 대한 사회적 제약이 너무 많기 때문에 자신들의 고향이 과밀하다고 생각했습니다. 경제적 영역에서의 기회의 부족과 사회적 영역에서의 자유의 결핍 때문에 고립된 촌락의 세계는 협소하고 한정된 것처럼 보였던 것입니다. 젊은이들은 일자리와 자유, 그리고 비유적으로 말하면 누구에게나 활짝 열려 있는 도시의 공간을 찾아 고향을 등지고 떠났습니다. 도시는 젊은이들이 꿈을 펼칠 수 있고 출세할 수 있다고 믿는 장소였습니다. 역설적으로 도시는 기회가 줄어들고 있는 시골에 비해 덜 과밀하고 덜 답답하다고 여겨졌습니다.

과밀함은 자신이 관찰되고 있다는 일종의 인식입니다. 조그만 마을에서 사람들은 서로를 주시합니다. 주시하는 행위에는 관심이라는 바람직한 감정과, 쓸데없고 어쩌면 악의적인 호기심이라는 바람직하지 않은 감정이 모두 내재되어 있습니다. 마을의 각각의 집에는 모두 눈들이 달려 있습니다. 집들이 가까이 다닥다닥 붙어 있는 곳에서는 이웃의 소음과 관심으로 끊임없이 방해를 받습니다. 집들이 좀 떨어져 있는 곳에서는 사생활이 조금은 더 보호되긴 하지만 그렇다고 해도 완전히 보장되는 것은 아닙니다. 바로 망원경이라는 인간의 창의적인 발명품 때문입니다. 스코틀랜드 해안의 셰틀랜드섬의 경우 집들은 서로 아주 멀리 떨어져 있습니다. 그럼에도 불구하고 사람들의 시각적 침해는 여전합니다. 사회학자 어빙 고프먼에 따르면, 주로 뱃일에 종사하는 이곳 주민들은 휴대용 망원경을 이용해 이웃을 관찰한다고 합니다. 멀리 떨어져 있어도 그 섬 주민들은 자기 집에서 망원경으로 누가 누구네 집을 방문하고 있는지 지켜볼 수 있습니다.[11]

과밀함이 즐거움이 될 때

나무들과 바위들이 황무지에 무성하게 들어차 있어도 자연 애호가들은 그 모습을 어수선하다고 생각하지 않습니다. 수많은 별들이 밤하늘에서 반짝거린다고 해서 하늘을 위압적이라고 여기지는 않습니다. 세상에 찌든 도시 사람들에게 자연은 그 어떤 특성을 지니던 간에 개방과 자유를 상징합니다. 자연을 통해 생계를 꾸려나간다 해도 인간은 자연경관과 조화를 이루며 녹아들고 자연의 고독을 방해하지 않습니다. 인구밀도가 높은 동양의 곡창지대에서 흥겹게 일하는 농부들은 외부의 관찰자들에게는 좀처럼 눈에 띄지 않습니다. 그들은 마치 대지의 일부인 것처럼 보이기까지 합니다. 인도네시아의 자바섬은 과밀한가요? 자바섬은 평균 인구밀도가 1평방마일당 1천 명 이상으로 세계에서 가장 인구가 밀집한 지역 중 하나로 꼽힙니다. 하지만 정신과 의사 애리스타이드 애셔 박사는 서로 상반되는 양가감정을 보입니다. 그는 자바의 높은 인구밀도라는 객관적인 사실을 인정하면서도 자신이 태어난 섬에 대해 "자바의 아름다운 경관과 느긋하고 개방적인 사고를 지닌 주민들을 보면서 나는 한없이 아름다운 세계 위에 펼쳐진 자유의 이미지를 떠올렸다"고 말합니다. 반면 자신이 학교 교육을 받았던 네덜란드에 대해서는 "어처구니없이 자그마하고 숨이 턱턱 막힐 듯했다"고 말합니다.[12]

자연이 한적한 분위기를 지니는지 아닌지의 여부는 그 안에서 살고 일하는 사람들의 수와는 거의 관계가 없을 듯합니다. 한적함은 자연 속에 존재하는 유기체의(인간과 인간 이외의) 수가 아니라, 마음의 분주함을 포함한 분주하다는 느낌과 실제든 상상이든 상반된 목적이라는 느낌에 의해 파괴됩니다. 메리 매카시는 자연과 일체가 되어 있다는 의식 그 자체가 한적함을 깨뜨리기 시작한다고 말했습니다. "해안에서 그물을 끌어당기는 두 명의 어부는 자연스럽게 보이지만 같은 바닷가에서 나란히 생각에 잠겨 있는 두 명의 시인은 우스꽝스러워 보일 것"이라고 말입니다.[13]

인간은 사회적 존재입니다. 우리는 같은 부류의 인간과 더불어 지낸다는 것을 인식하고 있습니다. 어떤 환경에서 얼마나 오랫동안 다른 사람들과 어느 정도까지 타인의 존재를 참아내거나 즐기는지는 문화에 따라 큰 차이를 보입니다. 아마존 분지의 카잉강족은 무리를 이루어 팔다리를 밀착하고 자는 것을 좋아합니다. 그들은 서로 부대끼고 어루만지기를 좋아하는데, 이는 성적 친밀함이 아닌 육체적 친밀함을 통해 위안과 안정을 얻고자 함입니다.[14] 세계적으로 인구가 희박한 또 다른 지역인 칼라하리 사막의 부시맨 쿵족은 오히려 빽빽하고 밀집된 환경에서 살고 있습니다. 패트리샤 드레이퍼는 이 부시맨 부락의 1인당 평균 공간은 고작 17.5제곱미터로, 이 수치는 미국공중보건협회에서 바람직한 기준으로 간주하는 1인당 32.5제곱미터에 훨씬 못 미치는 수준이라고 지적했습니다. 쿵족의 부락에서 공간은 접촉을 극대화하게끔 배치되어 있습니다. "대체로 오두막들이 아주 가까이 밀집해 있어 서로 다른 화로 앞에 앉아 있는 사람들이 자리에서 일어나지 않고도 물건을 주고받을 수 있습니다. 또 종종 서로 다른 화로 주위에 둘러앉은 사람들이 평소 대화할 때보다 목소리를 더 높이지 않고도 오랜 시간 토론을 벌이기도 할 것입니다."[15] 사막에는 공간이 부족하지 않습니다. 그런데도 이렇게 사는 걸 보면 부시맨들은 스스로 원해서 모여 사는 것이며 이와 관련해 생물학적 스트레스 징후 또한 전혀 드러내지 않고 있습니다.

서구의 산업사회에서 노동자 계층 가족들은 중산층 가족들보다 훨씬 높은 주거밀도를 감수하는 것으로 알려져 있습니다. 그 이유는 단지 노동자들에게 선택의 여지가 없기 때문만은 아닙니다. 그들은 다른 사람들과 가까이에서 지내기를 원합니다. 2천 제곱미터에 달하는 잔디밭 위에 지어진 교외의 주택이 오래된 동네의 활기와 색채에 익숙한 노동자 계층 가족들에게 반드시 선망의 대상이 되는 것은 아닙니다. 그런 가족들은 중산층이 거주하는 교외의 주거지를 미심쩍은 시선으로 바라봅니다. 그곳은 차갑고 노출되어 있는 것처럼 보입니다. 노동자 계층 가족들은 인간과의 밀착, 인간과의 접촉, 인간의 소음이 거의 끊이지 않는 환경을 견뎌내고 심지어 좋아하기까지 합니다. 예를 들면, 칠레의 신규 주택단지에서 노동자 계층 주민들은 그들의 관습대로 함께 모여 살기 위해 가구들을 거실에서 넓은 홀로 옮겼습니다. 영국에서는 낡고 밀집된 거주지에서 새롭고 비교적 넓은 주택단지로 이주한 가족들에 대한 연구를 통해, 그 가족들이 그와 같은 변화 덕분에 실제로 혜택을 누렸다는 사실이 밝혀졌습니다. 그들은 더 나은 사생활이 보장되면서 덜 긴장하게 되었던 것이죠. 하지만 적어도 한동안은 불필요하게 침실을 함께 사용했고 선택에 따라

숙제나 다른 일들을 함께하기도 했습니다.[16]

군중은 우리를 활기차게 만들어줄 수 있습니다. 사회 각계각층의 사람들은 나이를 불문하고 이런 사실을 알고 있습니다.[17] 각 집단들은 대체로 각기 바라는 외출 시기, 행사, 선호하는 환경에서 차이를 나타냅니다. 영국의 노동자들과 그 가족들은 여름휴가 동안에 무엇을 할까요? 대다수는 해변에 갑니다. 그들은 산업화된 도시의 비좁고 갑갑한 거주지를 떠나 블랙풀(Blackpool, 잉글랜드 북서부에 위치한 해양 휴양지)과 사우스엔드(Southend, 잉글랜드 남동부의 휴양지)의 북적대는 군중 속으로 합류합니다. 해변의 인파는 결코 성가신 존재가 아니며 오히려 더 많은 인파를 불러들이는 주요 요인이 됩니다. 그렇다면 군중이 참여하지 않는 퍼레이드, 박람회, 자선바자회, 부흥집회, 축구경기는 어떨까요?

미국의 부유층 젊은이들은 종종 자연과 야생에서의 경험에 열광하기도 합니다. 아울러 그들 또한 군중을 좋아하는 듯합니다. 사회 부조리와 전쟁에 반대하는 시위행진은 진정한 분노에서 비롯됩니다. 하지만 젊은 시위 참가자들은 또한 동지애, 정의로운 명분에 대한 집단적 결속감, 공동의 목표에 동참하는 순수한 기쁨도 즐깁니다.

야외 록페스티벌은 한마디로 젊은이들이 가진 본질적인 모순의 측면을 담아낸다고 할 수 있습니다. 한편에는 야외무대, 노브라의 자유, 신체 노출이 있고, 다른 한편에는 맨해튼의 어떤 거리보다도 밀집한 대규모의 군중과 전자기기로 증폭된 요란한 음악이 있습니다. 1973년 7월 28일, 뉴욕의 왓킨스 글렌에서 열린 야외 록페스티벌에는 약 60만 명의 젊은이들이 운집했습니다. 팬들은 어깨를 맞대가며 36만 제곱미터에 달하는 초록빛 언덕을 가득 메웠습니다. 당시의 《뉴욕 타임스》는 이렇게 보도했습니다. "하늘에서 보면 담장을 둘러친 콘서트장은 드넓은 초원을 가득 메운 자동차들과 밝은색의 텐트들에 둘러싸여 있어 마치 인간이 만든 개미집처럼 보였다. 그 언덕은 사람들로 꽉 막혀 있어 롱아일랜드 패초그에서 온 한 19세 소녀는 몇 백 미터 떨어진 간이화장실에 다녀오는 데 무려 3시간이나 걸렸다고 말했다."[18] 작열하는 태양, 엄청난 인파, 열악한 화장실, 상당한 양의 음주를 고려하면 우리는 당연히 극심한 신체적 및 정신적 스트레스, 억압된 불만, 분노 등이 폭발하면서 주먹다짐이 일어나리라고 예상할 수 있습니다. 하지만 그곳에 모인 군중은 차분하게 질서를 지켰습니다. 심각한 사고가 일어나지 않았다는 사실에 지역 주민들과 경찰들은 모두 적잖이 놀랐습니다. 확실히 음악이 그 페스티벌에 사람들을 끌어들인 유일한 흥행요소는 아니었습니다. 잔뜩 모여든 군중 자체가 페스티벌의 큰 즐거움이었습니다.

사람들은 과밀함을 유발하기도 하지만 우리의 세계를 확장시킬 수도 있습니다. 우리가 존경하고 사랑하는 사람이 있을 때 우리의 마음과 정신은 확장됩니다. 보리스 파스테르나크(『닥터 지바고』를 쓴 러시아 작가)의 소설에 등장하는 여주인공 라라가 어떤 방에 들어갔을 때 그 방은 마치 창문 하나가 활짝 열려 있고 온통 화사한 빛과 공기로 가득 차 있는 듯했습니다.[19] 사람들이 공동의 목적을 위해 협력할 때는 다른 사람의 공간을 침범하지 않습니다. 오히려 동료를 도우면서 더 많은 공간을 내줍니다. "천사들이 많아질수록 자유로운 공간은 더 많아집니다." 18세기 과학자이자 신학자인 스웨덴의 스베덴보리는 이렇게 말했습니다. 그 이유는 천사의 본성은 공간의 사용이 아닌 이기심 없는 행동을 통한 〈공간의 창조〉이기 때문입니다.[20]

우리의 욕망에 응해줄 때 세상은 광활하게, 우리의 욕망을 좌절시킬 때는 답답하게 느껴진다

다른 한편으로는, 사람들이 우리를 좌절케 하는 근본 원인이기도 합니다. 왜냐하면 그들의 의지가 우리의 의지를 방해하기 때문입니다. 사람들은 종종 우리의 앞을 가로막습니다. 그럴 때면 우리는 그 자리에 있을 수밖에 없는 나무 그루터기나 가구와는 달리, 사람들의 행위가 마냥 고의적인 것은 아니라고 여기지는 않습니다. 관중이 꽉 들어찬 경기장 안에서 사람들은 환영을 받습니다. 그들이 경기의 재미를 한층 더해주니까요. 반면 경기가 끝나고 집으로 돌아가는 길에 심하게 정체되고 있는 도로를 운전할 때면 그들은 성가신 존재가 됩니다. 앞에 가는 차가 꼼짝도 안 하면 우리는 심지어 그 차 운전자가 고의로 방해하는 것처럼 느끼기도 합니다. 경기장은 도로보다 훨씬 더 인구밀도가 높지만 우리가 공간적 제약 때문에 실제로 불쾌함을 느끼는 곳은 바로 도로입니다.

서로 상충되는 활동 또한 과밀한 느낌을 유발합니다. 도시의 한 작은 아파트에서는 지친 엄마가 음식을 만들고 아이에게 밥을 먹이고 그러다 바닥에 음식을 흘린 아이를 꾸짖으며 현관의 벨소리에도 대답합니다. 이 모든 것이 동시에 일어납니다. 업무에 지친 아빠는 집에 돌아오지만 아직 어리고 시끄러운 아이에게서 벗어나 혼자 조용히 있을 만한 공간을 찾지만 그런 공간은 없습니다. 이런 가족이 좀 더 나은 거주지로 이사를 한다면 당연히 긴장감은 줄어들고 가족의 만족감도 높아질 것입니다. 하지만 인간은 적응력이 매우 뛰어나기 때문에 그럭저럭 조건이 맞으면 과밀한 주거환경에서도 소위 차별을 두지 않고 어울려 지내는 인간적인 온정 같은 장점을 끌어낼 수 있습니다. 영국의 노동자 계층 출신 작가들, 특히 D. H. 로렌스와 리처드 호가트가 말했던 것처럼 노동자 계층 사람들은 이따금 이런 온정을 나누기도 합니다. 영국 노동자 가족의 혼잡한 집 안에서는 혼자 있거나, 혼자 생각하거나, 조용히 책을 읽기가 어렵습니다. 물건들뿐만 아니라 사람들도 공유의 대상이기 때문입니다. 엄마는 "우리 엄마", 아빠는 "우리 아빠", 딸은 "우리 앨리스"로 통합니다. 호가트는 혼잡하지만 매우 인간적인 포용과 공유가 이루어지는 세계를 다음과 같은 가상의 거실 모습으로 표현했습니다.

라디오나 텔레비전이 있고, 가끔 이런저런 일들이 벌어지거나 간헐적으로 대화가 오간다……. 다리미가 테이블에 부딪히는 소리가 나고, 개는 여기저기 몸을 긁어대며 하품을 하고, 고양이는 밖으로 내

보내 달라고 야옹야옹 울어댄다. 아들은 난로 옆에서 가족용 수건으로 몸을 닦으며 휘파람을 불거나 군대에 간 형에게서 온 편지를 만지작거린다. 그 편지는 벽난로 선반 위에 놓여 있는데 그 앞으로 누나의 결혼사진이 세워져 있다. 어린 소녀는 너무 피곤해서 도저히 일어나지 못하겠는지 갑자기 투정을 부린다.[21]

혼잡스러워 보이는 거실에서 따뜻함과 관용의 안식처가 창조됩니다. 그럼 과밀함에 대한 이런 성공적인 적응의 대가는 무엇일까요? 그 대가는 인성의 깊은 내면을 발전시킬 수 있는 기회입니다. 사생활과 고독은 지속적인 반성, 자신에 대한 냉철한 성찰, 자기이해를 통한 다른 사람들에 대한 완전한 이해를 위해서 꼭 필요한 것입니다.[22] 어떤 사람은 광부이자 우리 아빠일 뿐만 아니라 장기적인 교류를 해야 하는(지속적인 대화나 공동의 활동을 통해 세계를 열어가는) 한 개인이기도 합니다. 물론 공간적 사생활이 고독을 보장하지는 않습니다. 하지만 그것은 필수적인 조건입니다. 항상 소규모로 긴밀하게 맺어진 집단 속에서 생활하면 인간적인 공감의 확대가 양극단의 방향으로 축소되는 경향을 보입니다. 그 한쪽은 동지애와 친척관계를 초월한 고유한 개인들 간의 친밀함이고, 다른 한쪽은 전반적인 인간의 복지를 위한 보편적인 관심입니다.[23]

세계가 우리의 욕망에 응해줄 때 세계는 광활하고 친근하게 느껴집니다. 하지만 우리의 욕망을 좌절시킬 때는 비좁고 갑갑하게 느껴집니다. 좌절의 양상은 다양합니다. 부자들에게 좌절은 그저 교통체증에 시달리거나 좋아하는 레스토랑에서 특정 테이블에 자리가 나기를 기다리는 정도에 불과할지 모릅니다. 하지만 도시의 빈민들에게 좌절은 종종 복지담당 공무원이나 취업담당관 책상 앞에 길게 늘어서 있는 줄, 그것도 천천히 줄어드는 줄에서 하염없이 기다려야 하는 것을 의미합니다. 가장 기본적인 단계에서도 좌절은 존재합니다. 다름 아닌 토지와 자원은 제한되어 있고 여전히 많은 사람들이 굶주리고 있다는 것입니다. 인류 대다수가 이런 종류의 박탈감, 이런 종류의 과밀한 느낌에 대해 알고 있습니다.

토머스 맬서스는 자원과 인구의 관계에 대한 정확한 식견으로 많은 존경을 받았습니다. 하지만 맬서스식 관점에서 보는 과밀함에 대한 인식은 오래전부터 상식적이고 널리 알려진 것이었습니다. 그 같은 인식은 북아메리카의 인구가 희박한 지역들뿐만 아니라 인도, 동남아시아, 유럽의 인구밀도가 높은 지역과 낮은 지역들 모두에서 존재했습니다.[24] 그런 지역들의 민담과 전설은 세세함과 명백함의 정도에서는 다소 차이가 있지만 과밀한 대지라는 주제와 연관됩니다. 맬서스식의 이야기는 대체로 죽음이 알려지지 않은 세계에서 시작됩니다. 지구가 더 이상 인간을 감당하지 못하고 엄청난 시련이 닥칠 때까지 인간은 계속해서 아이를 낳습니다. 그러면 이 이야기는 다음과 같이 전개될 수도 있습니다. 신은 천사에게 사람들이 일정한 나이에 이르면 죽이라고 명령했습니다. 천사는 인간에게 저주받기 싫었기 때문에 불만을 제기했고, 이에 대해 신은 천사에게 그러면 그의 행위를 질병이나 사고, 전쟁으로 위장할 수 있도록 허락했습니다. 여기 또 다른 맬서스식 이야기도 있습니다. 이글룰리크 에스키모인들에 따르면, 태초에 죽음은 존재하지 않았다고 합니다. 최초의 인간들은 허드슨 해협의 한 섬에 살았습니다. 그들은 빠르게 자손을 늘려갔지만 아무도 고향을 떠나지 않았습니다. 결국 너무 많은 사람들 때문에 섬이 과밀해지자 그 섬은 그들을 지탱하지 못하고 가라앉기 시작했습니다. 이때 한 노파가 소리쳤습니다. "부디, 인간이 죽을 수 있도록 해주세요. 왜냐하면 이 땅 위에는 더 이상 우리를 위한 공간이 남아 있지 않을 테니까요." 그리고 그녀의 소원은 이루어졌습니다.[25]

에스키모인들은 북극의 해안에 펼쳐진 광활한 개방된 공간에서 작은 집단을 이루며 사냥을 하고 살아갑니다. 출퇴근 시간에 인간성을 짓누르는 듯한 도시의 과밀함과 도시인들의 스트레스는 그들에게는 너무나도 낯선 경험일 것입니다. 하지만 에스키모인들이라고 해서 과밀함과 스트레스를 전혀 모르는 것은 아닙니다. 기근으로 인해 기아가 극심해지면 그들도 과밀함을 경험합니다.

3

애틋하고도 친밀한 장소들,
그곳에서의 애틋한 경험

공간을 규정해 주는 사물과 장소를 언급하지 않고 경험적 공간에 대해 논의하기란 사실상 불가능합니다. 유아의 공간은 영구적인 대상과 장소를 인식하고 그들에게 다가갈 때 확장되고 좀 더 분명한 색채를 띠게 됩니다. 공간은 정의와 의미를 획득함으로써 하나의 장소로 변모해 갑니다. 뒷장에서 우리는 낯선 공간이 어떻게 동네로 변하는지, 또 기본방위의 좌표에 따라 공간에 질서를 부여하려는 시도가 기본방위와 중심지를 포함하는 의미 있는 장소들의 패턴을 정립하는 데에 어떤 결과를 가져오는지 살펴볼 것입니다. 거리distance는 목적이나 장소에 대한 개념과는 동떨어진, 의미 없는 공간 개념에 불과합니다. 그렇지만 분명한 공간 개념을 도입하지 않고도 장소를 묘사하는 것은 가능합니다. 즉 여기here가 있다고 반드시 거기there가 따라오는 것은 아니라는 것이지요. 따라서 이번 장과 이어지는 두 장에서는 〈여기〉를 경험하는 것에 대해 주로 다뤄볼 생각입니다. 우선 직접적이고 친밀한 경험으로 시작해서 보다 상징적이고 개념적인 이해를 포괄하는 경험까지 살펴보겠습니다.

영영 사라지지 않을
집에 대한 애착은 어디에서 비롯되는 걸까

친밀한 경험은 우리의 가장 내밀한 곳에 자리 잡고 있습니다. 따라서 이러한 경험들에 구체적인 형태를 부여할 단어도 없지만 대개는 미처 그것을 깨닫지 못하는 경우도 많습니다. 그런데 어쩌다가 이것들이 우리의 의식 표면에 불쑥 나타날 때가 있는데 이때는 신중한 행동들, 즉 적극적으로 추구된 경험들에는 견줄 수 없는 애틋함을 드러냅니다. 친밀한 경험들을 딱 잘라 표현하기는 어렵습니다. 이를테면 단순한 미소와 사소한 신체 접촉만으로도 우리 의식에는 의미 있는 순간이라는 신호가 될 수 있습니다. 그리고 이런 행위, 몸짓을 우리 눈으로 확인할 수 있게 될 때 그들은 공개적으로 드러나게 됩니다. 그러나 이 몸짓들은 지나치게 순간적이고 정확한 의미를 해석하기 곤란해서 집단에게 어떤 계획이나 행동의 기반을 제공하지는 못합니다. 왜냐하면 이런 몸짓들에는 언어와 표상이 알려주는 확실함과 객관성이 결여되어 있기 때문입니다.

　친밀한 순간은 흔히 우리가 수동적인 상태에 놓이게 되었을 때, 그러니까 우리가 자신의 취약성을 받아들이고 부드러운 손길과 새롭고 짜릿한 경험에 노출되는 경우에 찾아옵니다. 어린아이들은 대체로 사람이나 사물과 직접적이고 친밀한 관계를 맺습니다. 세파에 찌든 어른들이라면 부러워하지 않을 수 없는 일이지요. 아이들은 자신들이 나약한 존재라는 것을 알고 있습니다. 그래서 보호받기를 갈구합니다. 그러면서도 한편으로는 세상을 향해 자신을 열어둡니다. 어른들도 몸이 아플 때는 나약해지고 누군가에 의지하고 싶어 합니다. 아픈 사람은 자신에게 익숙한 집에서 안정을 취하고 사랑하는 가족의 간호를 받으면서 보살핌의 진정한 의미를 통감합니다.

친밀한 장소는 우리의 기본 욕구가 받아들여지고 탈 없이 보살핌을 받는 양육 장소라 할 수 있습니다. 제아무리 혈기왕성한 성인이라도 어린 시절에 느꼈던 안락함 같은 것을 갈망하는 순간이 있기 마련이지요. 어렸을 때 부모님의 품에서 책 읽어주는 소리를 들으며 잠이 들던 그 포근했던 순간을 그 어떤 감각적인 안락함에 비견할 수 있겠습니까? 인간의 팔이 만들어낸 곡선 안에는 동화책에 나오는 무시무시한 늑대의 위협도 오히려 재미있게 만드는 편안함과 절대적인 안도감이 있습니다. 이제 어른이 된 우리는 고단한 일과를 마친 뒤 안락의자의 너그럽고 포용력 있는 품에 몸을 파묻고 어수선한 세상의 뉴스를 느긋하게 시청합니다. 모름지기 집이란, 여름보다는 겨울에 훨씬 친밀감을 느끼게 마련입니다. 겨울, 하면 추위를 비롯한 물리적인 곤란함부터 떠오르다 보니 안식처로서의 집의 역할이 부각됩니다.[1] 반면 온 세상을 에덴동산으로 만들어 버리는 여름에는 딱히 어느 곳이 다른 곳보다 더 안전하다고 할 수 없습니다.

영장류 가운데 병들고 다친 이가 구성원들의 세심한 배려를 받으면서 회복될 수 있는 장소로서 집을 자각하는 경우는 인간 말고 다른 어느 동물이 있을까요? 워시번과 드 보어는 초기 인류사회에 대한 연구에서, 인간이 만든 사회치고 병약한 이가 머무를 터전을 갖고 있지 않은 경우는 없었다고 말합니다. 이곳에서 건강한 이는 무리를 짓고 사냥을 하거나 싸우러 나설 것입니다. 그들의 터전에는 도구와 식량이 있었고 보통은 안식처 역할을 했습니다. "개코원숭이를 비롯해 여타의 원숭이나 유인원에게는 이런 식의 터전을 찾아볼 수 없습니다. 무리가 일상적으로 이동할 때 구성원 모두는 함께 움직여야 했으며 그렇지 못하는 구성원은 낙오되었습니다……. 개코원숭이의 경우 큰 부상을 입었거나 병이 들어도 유일한 보호막은 무리와 함께 있는 것입니다……. 야생의 세계에서 영장류에게 치명적인 질병은 무리로부터 분리시키는 원인이 되지만, 인간의 경우엔 회복되기 어려운 질병이라도 집에서 보호받고 영양을 공급받습니다."[2]

다음의 짤막한 문장이야말로 기본적인 장소감에 필수적인 몇 가지 요건들을 압축한다고 볼 수 있습니다. 즉 장소란 〈이동 중 정지pause in movement〉하는 곳입니다. 인류를 포함한 대다수의 동물들이 어떤 지점에서 멈추는 경우는 그곳이 바로 모종의 생물학적 욕구를 충족시키는 곳이기 때문입니다. 이 정지로 인해 그 장소는 우리가 느끼는 〈가치의 중심지〉가 됩니다. 위에서도 언급했듯이, 개코원숭이나 다른 유인원들은 무리의 구성원이 부상을 당했거나 병이 들었다고 해서 그를 돌보기 위해 멈추는 경우는 없습니다. 하지만 인간은 그렇지 않습니다. 그리고 이 점은 장소에 대해 인간이 느끼는 감정의 깊이에 큰 역할을 합니다. 병에서 회복되어 가는 사람은 자신이 다른 이들에게 의지했음을 알게 됩니다. 그는 자신이 보살핌을 받았고 특정한 장소에서 잘 지냈다는 것을 깨닫습니다. 그곳이 나무 그늘이 됐든, 별도로 지어진 피난처가 되었든, 기둥이 네 개 달린 침상이 되었든 말입니다. 그곳에서 환자는 회복될 때까지 보살핌을 받습니다. 그러는 동안 그는 약하고 수동적인 아이가 됩니다. 이제 그는 세상의 즉각성에 응답할 수 있고 어린아이와 같은 시선으로 세상을 바라볼 수 있습니다. 영영 사라지지 않을 〈집에 대한 애착〉은 부분적으로는 이러한 친밀한 보살핌의 경험들에서 비롯됩니다.

한 사람은 어떻게
다른 사람에게 〈집〉이 되어줄 수 있을까

어린아이에게 부모는 〈원초적인 장소〉가 됩니다. 아이를 보살피는 어른은 아이에게는 양육의 근원지이자 안정적인 안식처입니다. 세상을 온전히 이해하기 어려운 아이에게 어른은 의미를 보증해 주는 사람이기도 합니다. 성숙한 사람은 타인에게 의존하는 정도가 훨씬 약합니다. 그런 사람은 사물, 머무는 지역, 심지어 추구하는 사상에서도 안도감과 자양분을 얻을 수 있습니다. 그 한 예가 지휘자 발터 브루노Bruno Walter일 것입니다. 그에게는 집이란, 곧 클래식 음악의 세계였으니까요. 그는 조국인 오스트리아를 버리고 미국으로 가야 했을 때조차도 떠난다는 느낌을 받지 않았습니다. 예외적으로 특출한 재능을 지닌 사람들은 예술이나 과학만으로도 살아갈 수 있어서 어디서든 잘 적응할 수 있습니다. 그리고 자연이나 물질적 소유가 줄 수 있는 위안을 선호하는 사람들을 피하려는 은둔자와 염세주의자들도 있습니다.[3] 대부분의 사람들은 소유와 관념을 중요하게 여기지만, 가치에 관심을 두고 의미의 원천을 간직하는 사람들도 있습니다. 일례로 서로의 눈길 속에 머무는 젊은 연인들을 떠올려 보세요. 그들은 사물과 장소에 대한 애착에 딱히 얽매이지 않아요. 그들은 그래야 한다면 기꺼이 집을 버리고 떠날 수도 있어요. 그에 반해 나이 든 부부는 장소에 애착을 보이긴 하지만 사람들과 봉사 그리고 서로에 대한 애착이 훨씬 더 큽니다. 오랫동안 함께 살던 배우자가 먼저 세상을 떠나면 혼자 남겨진 배우자의 경우 더 오래 살고 싶어 하지 않습니다. 그들의 삶을 받쳐주던 물질적인 제반조건이 유지되는 경우에도 말이죠. 이런 이유로 우리는 또 다른 사람의 강인함 속에서 안식을 취하는 것과 그의 사랑 속에 머무는 것에 대해서도 얘기해볼 수 있습니다. 물론 인간을 〈장소〉나 〈집〉으로 보는 이런 생각이 누구에게나 곧장 받아들여지는 것은 아닙니다.

미국의 대표적인 극작가 테네시 윌리엄스는 자신의 희곡에서 한 사람에게 또 다른 사람이 어떻게 집이 될 수 있는지를 이야기하고 있습니다. 즉 한 사람이 어떻게 다른 사람에게 〈둥지를 틀수〉 있는지를 말입니다. 중년의 독신녀인 한나 젤크스와 그녀의 할아버지는 뿌리가 없는 사람들입니다. 그들은 정처 없이 떠돌면서 시시한 재주를 팔아 근근이 생계를 이어갔습니다. 한나는 속성으로 그림을 그려주는 일을 하고 그녀의 할아버지는 세계 최고령 현역 시인을 자처합니다. 멕시코의 한 허름한 호텔 현관에서 한나와 냉소적인 바람둥이 샤논은 다음과 같은 대화를 나눕니다.

한나: 할아버지와 나, 우리 두 사람은 서로에게 집이 되어주죠. 당신, 내가 말하는 집이라는 게 무슨 뜻인지 알겠어요? 내 말은 보통 사람들이 말하는 일반적인 집이 아니에요……. 어떤 장소, 건물……, 그러니까…… 나무, 벽돌, 돌, 그런 것으로 지어진 집이 아니라는 거죠. 나는 집이란 두 사람이 서로…… 지어가는…… 음……, 감상적으로 얘기하자면 둘이 살아가고 안식을 취하는 둥지 같은 것이라고 생각해요. 이 말이 무슨 뜻인지 아시겠어요, 샤논 씨?

샤논: 그럼요, 잘 알아들었어요. 하지만…… 새가 쉬고 살아가기 위해 둥지를 틀 때…… 쓰러져가는 나무에 틀지는 않죠.

한나: 난 새가 아니랍니다, 샤논 씨.

샤논: 난 그저 비유를 들었을 뿐입니다, 젤크스 양.

한나: 난 또 샤논 씨가 자신을 이상한 카카오나무라도 되는 양 생각하나 했죠.

샤논: 새와 나무 둘 다죠. 새도 둥지를 틀 때 녀석은…… 그 장소의 지속 가능성뿐만 아니라 짝짓기와 종족 번식까지도 염두에 둘 테니까요.

한나: 나는 새가 아니라고 했잖아요, 샤논 씨. 나는 인간이고 다른
　　　사람의 마음속에 둥지를 트는 이 멋진 종족의 일원이랍니다.
　　　지속성이라는 문제는 맨 처음에도, 맨 나중에도 고려할 사항
　　　은 아니에요. 꼭…… 늘 그래야 할까요?[4]

이 대화는 의혹이 담긴 어조로 끝을 맺고 있습니다. 장소의 개
념에서 〈영속성〉이 중요한 요소인 것은 맞습니다. 사물과 물체들
은 오래가고 믿을 수 있지만, 인간이란 존재는 생물학적으로 취
약하고 감정의 변화도 잦아 영속성이나 신빙성을 확보하기는 어
렵습니다. 여기서 한나는 핵심을 짚고 있습니다. 좋은 사람들이
없다면 사물과 장소는 순식간에 그 의미를 잃고 영속성 또한 편
안함보다는 고통을 불러일으킨다는 것이지요. 초대 그리스도교
교회가 낳은 위대한 철학자이자 사상가인 성 아우구스티누스의
경우를 한번 볼까요. 어린 시절 친구의 죽음으로 그의 고향인 타
가스테는 그에게 전혀 다른 도시가 되어버립니다. 이 위대한 신
학자는 이렇게 썼습니다.

지금 내 마음은 슬픔으로 인해 어둠에 잠식되어 버렸다. 나는 눈길
가는 곳 그 어디서나 죽음을 보았다. 자주 갔던 곳들은 고문의 현장
이 되어버렸다. 심지어 우리집조차 고통스러운 곳이 되어버렸다.
벗이 없는 지금, 우리가 함께했던 그 모든 것이 고통스러운 시련으
로 변해 버렸다. 내 눈은 끊임없이 그를 찾지만 부질없는 것이었다.
나는 우리가 만나곤 했던 그 모든 곳들을 증오하게 되었다. 그 장소

들은 더 이상 내게 말을 걸어오지 않기 때문이다. 예전처럼 "이보게, 친구가 왔다네"라고 말이다.[5]

아우구스티누스는 장소의 가치를 〈특별한 인간관계〉가 주는 친밀함에서 빌려온 경우입니다. 다시 말해 사람들과의 유대가 없으면 그 장소는 그 어떤 의미도 없다는 얘기지요. 물론 아우구스티누스의 경험이 드문 경우라 할 수는 없습니다. 현대의 사회학적 연구에서 얻은 사례도 하나 소개해 볼까요. 닐슨이라는 홀아비가 있습니다. 그의 아내는 여섯 번째 아이를 출산하던 중 세상을 떠났고 닐슨은 대기업에서 정비직원으로 근무하고 있습니다. 그는 2교대 근무를 한 덕에 때때로 하교하는 아이들을 맞이할 수 있었습니다. 아내가 세상을 뜨자 미혼인 닐슨의 여동생이 그의 집에 들어와 살게 되었습니다. 그녀는 대략 5시쯤에 저녁식사를 준비했고 아이들을 재우고 나면 자기 시간을 갖는 생활을 했습니다. 닐슨이 일을 마치고 집에 돌아올 때쯤엔 여동생도 잠을 자고 있습니다. 가족들로 꽉 찬 집이지만 닐슨은 왠지 모를 허전함을 느낍니다. "한밤중에 일을 마치고 집에 오면," 그가 말합니다. "뭔가 허전함을 느껴요. 뭔가 이상한 느낌, 마치 텅 빈 집으로 들어간다는 느낌이랄까요. 집에 아이들이 모두 있는데도 그냥 이전과는 다르다는 느낌 말입니다."[6]

작지만 애틋한 장소들:
나무 한 그루, 놀이터 담장, 가로등, 다락방

사람들끼리 친밀하다고 해서 각자 삶의 세부적인 것까지 꼭 알아야 한다는 법은 없습니다. 친밀함이 빛을 발하는 순간은 진정한 이해와 교류가 이루어졌을 때입니다. 각각의 친밀한 교류에는 만남의 가치를 나누는 현장locale이 있습니다. 이처럼 사람들 간에 진정으로 관계를 맺는 기회들만큼이나 친밀한 장소들 또한 많습니다. 그렇다면 그 장소들은 어떤 곳일까요? 그곳들은 쉽게 포착하기 어렵고 지극히 개인적입니다. 그곳들은 저 아래 추억 어딘가에 아로새겨져 있다가 기억을 떠올릴 때마다 진한 만족감을 주지만, 가족 앨범 속 사진들처럼 기록된 것도 아니며, 복잡한 설명을 요하는 벽난로나 의자, 침대, 거실처럼 일반적인 상징물로 지각되지도 않습니다. 진정한 인간적인 교류가 성공적으로 이뤄지는 순간들을 미리 계획할 수 없듯이 그러한 장소들 또한 용의주도하게 설계할 수는 없습니다. 이런 관점에서 우연한 짧은 만남과 그 배경을 묘사한 다음의 인용글을 한번 읽어보시기 바랍니다. 이 대목은 특별히 주의를 끌 만큼 색다르지는 않지만 그럼에도 사람의 삶을 풍요롭게 해주는 무언가가 있습니다. 크리스토퍼 이셔우드의 소설 속 주인공 조지는 캘리포니아 주립대학교의 강사입니다. 그는 강의실에서 걸어 나오다가 자신이 아끼는 두 학생인 케니 포터와 로이스 야마구치를 알아봅니다.

그들은 심은 지 얼마 안 된 나무 아래 잔디밭에 앉아 있다. 그 나무는 다른 나무들보다 훨씬 작다. 이파리도 십여 개 정도만 달려 있다. 그렇게 작은 나무 아래 앉아 있는 건 좀 우스워 보인다. 하지만 케니가 그 나무를 고른 이유도 어쩌면 그 때문일지 모르겠다. 그와 로이스는 마치 남태평양의 산호섬에 조난당한 어린아이들이 놀고 있는 것처럼 보인다. 이런 생각이 들자 조지는 그들에게 미소를 지어 보인다. 그들 역시 미소로 화답한다……. 조지는 그 섬을 지나치는 한 척의 증기선처럼 그들을 지나친다. 로이스는 조지가 누구인지 아는 것 같다. 왜냐하면 마치 증기선을 향해 손을 흔드는 듯 그를 향해 세차게 손을 흔들었기 때문이다. 그녀의 가느다란 손목이 매혹적이고 섬세하게 움직인다. 케니도 손을 흔든다. 하지만 케니가 조지를 알아보는지는 확실치 않다. 그는 그저 로이스를 따라하는 것뿐이다. 어쨌거나 그 둘의 손 흔드는 모습이 조지의 마음을 매료시킨다. 그 역시 그들에게 손을 흔들어 준다. 낡은 증기선과 젊은 조난자들이 그저 구조신호만이 아닌 신호를 서로 주고받은 것이다. 다시 테니스를 치고 있는 사람들 곁을 지나치면서 조지는 하루가 다시 환히 밝아지는 걸 느낀다.[7]

캠퍼스에 심은 나무들은 그늘을 제공하고 더욱 푸르러지면서 활기를 불어넣지요. 나무들은 장소를 만들어내는 용의주도한 계획의 일부라고 할 수 있어요. 하지만 잎사귀가 몇 개 없다 보니 그 나무들은 미학적인 영향력까지 행사하지는 못합니다. 그럼에도 그들은 사람 간의 따스한 만남의 장을 제공할 수 있습니다. 즉 어린 나무 한 그루가 사람들이 친밀감을 나눌 수 있는 하나의 〈잠재적 장소〉 역할을 하는 것이지요. 그렇지만 그 장소가 어떻게 쓰일지 미리 알 수는 없습니다. 그것은 그저 우연과 상상력의 발휘에 달려 있습니다.

대체 무엇이 우리를 감동시키는 걸까요? 벨베디어에서 가장 아름다운 것은 무엇일까요? 폴 호건의 소설에 등장하는 벨베디어는 텍사스 중서부 평원에 있는 작은 마을입니다. 소설 속 인물인 십대 청소년은 이렇게 스스로 질문을 던지고 대답합니다.

그들이 자랑스러워하는 건 라일락과 시청 돔의 초록색 타일과 은행건물의 그리스식 기둥들이 아니다. 그렇다, 그것은 해가 지고 나서, 고속도로 위, 높다란 알루미늄 기둥 위로, 증기를 머금은 램프의 불빛이 스멀스멀 올라오기 시작할 때 생긴다! 내 말이 심한 과장 같다고? …… 있잖아, 하늘은 여전히 밝게 빛나고 있어도 이미 저녁이 다가오고 있어. 그리고 처음 5분 내지 그 즈음에 증기 램프는 색깔을 띠기 시작하지. 그 일이 벌어질 땐 아찔해질 만큼 사물이 엄청난 마법을 부려. 그 시간, 지상의 모든 것은 회색으로 변해. 그래, 라일락빛 도는 회색 말이야. 그리고 거리에는 땅거미가 내리고 하늘은 변해 가는데 그 램프의 불빛이야말로 전 미국을 통틀어 가장 아름다운 것일걸! 그거 알아? 그런데 이 모든 일이 우연히 벌어진다는 걸! 정작 그들은 그 빛이 얼마나 아름다운지 모를 거야.[8]

이것 말고도 우리를 움직이는 다른 것들이 또 있습니다. 존 업다이크의 단편소설에서 작가는 주인공인 데이비드 컨의 입을 빌려 이렇게 말합니다.

나, 데이비드 컨은 인간의 발자국으로 물러졌다가 단단히 다져진 맨땅을 볼 때마다 늘 어떤 감정에 휩싸인다. 안도감, 향수를 불러일으키는 만족감, 심지어 동물종의 일원이라는 자부심까지. 그런 장소라면 작은 동네에는 널리고 널렸다. 큰길로 이어지다가 어느 틈엔가 끊어지고 사라진 놀이터의 담장들, 그네가 흔들릴 때마다 그 아래에서 자욱이 이는 먼지……, 잔디밭을 가로지른 흐릿해진 길, 정체불명의 작은 흙더미, 결혼식에 뿌려진 색종이 같은 자갈들로 뒤덮인 채 놀이들로 닳고 닳아 반들반들해진 경사면. 이처럼 하루에도 몇 번씩 무심코 인간적이 될 때, 너무도 사소하고 평범해서 뭐라 부르기조차 뭣한 그 장면이 내 어린 시절을 떠올리게 한다. 아이는 두 다리 아래에서 흙과 교감하면서 신과 같은 존재로 군림한다. 그때는 땅이 우리의 놀이친구이며, 저녁밥 먹으라는 부름은 통렬하고 달콤한 종말론의 알림이다.[9]

업다이크는 인간의 마모라는 별로 대단치 않은 일이 "우연찮게 완성되기 때문에 귀중해 보이며 그것에는 의지를 넘어서는 우아함이 깃들어 있다"고도 했습니다. 우연한 사건과 행복한 기회. 이것들이야말로 이셔우드, 호건 그리고 업다이크의 작품을 관통하는 주요한 관념들입니다. 캠퍼스의 나무들은 미학적 효과를 위해 심어졌지만 사람들 간의 애틋하면서도 뜻지 않은 만남의 장이라는 그 실제 가치가 숨어 있기도 합니다. 고속도로 가로등은 그 자체론 기능적이지만 일몰의 시간에 증기를 머금은 그 불빛은 정신이 아득해지는 아름다운 색채들을, 즉 "미국에서 가장 아름다운 것"을 발산합니다. 그네 밑에서 피어오르는 먼지와 사람의 발길로 단단하게 다져진 땅은 의도된 것은 아니지만 감동을 줄 수 있습니다. 사실 꾸미지 않은 친밀한 경험들은 자칫 우리의 관심을 끌지 못할 수도 있습니다. 그때는 눈에 잘 띄거나 공인된 아름다움에 감탄할 때 나오는 "바로 이거야!"라는 말을 내뱉지 않습니다. 그런 말은 오로지 우리가 그 가치를 알아보려고 숙고할 때만 가능하니까요. 또 그때는 경험들에 숨은 어떤 드라마도 알아차리지 못합니다. 왜냐하면 지속적인 감정의 씨앗들이 심어지고 있다는 사실을 알지 못하니까요.

사소한 사건들이 장소에 대한 강렬한 정서를 만들어낼 수도 있습니다. 그렇다면 그러한 사건들의 성격은 무엇이며, 사물에 대한 느낌이 어떻게 그 성격을 결정할까요?

따스한 5월의 어느 날, 애팔래치아 산맥의 골짜기에서 한 아이가 방금 엄마의 젖을 먹었습니다. 로버트 콜스는 골짜기 주민들의 삶을 관찰했습니다. 그는 아기엄마가 대뜸 아기를 바닥에 내려놓더니 부드럽게 어루만지면서 자신의 맨발로 아기의 몸을 미는 것을 봅니다. 엄마는 아기에게 다음과 같이 엄숙하게 말합니다.

"여기는 너의 땅이다. 이제 네가 이곳을 알아야 할 때가 되었다."[10]

또 다른 아기 엄마는 이런 말을 했습니다.

"내 아이들 중 하나가 눈물을 글썽이기 시작한다면 그 아이가 무언가로 힘들어하고 있다는 얘기입니다. 내가 최선을 다해 그 아이를 도와주어야 할 때가 바로 그때입니다. 그럴 땐 아이에게 닭들이 알을 낳았는지 지켜보게 한다든가, 토마토가 몇 개나 열렸는지 세고 그것들을 딸 준비를 시키는 것만큼 좋은 게 없습니다."[11]

닭, 달걀, 토마토 등은 농가에서는 일반적이고 흔한 것들이지요. 그것들은 먹거나 파는 것들이지 미학적인 대상은 아닙니다. 그렇지만 그것들은 때때로 건전한 아름다움의 정수를 지니고 있는 것처럼 보입니다. 그래서 우리를 위로해줄 수 있습니다. 상심해 있을 때 우리는 따스하게 끓어오르는 주전자나 단단한 토마토 하나를 바라보고 만져보는 것만으로도 삶의 근본적인 견실함을 확인할 수 있습니다. 도리스 레싱의 소설 『금색공책*The Golden Notebook*』에서 안나는 어떤 남자가 기분 나쁜 미소를 지으면서 자신을 따라오고 있음을 느낍니다. 그녀는 얼른 내달리고 싶어 합니다. 그녀는 자신이 느끼는 공포심이 상당히 비이성적이라는 걸 알고는 있지만 두려움은 그녀를 완전히 집어삼킬 판입니다.

그녀는 생각했다. 추하지 않은 무언가를 보거나 만질 수 있다면……. 그때 바로 앞에 과일행상 수레가 보였다. 깔끔하게 정돈된 자두, 복숭아, 살구들이 저마다 색깔을 뽐내고 있었다. 안나는 과일을 샀다. 새콤한 향을 맡기도 하고 보드라운 솜털로 뒤덮인 껍질을 쓰다듬자 기분이 한결 나아졌다. 두려움도 가셨다. 그녀 뒤를 쫓아오던 남자가 가까이서 야릇한 미소를 지으며 기다리고 있었지만 이제 그녀에게는 그 남자의 존재에 대한 내성이 생겼다. 그녀는 무심하게 남자를 지나쳤다.[12]

집이라는 곳은 일상적인 물건들이 가득한 곳입니다. 우리는 그것들을 사용함으로써 그 존재를 인식합니다. 하지만 그들에게 예술작품만큼의 관심을 기울이진 않죠. 그것들은 우리 자신의 일부이기도 하며 너무 가까이 있어 주의를 끌지 못합니다. 그런데 그것들을 한번 심사숙고해서 살펴보세요. 그러면 무슨 일이 생길까요? 예민한 감수성을 지닌 사르트르 소설 속의 인물이라면 〈구토〉를, 미국 작가 라이트 모리스라면 〈거룩함〉이라는 단어를 떠올릴 것입니다. 모리스는 이렇게 질문합니다.

"그렇다면 이 물건들에 거룩한 무언가가 담겨 있었는가? 그게 아니라면 내가 왜 그 단어를 사용했겠는가? 거룩한 사물들도 충분히 추할 수 있다."

모리스는 책상 위에 있는 잡동사니들을 찬찬히 응시해 봅니다. 시가 상자 위에 놓여 있는 바늘꽂이, 빛이 바랜 양귀비꽃 뭉치, 각종 알약과 특허받은 의약품들. 그는 이런 결론을 내립니다.

"어느 것도 아름답지 않았다. 그저 인간이 만들어낸 외로움만이 사방에 있을 뿐."

그럼에도 불구하고 그 순간 그는 아름다운 것이 그에게 느끼게 해줄 수 있으리라고 기대했던 무엇을, 바로 어떤 독립적인 존재를 느끼고 있었습니다. 그러나 모리스는 사람들은 감히 감정을 오랫동안 지속시키지는 못한다고 확신합니다. 그 감정을 몰아내려고 우리는 당혹감을 불러냅니다. 당혹감은 "방부제처럼 그 감정을 잘라버립니다. 그렇지 않으면 균열이 생긴 방으로부터 그 압력을 몰아내려고 아내나 친구에게 의존하기도 합니다."[13]

집은 친밀한 장소입니다. 우리는 집house이라고 하면 가정home과 장소를 생각합니다. 그런데 다락방, 지하실, 벽난로, 돌출창, 구석진 모퉁이, 스툴, 금박 두른 거울, 깨진 조개껍질처럼 만지고 냄새 맡을 수 있는 집을 구성하는 요소와 가재도구들과는 달리, 그저 바라볼 수 있을 뿐인 전체 건물은 매혹적인 과거의 이미지들을 그다지 불러내지 않습니다. 그래서 영국의 여성 탐험가 프레야 스타크는 "작은 것일수록 더 친밀하다"고 말한 것일까요? "추억은 조금 하찮은 것들과 약간의 메아리, 목소리의 음색, 뱃사람의 냄새, 부둣가에 걸린 해초 따위를 엮어 가장 센 마법을 부려 우리를 꼼짝 못 하게 포박합니다……. 이것이야말로 집이 갖는 의미일 것입니다. 지난날들로 인해 하루하루가 더욱 풍성해지는 장소 말입니다."[14]

일상의 삶이 진행되는 곳

고향은 특히나 친밀한 장소입니다. 우리의 고향은 특이한 건축물이나 유서 깊은 내력도 없는 소박한 곳일 수 있습니다. 그렇지만 외부인에게 그런 비판을 듣는다면 우리는 즉시 반발합니다. 그곳이 아무리 시시한 곳이라도 우리에겐 전혀 문제되지 않기 때문이 겠죠. 나무에 오르고, 바닥이 갈라진 거리에서 자전거를 타고, 개울가에서 헤엄을 치던 어린 시절에는 그게 무슨 상관이었겠습니까. 그렇다면 우리는 그처럼 작고 친밀한 세계를 어떻게 경험했을까요? 드높은 상상력을 발휘할 것조차 없는 평범한 일상의 복합체 안에서 어떻게 마르지 않는 풍요로운 세계를 경험할 수 있었을까요? 우리의 추억을 상기시키기 위해 헬렌 샌트마이어는 이렇게 썼습니다.

의사 선생님의 사무실을 지나면 우리만의 거리가 나왔다. 여기서 서쪽으로 방향을 틀어 빛나는 하늘을 이고 있는 나무들을 보았다. 별생각 없이 그쪽으로 걷다가 집이 가까워지고 있다는 것을 알아차리자 편안한 마음이 들었다. 혹시 하늘이 잿빛이고 계절도 겨울이어서 거리도 거무튀튀하게 얼룩져 있고 지저분해진 눈더미가 배수로를 덮고 있다면, 당신은 이곳이 이렇게 지저분하고 특징 없고 지루한 곳이었던가를 새삼 깨달을 것이다. 그런데 하늘이 맑게 개어 있는 화창한 날엔 당신은 대문 앞에서 잠시 멈춰설 것이 거의 확실하다. 그리고 걸쇠 위에 손을 얹은 채 서쪽 하늘에 처음으로 얼굴을 내미는 별을 찾거나, 이곳이 아닌 저 머나먼 곳에서의 밝은 미래를 기대해 보았을 것이다. 그러면서도 당신은 문의 차가운 쇠 감촉을 깨달으면서 동시에 그것이 어떤 느낌이었는지, 그 기억을 차곡차곡 쌓고 있었다.

이처럼 손이 느끼는 감촉과 마음은 계산적인 눈이나 지성과는 무관하게 〈추억이라는 비축물〉을 장식합니다. "가게 창가에 놓아둔 발렌타인 카드, 커피 볶는 냄새, 정육점 바닥에 떨어진 톱밥들. 중년기에 들어서면 이런 것들에 비판적이었던 마음조차 이것들을 인정하고 기억해야 할 만큼 괜찮은 것들이라고 거의 받아들이게 됩니다……. 깔끔한 거리, 활기찬 번화가, 고전적인 회랑과 마찬가지로요……."[15]

집이라는 장소와 일상적인 삶은 실제를 느끼는 것입니다. 일리노이주의 농장에서 사는 한 여성이 남편과 캘리포니아로 짧은 신혼여행을 다녀온 후 이렇게 말합니다.

"우리는 원래 계획한 기간만큼도 머무르지 않았어요. 곧장 농장으로 돌아왔죠. 매번 여행을 할 때마다 이래요. 얼른 돌아오고 싶어 근질근질하죠. 이곳을 떠나 있다는 게 정말이지 현실로 느껴지지가 않아요. 그건 비현실적인 세계니까요. 우리는 여기서 삶이 시작되고 끝난다는 것을 알아요. 여기서는 삶이 계속돼요. 여기서 벗어나 어딘가로 떠날 생각을 하고 그렇게 실천해 보는 것도 좋은 일이긴 해요. 하지만 실제 삶으로 돌아오는 것도 좋은 일이죠. 그래서 그런 건 시간 낭비라는 생각이 들어요. 우리의 진짜 삶은 바로 여기로 돌아온 뒤부터예요. 우리는 빨리 돌아와서 진짜 삶을 시작하고 싶었어요."[16]

이 농장 여성이 〈실제real〉라 부르는 것의 의미는 과연 무엇일까요? 딱 잘라 말하기는 어렵지만 실제가 중요하다는 것쯤은 우리도 느낍니다. 그런데 역설적인 것은 그것 또한 알아차릴 수가 없다는 거지요. 삶은 살게 되는 것이지, 우리가 곁에 서서 구경만 하는 화려한 가장행렬 같은 게 아니니까요. 실제란 친숙한 일상, 마치 숨쉬는 것처럼 특별히 드러나지 않는 것입니다. 또한 실제는 우리의 존재 전체, 모든 감각들을 포괄합니다. 휴가를 떠날 땐 골치 아픈 일뿐만 아니라 우리의 중요한 부분 또한 뒤에 남겨둡니다. 다시 말해 휴가지에서 우리는 정착하지 못하는, 그저 무위도식하는 구경꾼이 되는 것이지요.

장소의 진정한 가치는 잘 포착되지 않는다

무언가를 보는 일은 자신과 대상 간에 거리를 두게 합니다. 우리는 늘 〈거기〉 있는 것을 보기 때문이지요. 우리와 〈아주 가까이〉 있는 사물은 만질 수 있고, 냄새 맡을 수 있고, 맛을 볼 수는 있지만 볼 수는 없습니다. 볼 수는 있더라도 적어도 명확하지는 않지요. 친밀한 순간일수록 사람들은 더 보려 하지 않으니까요. 그런데 생각하기thinking는 거리를 만들어 냅니다. 고향에 익숙해진 토박이들은 자신들만의 장소가 갖는 분위기에 젖어 있습니다. 하지만 그들이 그 장소에 대해 생각해 보는 순간 그곳은 〈거기〉라는 생각의 대상이 되고 맙니다. 관광객들은 새로운 장소들을 찾아다닙니다. 이때 새로운 환경에 놓인 그들이 그곳에 완전히 몰두하려면 자신의 존재를 강화해 주던 기존의 익숙한 세계의 모습, 소리, 냄새 등을 모두 배제한 채 오로지 새로운 장소만 보고 생각해야 합니다. 휴가지라는 곳이 재미는 있지만 잠깐 지나면 비현실적인 것으로 보이는 것도 이런 이유에서입니다.

샌트마이어는 고향에 대한 기억에서 시각과 촉각을 대비시킵니다. 눈으로 보는 것은 생각하는 것처럼 평가와 판단을 불러오고 더 나아가 환상에 기여하기도 합니다. 그녀는 만약 하늘이 잿빛이라면 "시내가 얼마나 지저분한지, 얼마나 특징 없고 지루한지"라고 말합니다. 그리고 화창한 맑은 하늘이라면 문 앞에 잠깐 서서 탈출을 꿈꾸며 더 먼 곳에서의 밝은 미래를 기대해 보기도 합니다. 머릿속에서 나온 이미지들과 생각이 온전히 독창적이기는 어렵습니다. 그래서 평가와 판단들은 낡고 진부해지는 경향이 있습니다. 순식간에 사라지는 직접적인 경험이 주는 친밀감과 장소의 진정한 가치는 대개 눈에 잘 띄지 않습니다. 머릿속에 그 낡고 진부한 생각들이 가득 들어차 있기 때문입니다. 감각의 데이터들은 무엇을 보고 감탄해야 할지 배우는 데 필요하도록 밀어넣어져 있습니다. 대체로 개인적인 경험은 어떤 환경에서 가장 확실하고 공적이라 할, 사회적으로 승인된 관점을 따릅니다. 이 점을 극명히 보여주는 로버트 피어시그의 글이 있습니다. 다음에 소개하는 그의 글은 여행자들이 오리건주의 크레이터 호수를 어떤 식으로 보는지 설명해 줍니다.

호수에 다다르자 우리는, 저마다 카메라를 들었거나 아이들에게

"너무 가까이 가면 안 돼!"라고 외쳐대는 소규모 관광객 무리와 자연스레 뒤섞인다. 갖가지 번호판을 단 차량들과 캠핑카들을 보고 마치 그림전시회를 보는 것처럼 "아, 저기구나" 하는 느낌으로 크레이터 호수를 바라본다. 나는 다른 관광객들을 본다. 그들 모두도 이곳과는 어쩐지 따로 노는 듯한 차림새다. 이 모든 장면이 불편하다는 게 아니라, 다만 그 모든 게 실제처럼 느껴지지 않고, 호수의 가치가 지나치게 부각된 탓에 오히려 그 가치가 사그라지는 느낌을 받는 것이다. 어떤 것의 가치를 강조하면 그 뛰어남이 사라져버리는 경향이 있다. 그 가치는 눈으로 흘깃 보는 데서 온다. 그래서 나는 호수를 내려다보면서 얼어붙어 버릴 것 같은 차가운 햇살이 내 등 뒤로 내리쬐는 것을, 그리고 거의 미동조차 하지 않는 기이한 바람을 느낀다.[17]

　사람에 관한 것이든 사물에 관한 것이든, 친밀한 경험을 표현하기란 쉽지 않습니다. 적절한 단어도 찾기 어렵고 그림과 다이어그램들로도 표현할 수 있을 것 같지 않지요. 음악은 모종의 감정을 불러일으킬 수는 있지만 외연적 정확성은 결여되어 있습니다. 반면 사실과 사건들은 쉽게 말할 수 있습니다. 이를테면 일요일에 아이들과 개 두 마리를 차에 태우고 크레이터 호수에 갔는데 날씨가 무척 추웠다고 말하는 데는 전혀 어려움이 없지요. 우리는 감탄의 대상이 무엇인지 알고 있습니다. 바로 호수입니다. 우리는 그 점을 말로 얘기할 수도 있고 호수를 사진으로 찍어 영구인 기록으로 남길 수도 있습니다. 그렇지만 그 장소의 특성,

우리만의 뜻밖의 만남의 경험은 포착될 수 없습니다. 거기엔 우리가 흘낏 본 것, 그리고 등 뒤에서 내리쬐는, 얼얼하기까지 했던 햇살의 느낌 같은 것을 포함시켜야 하니까요.

친밀한 경험들은 이렇듯 표현하기 어렵지만 그렇다고 아예 불가능한 것은 아닙니다. 그 경험들은 개인이 깊이 느끼는 것이지만 꼭 자기중심적이고 별난 것만은 아니기 때문입니다. 난롯가, 안식처, 집 또는 본거지는 어디서나 인간이라는 존재에게는 친밀한 장소들입니다. 시는 물론 산문도 그러한 장소들의 애틋함과 의미를 문장 안에 녹여내고 있지요. 각 문화권에는 구성원들에게 광범위하게 인정받는 친밀함의 상징물이 있습니다. 예를 들면 미국인들은 선한 삶을 상징하는 뉴잉글랜드의 교회라든가 중서부 도시들의 광장, 길모퉁이 약국, 시내 중심가, 마을 연못 등에 마음을 엽니다.[18] 안락의자나 공원의 벤치도 지극히 개인적인 장소가 될 수 있지만 타인이 이해하기 힘든 의미를 품은, 전적으로 사적인 상징물은 아니지요.[19] 이것은 인간 집단 내에서 개인들의 경험이 중복되다 보니 한 개인의 애착이 터무니없거나 이해하기 어려운 것처럼 보이지 않기 때문일 겁니다. 심지어 아주 독특한 환경의 산물인 것처럼 보이는 경험조차 공유될 수 있습니다. 이셔우드가 그린 소설 속 장면, 즉 캘리포니아 대학 캠퍼스에 갓 심어진 나무 아래 앉아 있던 두 학생들과 주인공 조지가 잠깐이나마 맺었던 유대는 그에게는 대단히 특별한 것입니다. 그러나 우리가 그 의미를 파악하기 어려울 만큼 지극히 개인적인 것도 아닙니다. 그 구절을 읽는 우리는 하나같이 고개를 끄덕일 만합니다. 우리가 미국의 대학에서 가르치고 있든 아니든, 캘리포니아에 살고 있든 아니든, 우리는 일정 부분 조지의 마음에 공감합니다.

한편 경험에는 우리가 신경을 쓰게 되는 요소들보다 더 집중해야 하는 것이 있습니다. 우리 의식의 초점과 그 범위를 꽤 많이 좌우하는 것이 바로 문화라는 것입니다. 그런데 언어로 경험의 영역을 설명하는 능력은 각양각색이기 때문에 시각 예술과 의례들이 그것들을 보완해 줍니다. 물론 그 효력 또한 사람에 따라 달라지지만요. 예술은 감정의 이미지를 만들어 사색과 사유에 접근할 수 있게 해줍니다. 이에 반해 사교적인 수다와 정형화된 소통은 감성을 무디게 합니다. 친밀한 감정들조차 대다수 사람들이 깨닫는 것보다 훨씬 잘 표현될 수 있습니다. 이 장에서 사례로 든 장소의 이미지들은 통찰력 있는 작가들이 그들의 상상력으로 환기시킨 것들입니다. 그들의 예술이 비추는 빛으로 우리는 기억의 저편으로 사라질 수 있었을 경험들을 다시금 맛보는 특권을 얻은 것입니다. 그런데 여기서 역설이 드러납니다. 앞에서 저는, 생각은 거리를 만들고 직접적인 경험의 즉각성을 파괴한다고 말했습니다. 그렇지만 포착하기 어려운 과거의 순간들을 현실에서 우리 가까이로 끌어와 영속성이라는 도구를 획득하게 하는 것도 그 생각이라는 것입니다.

4

깊숙하면서도 고요한
애착의 장소, 고향

장소는 저마다 크기가 다릅니다. 가장 좋아하는 안락의자가 놓여 있는 아주 작은 한 극단을 한 장소라고 하면, 다른 극단은 나머지 지구 전체가 됩니다. 고향은 중간 정도 규모에서 중요한 장소 유형입니다. 고향은 사람들이 생계를 이어갈 만큼의 적정 규모가 되는 지역(도시 혹은 시골)입니다. 따라서 고향에 대한 애착은 강해질 수밖에 없습니다. 그렇다면 이런 감정의 특징은 무엇일까요? 대관절 어떤 경험과 조건들이 이런 감정을 부채질하는 걸까요?

세계 어느 곳이든 사람들은 자신의 고향을 〈세상의 중심center of the world〉으로 보려는 경향이 있습니다. 자신들의 고향을 중심이라고 주장하는 것은 그 위치가 부인하기 어려운 가치를 지녔다는 것을 암암리에 주장하는 셈입니다. 세계의 여러 지역에서 이러한 중심의식sense of centrality은 기본방위에 따르는 기하학적 공간 개념에 의해 구체화됩니다. 집을 예로 들어 설명하자면, 집은 천문학적으로 결정된 공간 시스템의 중심에 위치합니다. 천상과 지하세계를 잇는 수직축이 집을 관통하고요. 또 별들은 사람의 거주지를 중심으로 빙 돌면서 움직이는 것처럼 보입니다. 이렇게 하여 집은 우주 구조의 중심점이 됩니다. 이러한 장소 개념에서는 당연히 집에 최상의 가치를 부여하기 때문에 집을 포기한다는 것은 상상조차 하기 어려운 일입니다. 혹시 파괴가 이루어져야 한다면 당연히 다음과 같은 결론을 내리겠지요. 자신들의 정착지가 폐허가 되는 것은 그들의 우주가 폐허가 됨을 뜻하므로 사람들은 완전히 기가 꺾일 것이라고요. 그런데 꼭 이런 현상이 벌어지는 것은 아닙니다. 인간이란 놀라울 만큼 강한 회복력을 지닌 존재입니다. 우주관은 새로운 환경에 다시 적응할 수 있습니다. 그 어떤 세계의 중심이 파괴되면 이어 또 다른 것이 그 옆에 건설되거나, 아니면 또 다른 장소가 온전히 그 세계의 중심을 대체할 수 있습니다. 사실 중심은 지구 표면의 어느 특정한 지점point을 가리키지는 않습니다. 그것은 유일무이한 사건과 장소와 관련하여 사람들이 강렬하게 느끼는 가치라기보다는 일종의 신화적 사고에서 비롯되었습니다. 신화적 사고에서는 여러 세계의 중심들이 별 대립 없이 동일한 일반 지역에 공존하기도 합니다. 그런 점에서 세계의 축이 거주 지역을 통째로 통과하는 것처럼 그 안의 개별적인 주거지도 통과한다는 믿음이 가능한 것이지요. 동서남북이라는 기본방위를 확장한 공간이 장소에 대한 관념을 선명하게 만들어 주긴 하지만, 그렇다고 지리적으로 특정한 위치locality가 곧바로 장소가 되는 것은 아닙니다. 이것은 별들의 운행에 따라 결정되는 공간적 체계는 장소 중심적이기보다는 인간 중심적이기 때문입니다. 다시 말해 그것은 인간 자신의 움직임에 따라 유동적이라는 뜻입니다.

우리의 신들, 그리고 그들이 거주하는 성스러운 곳

우주적 세계관이 어떤 지점에 유일무이한 고유성을 보장해주지 않는다면 신앙은 어떨까요? 사람들이 어떤 위치에 모여 있는 특정 건물군과 관련 있는 장소를 그들 자신의 집일 뿐 아니라 그들을 수호하는 영혼과 신들의 집이기도 하다고 믿는 곳들은 어디서나 특별한 장소가 된다는 점을 여러 문화권에서 드러나는 증거가 말해주고 있습니다. 근동 지역과 지중해 연안의 고대 도시들은 이런 식의 특별함을 누렸습니다. 애초부터 도시를 건설하겠다는 생각은 신들과 함께하는 일이었습니다. 따라서 초기 지중해 도시들은 본질적으로 하나의 〈신전 공동체〉라 할 만했습니다. 또 나일강 계곡 부근에 있는 의례를 치르는 중심지와 좀 더 중요한 거주지들 또한 종교적 기반 위에 세워졌습니다. 그들은 자신들이 태곳적 창조가 일어난 곳을 점유하고 있다고 여겼습니다. 물론 현대적 사고로는 고대 세계처럼 종교를 인간의 행동과 가치에 완전히 일치시키는 수준으로까지 받아들이는 것은 어렵습니다. 삶이 불확실하고 자연이 적대적인 것처럼 보일 때, 고대인들에게 신은 살아가는 힘을 하사할 뿐 아니라 삶 자체를 보호하기도 하는, 자연과 사회의 질서를 보증하는 존재이기도 했습니다. 고대인들은 법과 제도의 정당성도 신들에게서 찾으려 했습니다. 따라서 그것들을 다스리는 존재인 신이 제거되는 것은 인간에겐 혼돈과 죽음을 의미했습니다. 정복자들조차 타당한 이유 없이 순전히 분노로만 도시를 완전히 파괴하는 경우는 드물었습니다. 만약 파괴가 일어난다면, 정복자들은 그곳 주민들이 섬기는 신들의 집을 빼앗는 것으로 그 신들을 처리하고, 또 그 신들을 적절하게 이용함으로써 한 문명을 획득했습니다. 이러한 믿음은 다음과 같은 역설을 이해하는 데 도움이 됩니다. 도시가 한 문명의 총체임에도, 수메르인들은 도시의 파괴를 문명의 토대가 되는 신성한 제도의 하나로 생각했다는 것입니다.[1]

미케네 문명(기원전 16-12세기에 그리스의 본토 미케네를 중심으로 발달한 고대 해양 문명) 시기에 그리스의 도시들은 자신들의 신성한 지위는 그들의 신성한 거주자들(신)에게 신세지고 있다고 보았습니다. 예컨대 아테네 여신과 헬레나 여신은 각각 아테네와 스파르타를 다스리는 신들로 받들어졌지요. 이처럼 제왕적 통치가 받아들여졌던 선사시대에는 성지聖地의 중요성이 컸지만 이후 공화정 시대에 들어서면서 그 중요성을 잃게 됩니다. 그런데 자주 적들에게 시달렸던 고대 청동기 시대의 그리스 도시들은 신들이 거주하는 성스러운 주거지의 성상聖像들이 손상되지 않는 한에서만 살아남을 수 있었습니다. 존 듄은 이런 믿음이 "트로이 전쟁의 전통에도 얼마간 반영되었는데, 따라서 트로이를 함락하기 전에 그 도시의 수호여신상을 꼭 훔쳐야 했다"[2]고 말했습니다. 여신의 형상을 제거하거나 여신이 머무는 신전을 파괴하는 행위는 그 도시의 정통성을 박탈하는 것이나 다름없었습니다. 왜냐하면 그곳 사람들을 지배하는 규율, 의례, 제도들은 모두 공히 신의 승인을 필요로 하기 때문입니다. 지금의 우리로서는 선사시대의 정서를 온전히 알 수 없고 기껏해야 추측만 해볼 뿐입니다. 고대 지중해 세계에서는 역사시대에 이르러서야 장소에 대한 애정 표현이 많이 발견됩니다. 그 가운데 유달리 격한 감정을 드러내는 카르타고 시민의 호소를 볼까 합니다. 제3차 포에니 전쟁(기원전 149년부터 146년까지 벌어진 로마와 카르타고의 세 번째 전쟁)의 막바지에 로마군에 의해 도시가 파괴될 위기에 처한 카르타고의 한 시민은 이렇게 호소합니다.

"당신들에게 간청합니다. 신들의 명을 받들어 세워진 우리의 오랜 도시를 위해, 온 세계에 이름을 떨친 영예롭고 위대한 이 도시를 위해, 당신들에게 그 어떤 해도 입히지 않은 신들을 모시고 있는 신전들을 위해 애원합니다. 그들에게서 밤의 제전을, 그 행렬을, 그 장엄함을 빼앗지 말아 주십시오. 당신들에게 더는 해를 입히지 않는 죽은 이의 무덤과 그 제물을 빼앗지 말아 주십시오. 우리를 측은히 여긴다면…… 이 도시의 가정을, 우리의 광장을, 우리의 대표들을 굽어살피는 여신들을, 그리고 우리 삶에 소중하고 귀한 다른 모든 것들을 남겨주십시오. …… 그러므로 우리에게 좀 더 바람직하고 당신들에게는 더욱 영광스러운 대안을 제안하겠습니다. 요청컨대 당신들에게 아무런 해를 끼치지 않는 도시는 남겨주시고, 대신 멀리 떠나라고 명령을 받은 우리들을 죽여주십시오. 이렇게 하여 당신들의 분노를 사람들에게 푸시고, 대신 신전들과 신들, 무덤들, 그리고 죄 없는 도시는 놔두시길 바랍니다."[3]

사실 이 탄원이 글로 써진 것은 그 일이 있은 지 몇 백 년이 지난 기원후 2세기 무렵이라고 합니다. 당시 포위당한 카르타고 사람들의 실제 심정이 어떠했을지 우리는 알 길이 없습니다. 어디까지나 로마의 독자들을 위해 쓴 이 탄원문이 당시의 사람들에게는 통했는지 모르겠으나 오늘날의 우리들이 이해하기에는 좀 어렵습니다. 가령 화성인들이 미국을 침공해서 미니애폴리스 초입에 진을 치고 있다고 가정해 보죠. 우리 시의회 의원들이 화성인들에게 아무런 해도 입히지 않은 니콜렛 몰(Nicollet Mall, 미국에서 최초로 지정된 가장 성공적인 대중교통 전용지구)은 남겨두고 대신 우리를 죽여 달라고 간청하는 것을 이해할 수 있을까요?

종교는 인간을 장소에 묶어둘 수도, 그곳으로부터 벗어나게 할 수도 있었습니다. 지역의 토속신들을 섬기는 사람들은 그 장소에 묶이게 되는 반면, 보편 종교(대표적으로 기독교, 이슬람교, 불교가 해당)는 그들에게 자유를 줍니다. 보편 종교에서는 모든 것이 전지전능한 신에 의해 창조되고 신이 모든 것을 주관하기 때문에 굳이 어떤 장소가 다른 장소보다 더 신성할 필요가 없습니다. 역사를 돌이켜보면, 보편적인 하늘의 신이 출현하기 전에는 세속적인 신들이 세상을 다스렸습니다. 어디서나 사람들은 보편적이고 절대적인 신에 대한 관념을 품긴 했겠지만 그 존재는 어둠에 잠겨 있었으며, 끊임없이 인간사에 개입하는 지역의 토속신들에 비하면

멀기만 한 존재였습니다. 중국의 경우 〈천(天, 하늘)〉이라는 개념이 서서히 발전하다가 주周왕조(기원전 1027-256년)를 거치면서 그 의례의 맨 꼭대기를 차지하기에 이릅니다. 〈지(地, 땅)〉는 그보다 낮은 지위이긴 하지만 천과 대응관계에 있었습니다. 〈토土〉, 즉 흙의 신들(지신地神들)은 보다 서열은 낮지만 속성은 원초적입니다. 천과 지는 정교하고 복잡한 개념들인데 그에 비해 흙의 신들이나 자연의 정령들이 사람들에겐 훨씬 더 현실적으로 다가왔습니다. 호메로스 시대에 지중해 지역의 올림포스에 사는 천상의 신들의 위치는 확고했습니다. 하지만 애초에 사람들은 이 신들이 인간 종족 전체를 굽어본다는 생각은 하지 않았습니다. 그보다는 각각의 신이 개별적인 민족과 지역에 속해 있는 걸로 생각했습니다.

사람들을 어떤 장소에 단단하게 묶어두는 종교에서 신들은 대체로 다음과 같은 특성을 지닌 것으로 보입니다. 먼저 그들은 저마다 주관하는 특별한 영역이 있는데 그 범위를 벗어나는 것에 대한 능력은 없습니다. 즉 그들은 자기 사람들에게는 보상을 내리고 보호하며, 이방인들에게는 해를 가하기도 합니다. 또한 그들은 현재 가족들부터 조상과 죽은 영웅들의 영혼까지 확장되는 위계질서에 속해 있으면서 그에 따라 차등화된 권위를 지닙니다. 이렇게 하여 지역에 기반을 둔 토속 종교들은 그 추종자들의 과거와 혈통 그리고 장소의 지속성에 대해 강렬한 의식을 고취합니다. 따라서 조상 숭배야말로 관례의 핵심이 됩니다. 안전은 이런 역사적 지속성이라는 감정에서 얻어지는 것이지, 초월적이고 보편적인 종교에서 내세우는 영원의 빛과 시대를 초월한 가치들로 얻어지는 것이 아닙니다.

뿌리내림rootedness은 고대 그리스인들과 로마인들에게는 하나의 이상이었습니다. 1세기도 더 전에 프랑스 철학자 푸셀 드 쿨랑주가 이 주제를 상세히 탐구한 적이 있습니다. 그는 경건함과 조상 숭배의 중요성을 강조했습니다. 후손들은 죽은 이, 즉 고인이 된 아버지와 다른 조상들인 죽은 자의 영혼을 위해 희생을 강요받았습니다. 이 의무를 소홀히 하는 것은 가장 큰 불경죄를 저지르는 것이나 다름없었습니다. 정해진 기일에 조상의 무덤에 제물을 바친다면 그 조상은 그들의 수호신이 됩니다. 이 조상신은 후손에게는 복을 내리고 앞날을 대비하게 해주지만 자기 핏줄이 아닌 이들에게는 적대적이며, 혹시 그들이 자신의 무덤으로 접근할 시엔 병이 들게 해서 그들을 몰아냅니다. 자신의 친족에 대한 애정과 이방인에게 보이는 단순한 무관심을 넘어선 이러한 적대감이야말로 특정한 장소와 결부된 종교들에서 공통으로 보이는 특징입니다. 각 가족들은 저마다 조상들을 상징하는 성스러운 불을 가지고 있었습니다. 그 불은 "그 가족만을 지킬 뿐, 다른 가호를 받는 이웃 가족의 불과는 전혀 관계가 없습니다."[4]

제단 또는 가정의 화로는 정착생활을 상징합니다. 그것은 땅 위에 지어져야 하며, 예기치 못한 필요에 따른 경우를 제외하고는 일단 자리를 잡은 뒤에는 옮겨질 수 없었습니다. 의무와 종교에 따라 가족들은 무리를 지어 그 제단 주변에서 지내야만 했습니다. 따라서 그 가족은 제단 못지않게 땅에도 매이게 됩니다. 그러므로 고대 도시는 이러한 가족들의 연합체라고 할 수 있습니다. 각 가족에게 저마다 정해진 화로가 있었던 것처럼 도시도 의회 건물에 자체 화로를 두었습니다. 이곳에서 관리들과 특별히 명예로운 소수의 시민들이 음식을 만들어 먹기도 했습니다.[5]

고대 그리스와 이탈리아의 주민들은 일종의 배타적인 신앙을 가졌습니다. 그들 각각의 공간에는 신성불가침의 경계선이 있었습니다. 각 경계는 그 집안 수호신들의 가호 아래 있었고, 띠처럼 길게 연결된 경작되지 않은 땅이 그 경계가 됐습니다. 한 집안의 가장은 매년 매달 한 번씩 자기네 땅을 걸어서 돌아봅니다. "그는 제물을 앞세워 가면서 찬가를 부르고 제물을 봉헌합니다. 그는 이 의식을 거행함으로써 자신이 섬기는 신이 자신의 땅과 집에 자비를 베풀 거라고 믿었습니다……. 제물과 기도가 따르는 길은 남이 침범할 수 없는 그 영토의 경계이기도 했습니다."[6]

고대사회에서 땅과 종교는 대단히 긴밀하게 연결돼 있어서 한 가족은 그 중 하나만을 포기할 수는 없었습니다. 이런 배경에서는 추방이야말로 최악의 운명이었습니다. 그것은 한 인간의 물리적 생계수단뿐 아니라 그의 종교와 그 지역의 토속신들이 보장하는 법의 보호까지 박탈하는 것이기 때문입니다. 고대 그리스의 극작가 에우리피데스의 희곡인 「히폴리토스Hippolytus」에서 테세우스는 히폴리토스에게 사형을 명하지 않습니다. 신속하게 목숨을 빼앗는 것은 그의 악랄한 죄에 비하면 너무 가벼운 형벌이라는 것입니다. 대신 히폴리토스는 낯선 지역으로 추방당해 인생의 쓴맛을 삼켜야 했습니다. 이것이야말로 불경죄를 저지른 죄인이 마땅히 받아들여야 할 운명이었던 것입니다.[7]

그리스인들은 토착의 가치를 중시했습니다. 아테네 사람들은 한곳에서 면면히 이어온 유구하고도 고귀한 혈통을 추적해볼 수 있다는 사실로 그 도시에서 태어난 것에 자부심을 가졌습니다. 고대 아테네의 정치가이자 군인인 페리클레스는 이렇게 주장했습니다.

"우리 조상들은 중단 없이 대대로 이 나라에서 살아왔고, 그들의 용맹함으로 오늘의 우리에게 이 도시를 물려주었기에 그들은 찬양받아 마땅하다."[8]

또 아테네의 변론가 이소크라테스는, 아테네는 여러 이유로 위대했지만 아테네가 누려야 할 최상의 영예는 바로 그곳 사람들의 토착성과 인종적 순수함이라는 탁월함에 있다고 했습니다. 그는 이렇게 열변을 토합니다.

"우리는 타인들을 몰아내고, 사람이 살지 않는 곳을 찾아내서, 여러 종족들이 잡다하게 섞인 무리와 더불어 이 땅에 와서 자리를 잡은 것이 아닙니다. 그럼에도 우리는 지극히 고결하고 순수한 혈통으로서 우리를 태어나게 한 바로 이 땅을 우리 역사 내내 소유해 왔습니다. 우리는 바로 이 땅에서 태어났고, 우리의 가장 가까운 친척을 부를 바로 그 이름으로 이 도시를 부를 수 있습니다. 모든 그리스인들 가운데 우리의 도시를 보모이자 조국 그리고 어머니라 부를 권한은 우리에게만 있기 때문입니다."[9]

태어나고 자란 땅에 대한 경건한 마음

이처럼 고향에 대한 깊은 애착은 특정 문화나 경제권에만 국한되는 것이 아닌 전 세계적인 현상으로 보입니다. 이 현상은 글을 읽고 쓸 줄 아는 여부와도 무관하며, 수렵채집인들은 물론 정착 농부들과 도시 거주자들 모두에게 해당됩니다. 어머니로 여겨지는 도시나 땅은 삶의 자양분을 제공합니다. 장소는 애틋한 추억들과 함께 현재에 영감을 주는 멋진 성취들의 〈저장고〉인 것입니다. 또한 장소는 영속적이어서 우연성에 휩쓸리며 스스로 나약하다고 여기는 사람들에게 안정감을 줍니다.

영국의 인류학자 레이먼드 퍼스는 다음과 같이 말했습니다.

"뉴질랜드의 마오리족은 그들의 땅을 굉장히 자랑스러워했으며 조상의 흙에 지나치다 싶을 만큼 강한 애착을 보였다. 그 감정은 땅이 식량의 원천이라는 즉각적인 가치와 비옥함에만 관련된 것이 아니었다. 그 땅은 그들의 선조들이 살고, 싸우고, 묻혀 있는, 그들에게는 언제나 가장 심오한 감정을 불러일으키는 대상이었다……. '내 것은 이 땅이다, 내 조상들의 땅!'이라는 것이 그들의 부르짖음이었다."[10]

마오리족은 그들에게 깊숙이 뿌리내린 애착심을 여러 방식으로 보여줍니다. 이를테면 처형을 코앞에 둔 죄수는 먼저 자기 부족 영토의 경계로 데려가줄 수 있는지 물어봅니다. 죽기 전에 한 번만이라도 부족의 땅을 바라볼 수 있게 말입니다. "그게 어렵다면 그는 자기집 부근에 흐르던 개울물이라도 좀 마셔볼 수 있을

지 물을 겁니다."[11] 영웅들의 이야기에서도 땅에 대한 애정에 존경심이 덧붙여집니다. 그 중 가장 중요한 이야기는 20여 세대도 훨씬 전에 카누를 타고 뉴질랜드 땅에 도착한 그들의 조상에 관한 내용입니다.[12]

유럽의 학생들이라면 페리클레스나 이소크라테스 같은 애국자들이 아테네와 아테네 시민들에게 충성을 서약하는 연설이 그리 낯설지 않을 겁니다. 미국 학생들에게는 고대사회에 대한 지식이 덜 강조되는 편이긴 합니다만, 그래도 선조의 땅에 대한 깊은 애착이 담긴 한 원주민 추장의 감동 어린 연설에서 그 분위기를 느낄 수 있습니다. 이 연설은 아메리카 원주민들이 워싱턴 준주의 총독 스티븐스에게 자신들의 땅을 양도해야 했던 비극적인 순간에 이뤄졌습니다. 그 연설은 다음과 같습니다.

"바람에 일렁이는 파도가 조개껍질 깔린 모랫바닥을 덮었던 것처럼 우리 부족이 이 땅 모두를 차지하고 있던 시대가 있었습니다. 그러나 그 시간은 부족들의 위대함과 함께 오래전에 사라져 버렸고 이제는 거의 잊혀지고 말았습니다. 나는 우리의 때이른 몰락을 두고두고 비통해하지도 않을 것이며, 백인 형제들이 그 몰락을 재촉했다 하여 그들을 비난하지도 않을 것입니다. 그들과 우리는 서로 다른 종족입니다. 우리들 간에 공통점이란 거의 없습니다. 우리에게 조상들을 태운 재는 성스러운 것이며, 그들의 최후의 안식처는 신성한 대지입니다. 반면 당신들은 당신 조상들의 무덤에서 아주 멀리 떨어진 곳을 떠돌고 있습니다. 그런데도 어떤 회한조차 없어 보입니다. …… 이 나라의 구석구석이 내 사람들에게는 성스러운 곳입니다. 모든 언덕, 모든 계곡, 모든 평원과 숲이 우리 부족의 아름다운 추억이나 슬픈 경험들로 인해 성스러운 곳이 되었습니다. 엄숙한 위엄을 발산하는 고요한 해변에서 뜨거운 태양을 묵묵히 견디는 것 같은 바윗돌조차 내 사람들의 삶과 맺어진 지난 일들의 기억에 전율합니다. 당신들 발밑에 이는 흙먼지 또한 당신들보다 우리의 발걸음에 훨씬 더 다정하게 대답할 것입니다. 왜냐하면 그것들은 우리 조상들의 재이고, 우리의 맨발이 그 정겨운 감촉을 알아채기 때문입니다. 그 흙이 우리 친족의 삶과 함께 비옥해졌기 때문입니다."[13]

땅에 대한 깊은 감정은 좀처럼 사라지지 않았습니다. 그 감정은 문명과 고립된 장소들에서 끈질기게 이어집니다. 시대가 흘러도 감정의 수사는 웬만해선 변치 않으며 한 문화권에서 다른 문화권으로 가더라도 크게 다르지 않습니다. 일례로 1953년에 남티롤(South Tyrol, 알프스의 한 지역) 연감에 실린 〈하이마트Heimat〉(고향, 고국이라는 뜻의 독일어)라는 단어의 뜻을 살펴볼까요. 미국의 사회심리학자인 레너드 두브는 우리 시대에서 하이마트(고향땅)에 대한 감상을 이만큼 잘 묘사한 글은 없을 거라면서 다음과 같이 소개했습니다.

무엇보다 하이마트, 즉 고향은 우리 종족과 인종에게 생명을 부여한 성스러운 대지이며, 신의 구름과, 해와, 폭풍우를 꿀꺽 삼켜 그것들과 더불어 신비로운 힘으로 우리 식탁에 놓을 빵과 포도주를 준비해 주며, 그리하여 우리가 건강하게 살아갈 힘을 준다. …… 고향은 〈풍경〉이다. 고향은 우리가 경험한 풍경이다. 이는 고향이야말로 싸워왔고, 위협을 받아왔고, 가족과 도시 및 마을의 역사로 가득 채워져 있음을 뜻한다. 우리의 고향은 기사들과 영웅들의 고향이며, 전투와 승리의 고향이며, 전설과 요정 이야기의 고향이기도 하다. 하지만 이 모든 것을 떠나 우리의 고향은 우리 조상들의 땀으로 비옥하게 된 대지이다. 이 고향을 위해 우리 조상들은 싸우고 고통받아왔다. 이 고향을 위해 우리 아버지들이 목숨을 바쳤다.[14]

땅에 뿌리를 내리고 땅을 향해 경건한 마음을 키우는 것은 정착해서 농사를 짓는 사람들에겐 자연스러운 일로 보입니다. 그런데 떠돌아다니는 생활을 하는 수렵꾼과 채집꾼들도 그럴까요? 그들은 한 장소에 머물지 않으며 땅을 소유한다는 것에 대한 감각 또한 뚜렷하지 않기 때문에 그 애착 또한 덜할 것으로 예상됩니다. 하지만 사실 생명을 키우는 대지에 대해 느끼는 가장 강력한 감정은 이들에게도 존재할 수 있습니다. 아메리카 평원의 원주민들은 옮겨 다니는 관습이 있습니다. 한 예로 코만치족은 해마다 그들의 주 야영지를 바꾸지만 대지를 어머니처럼 숭배합니다. 그들에게 대지는 보금자리이자 생명 유지에 필요한 모든 것들의 생산자입니다. 물론 도의상 대지를 태양 다음에 놓습니다만. 그들은 어머니 대지에게 간절히 애원합니다. 그곳에 생물이 자라게 해서 그들이 먹고 살아가게 하며, 마실 수 있는 물이 흐르

게 하며, 땅을 단단하게 다져줘서 오래도록 걸을 수 있게 해달라고 말입니다.[15]

어디든 마음 한구석 둘 만한 곳

아메리카 북부평원에 사는 라코타족이야말로 자신들의 땅, 특히 블랙 힐즈Black Hills에 대해 유달리 진한 애정을 품고 있습니다. 부족에 전해 내려오는 전설에 따르면, 이 언덕은 포근히 몸을 맡길 수 있는 여성으로 묘사되며 그 가슴에서 생명의 힘이 나온다고 합니다. 라코타족은 어머니의 품으로 달려드는 어린아이들처럼 그 언덕을 찾습니다. 그리고 젊은이들보다는 나이 든 사람들이 그 대지를 훨씬 사랑합니다. 또한 그들은 자신들을 길러주는 그 힘에 조금이라도 더 다가가기 위해 대지 위에 앉거나 눕곤 합니다.[16]

아메리카 평원 원주민들의 태도는 농경생활을 했던 그들 자신의 과거와 다른 농경민들과의 접촉에서 영향을 받았을 수 있습니다. 오스트레일리아 원주민들 중에서도 흙에 뿌리내린 새싹의 가치를 잘 느낄 수 없는 사냥꾼과 채집꾼들도 장소에 강한 애착을 가질 수 있음을 보여주는 명백한 사례가 있습니다. 오스트레일리아 원주민들에게는 토지 소유에 대한 그 어떤 법률도, 영토 경계에 대한 그 어떤 엄격한 관념도 없습니다. 그럼에도 그들은 영토를 두 가지로 구분합니다. 바로 그들의 점유지와 활동 구역입니다. 그들에게 점유지는 전통적으로 인정되는 가정, 다시 말해 부계 상속 집단과 그 구성원들의 보금자리입니다. 활동 구역은 집단이 일상적으로 사냥을 하고 먹거리를 찾아다니는 길 또는 영역이 됩니다. 생존을 위해서는 활동 구역이 점유지보다 훨씬 중요합니다. 사교와 의례를 위해서는 점유지가 활동 구역보다 훨씬 중요하고요. 이곳 원주민들의 설명대로 하면 활동 구역은 그들이 걷거나 달릴 수 있는 곳이며, 점유지는 그들이 앉아 있을 수 있는 곳입니다. 그래서 점유지와는 강한 정서적 고리가 형성됩니다. 그곳은 조상들의 집이자, 전설과 신화에 등장하는 모든 사건들이 변하지 않는 자연의 측면, 즉 바위, 언덕, 산 그리고 인간보다 더 오래 사는 나무들에까지 굳건히 아로새겨져 있는 꿈꾸는 장소입니다.

주로 사막을 따라 사는 사람들에게 주기적으로 찾아오는 궁핍한 시기에 사막에 사는 사람들은 다른 집단의 구역에서 식량을 구하기 위해 자기네 범위를 벗어나기도 하는데 그 기간이 길어지는 경우는 많지 않다고 합니다.[17] 이에 대해 일바린차족 부족민은 인류학자 스트렐로우에게 이렇게 말했습니다.

"우리의 아버지들은 우리의 땅을 사랑하며 다른 이들에게 속한 땅은 탐내지 말라 가르쳤습니다. 그분들이 말씀하시기를, 오스트레일리아 원주민인 아란다 사람들 가운데 일바린차족이야말로 가장 위대한 반디쿠트(긴 코에 꼬리가 긴 오스트레일리아산 작은 동물) 토템의 중심이라 하셨습니다. 태초에 모든 종족이 올 때 반디쿠트의 조상들이 우리 일바린차에게만 와서 내내 머물렀다고 합니다.

우리의 집이 그들에게 매우 흡족했기 때문이지요."[18]

풍경은 개인적이면서도 눈으로 볼 수 있게 만든 부족의 역사이기도 합니다. 그러므로 그 원주민은 정체성의 혼란, 즉 사물의 전체적인 구성 안에서 장소에 대한 혼란을 느낄 여지가 없습니다. 그것을 떠받치는 신화들이 그가 보고 만질 수 있는 바위와 샘들만큼이나 현실적이기 때문입니다. 그는 자신의 조상이기도 한, 숭배하는 불멸의 존재들의 삶과 행적을 말해주는 옛이야기가 자신의 땅에 기록된 것을 발견합니다. 이것은 마치 그가 살고 있는 곳 전체가 그에게는 하나의 가계도인 것과 같습니다.[19]

현대사회에도 나름의 유목민들이 있습니다. 떠돌이 일꾼들, 이주 노동자들, 원양어선 선원들이 그들입니다. 이 뿌리 없음의 결과는 무엇일까요? 그들은 영구적인 장소를 갈망할까요? 그렇다면 그러한 갈망은 어떤 식으로 표현될까요? 가족과 함께 이주한 노동자들은 필요에 따라 어쩔 수 없이 떠돌이 삶에 적응하는 것이지 선택을 할 수 있는 건 아닙니다. 반면, 배를 타는 선원들은 바다를 떠도는 삶을 선택합니다. 그들은 십대 청소년 시절 또는 갓 어른이 됐을 무렵에 직업적인 선원의 길을 택했을 수 있습니다. 그러면서 배는 그들의 집이 되고, 동료들은 가족이 됩니다. 하지만 항해 중에도 상상 속의 닻과 같은 영구적인 장소를 향한 갈망 같은 것이 있습니다. 로버트 데이비스는 출판되지 않은 본인의 석사학위 논문에서 개인적으로 알고 있던 한 선원의 이야기를 다음과 같이 전합니다.

"그들은 바닷가 어딘가에 일종의 본거지를 두고 싶어 합니다. 혹 가능하다면 자신들의 짐이라도 내려둘 수 있는 곳 말입니다. 그들이 어디를 떠돌든 마음을 둘 만한 곳, 가구를 놓을 위치를 머릿속으로 그려보기도 하고, 하루의 다른 시간에 그곳 주민들이 무엇을 하는지 상상해볼 수도 있고, 그림엽서를 보낼 수도 있고, 소소한 수집품을 가져다둘 수도 있는 곳, 그리고 언제고 돌아올 수 있고, 또한 환영받을 수 있는 그런 곳 말입니다."[20]

고향, 고요한 애착의 대상

고향에 대한 애착은 인간이라면 누구나 갖고 있는 감정입니다. 그 강도는 문화나 역사적 시기에 따라 달라지기는 합니다. 유대감이 클수록 감정의 끈은 더 단단할 것입니다. 고대세계에서는 시골이나 도시 할 것 없이 모두 성스럽게 여겨졌습니다. 도시는 그 지역의 신들과 영웅들이 사는 성지라서, 또 시골은 그곳에 스며 있는 자연의 정령들 때문이지요. 그러나 신성한 산이나 샘물 또는 숲이 아닌 도시에 살면서도 다른 종류의 대상들과 감정적 유대감을 형성하기도 합니다. 그 대신에, 정령들이 점령하고 있는 자연에 대한 감정은 훨씬 약하겠지요. 그렇지만 여러 개의 끈으로 인간과 자연이 얽인다면 자연 풍경과 인간은 강하게 맺어질 수 있습니다. 그 한 예로 남태평양에 있는 티코피아섬에서 가장 높은 레아니 봉우리를 들 수 있습니다. 이 산봉우리가 섬주민들에게 독보적인 중요성을 갖는 것은 적어도 다음의 세 가지 이유에서입니다. 첫째, 이 봉우리는 바다에 나간 사람이 자기 땅에서 얼마나 멀리 나왔는지, 그리고 제대로 방향을 잡은 것인지를 측정할 수 있게 해줍니다. 이것은 그야말로 현실적인 이유라 할 수 있습니다. 둘째, 이 봉우리는 감정의 대상입니다. 섬을 떠난 방랑자는 파도 아래에서 그 봉우리의 모습이 점점 멀어져 가는 것을 슬픔에 잠겨 바라봅니다. 그리고 다시 돌아올 때는 그 봉우리가 파도 위로 맨 먼저 모습을 드러내며 기쁘게 맞아주는 것처럼 보입니다. 셋째, 그곳은 신성한 장소입니다. "신들이 강림했을 때 처음 발을 딛고 선 곳이 그곳이다"[21]라는 믿음이 그들에게는 있습니다.

고향에는 그곳만의 랜드마크(landmark, 주요 지형지물)가 있습니다. 그들에게는 눈에 잘 띄면서 공공의 의미를 담고 있다는 특징이 있지요. 산, 성지, 성스러운 전쟁터 또는 묘지 등이 랜드마크가 될 수 있습니다. 이처럼 눈에 잘 띄는 상징물은 사람들의 정체성을 고취시키는 데 기여합니다. 그것들 덕분에 그 장소에 대한 사람들의 이해도와 충성도가 높아집니다. 그런데 아주 명백한 신성불가침의 개념을 담고 있지 않더라도 고향에 대한 강한 애착심은 생겨날 수 있습니다. 다시 말해 승리하거나 패배한 영웅적인 전투에 대한 기억 없이도, 또 타인에 대한 두려움 혹은 자신들에 대한 우월감과의 결합 없이도 형성될 수 있다는 말입니다. 그저 친근함과 편안함, 보살핌과 안전에 대한 확신, 소리와 맛에 대한 기억, 공동의 활동과 세월이 쌓아온 아늑하고 기쁜 추억으로도 깊은 잠재의식 같은 고향에 대한 애착심은 생겨날 수 있습니다. 이런 식의 〈고요한 애착심〉을 명확히 설명하기란 어렵습니다. 이 소크라테스의 수사도, 독일 민속 연감의 과장된 문장도 적합하지 않은 것처럼 보입니다. 만족감은 따스하고 긍정적인 감정입니다만, 가장 쉬운 설명은 외부 세계에 대한 무관심 그리고 환경을 변화시키고픈 열망이 없다는 것입니다. 이처럼 깊숙하면서도 극적이지는 않은 한 장소에 대한 믿음을 밝혀보기 위해 광범위한 지역에서 서로 다른 지리적 문화적 환경을 가진 세 집단을 살펴보려고 합니다. 각각의 집단은 필리핀 민다나오 열대우림 숲에 사는 타사다이라는 원시부족, 고대 중국인(그들의 가치관은 도교의 고전에 드러나 있습니다), 그리고 현대 미국 북동부의 일리노이주에 사는 농장 가족입니다.

외부 세계가 타사다이족의 존재를 알게 된 것은 1971년입니다. 그전까지 이들에 대해서 알려진 것은 거의 없었습니다. 이들은 여러 세대에 걸쳐 완전히 고립된 채로 살아온 것으로 보였습니다. 심지어 민다나오 열대우림을 함께 공유하는 다른 부족들과도 전혀 접촉이 없었습니다. 아마도 지구상에서 이들만큼 단순한 정신문화와 물질문화를 가진 사람들도 흔치 않을 겁니다. 이들은 주로 식량을 채집하며 살아가다 보니 사냥기술은 초보 수준에 머물러 있습니다. 또 의례는 물론 어떤 종류의 체계적인 세계관도 없는 듯했습니다. 이들은 자그마한 고향의 범위를 넘어선 다른 세계는 알고 싶어 하지 않습니다. 불과 64킬로미터 떨어진 곳에 셀레베스해와 세부 호수가 있는데도 이들의 언어에는 바다나 호

수를 지칭하는 단어가 없습니다.[22]

"왜 이 숲을 떠나지 않나요?"

"우리가 사는 곳을 떠날 수는 없어요."

"왜 그런가요?"

"우리는 숲에 머무는 것이 좋습니다.

여기에 있는 것이 좋아요. 조용해서 잠자기에 좋아요.

따뜻해요. 시끄럽지도 않아요."[23]

중국에서는 도교 경전인 『도덕경』에서 단순하며 정착하는 삶을 언급하고 있습니다. 그 중 이런 구절이 있습니다.

"살아가는 사람은 작은 땅을 얻으라. …… 매듭 묶은 끈을 사용하고(기록을 보관하기 위해) 사람들을 돌아오게 하라. 그들의 음식은 달콤하고, 그들의 의복은 정갈하고, 그들의 집은 편안하고, 시골의 일들은 즐거워지게 해주어라. '꼬끼오' 하고 닭 우는 소리와 개 짖는 소리까지도 들을 수 있을 만큼 이웃 고장이 손에 닿을 듯 가까이 있다. 그러나 사람들은 그곳에 가보지도 않은 채 늙어가고 죽을 것이다."[24]

마지막 사례는 미국의 심장부에서 가져왔습니다. 해머 가족은 6대째 일리노이주 데이비스 카운티의 한 농장에서 줄곧 살아왔습니다. 그들은 외부 세계의 부유함과 경이로움에 무심합니다. 중년의 해머 씨는 이렇게 말합니다.

"우리 아버지는 멀리 여행을 떠나본 적도 없었고 저 또한 그럴 필요가 없어요. 이 농장에서도 즐길 것들이 차고 넘치니까요. 물고기를 잡을 멋진 개울이 있고 사냥도 합니다. 사슴, 다람쥐, 토끼 등 원한다면 웬만큼 잡을 수 있어요. 바로 여기, 이 농장에서 다 얻어요. 그래서 멀리 여행할 필요가 없습니다."[25]

젊은 시절 빌 해머와 도로시는 캘리포니아로 신혼여행을 떠났다가 허겁지겁 집으로 되돌아왔습니다. 도로시가 밝힌 대로 "떠난다는 게 몹시 비현실적"[26]이었기 때문입니다. 태어나고 자란 곳에 대한 충성심은 어린 시절에 체득됩니다. 당시 아홉 살이던 짐해머는 어머니가 무엇을 가르쳐 줬냐는 질문에 이렇게 답합니다.

"엄마가 뭘 가르쳐 줬냐고요? 우선은, 잔디를 어떻게 깎는지를 가르쳐 주셨어요. 신발끈을 묶는 방법도요. 또 예의 바르게 사는 법도 가르치려고 하셨죠. 어떤 사람들은 한 곳에 정착하지 않고 오래 머무르지도 않기 때문에 잘 살지를 못해요. 그들은 일리노이에 얼마동안 머물렀다가 캘리포니아로 이사할 거예요. 저는 일리노이가 좋아요. 여기가 제 고향이니까요."[27]

5

인간이 만든 공간은
우리의 감정을
살아나게 한다

인간과 마찬가지로 많은 동물들도 단순히 자연에서 사는 것이 아니라 자신들이 조성한 환경에서 살아갑니다. 그리고 고도로 진화된 조류나 포유류 같은 고등동물들만이 자신이 거주할 곳을 지을 수 있는 유일한 종은 아닙니다. 심지어 단세포 생물들도 모래 알갱이 같은 것으로 자신들을 위해 껍질을 만듭니다. 또한 우리는 동물들이 본능적으로 집을 짓는 것이며, 직조새는 종에 따라 둥근 모양이든 배 모양이든 특정한 형태의 둥지를 만드는 본능을 타고난다고 말합니다. 일부 직조새들은 첫해보다 이듬해에 더 나은 둥지를 만든다는 것도 알고 있습니다. 직조새들은 경험을 통해 학습하는 능력을 지니는데, 이것은 직조새의 솜씨가 세세한 부분까지 모두 유전의 지배를 받는 것은 아님을 의미합니다. 건축적 능력을 보여주는 또 다른 사례로 흰개미의 경우를 살펴볼까요. 흰개미들은 자신들의 몸집에 비해 어마어마하게 큰 구축환경(자연환경을 인공적으로 변형하여 만든 환경)에서 삽니다. 그들은 마치 마천루처럼 높이 치솟은 둥지를 건설합니다. 그들의 둥지는 정교한 환기 시스템을 갖춘 거처뿐만 아니라 먹이를 생산하기 위한 곰팡이 정원도 갖추고 있습니다. 더욱이 건축방식에 있어서 각 지역에 따른 전통도 존재하는 듯한데, 그런 전통에 따라 환기 시스템을 배치하는 방식 같은 사항들이 결정됩니다. 따라서 같은 종이라도 우간다에 서식하는 흰개미들과 아프리카 서해안에 서식하는 흰개미들은 서로 다른 시스템을 채택합니다.[1]

흰개미들의 마천루에 비하면 인간이 짚이나 갈대로 지붕을 얹은 초가집은 조잡해 보입니다. 그럼에도 인간의 우월함을 주장한다면 건축적 성취가 아닌 다른 근거를 제시해야 합니다. 그 근거는 바로 〈인식〉이어야 합니다. 부시맨은 자신의 집을 지을 때 직조새와 흰개미가 근사한 집을 만들 때보다 자신이 해야 할 일들에 대해 더 잘 알고 있다고 가정합니다.

이런 인식의 특징은 무엇일까요? 인간 건축가는 처음에 어떤 공간을 만들고 이후 그곳에 살면서 무엇을 인식할까요? 그 대답은 여러 종류의 경험과 인식이 연관되기 때문에 매우 까다로울 수밖에 없습니다. 우선 건축가는 어디에, 어떤 재료들로, 어떤 형태로 지을 것인지 알아야 합니다. 그 다음에는 육체적 노력이 뒤따라야 합니다. 중력에 맞서 구조물을 올리는 과정에는 근육과 시각, 촉각이 사용됩니다. 일하는 사람은 하나의 세계를 창조할 때 외부의 자연뿐만 아니라 자신의 신체도 조정합니다. 완성된 건물이나 복합건축물은 이제 그곳에 사는 사람들에게 영향을 미칠 수 있는 환경으로 자리를 잡습니다. 인간이 만든 인공적인 공간은 인간의 감정과 인식을 정제할 수 있습니다. 심지어 건축적 형태가 없어도 인간은 내부와 외부, 폐쇄와 개방, 어둠과 밝음, 사적인 것과 공적인 것 간의 차이를 감지할 수 있습니다. 하지만 이런 종류의 인식은 불완전합니다. 허허벌판 위의 허름한 오두막 일지라도 건축 공간은 그런 감각들을 규정하고 생생하게 해줄 수 있습니다. 인공적인 공간이 인간에게 미치는 또 다른 영향을 들자면 구축환경은 사회적 역할과 사회적 관계를 명확하게 만든다는 것입니다. 사람들은 활동의 무대가 자연 그대로의 상태가 아닌 인간에 의해 설계된 상태에서 자신이 누구인지, 어떻게 행동해야 하는지 더 잘 압니다. 마지막으로 건축은 가르침을 줍니다. 계획도시, 기념비적인 건축물 혹은 평범한 주택조차 우주의 상징이 될 수 있습니다. 책이나 공식적인 교육이 없어도 건축은 현실을 이해할 수 있는 중요한 수단이 됩니다. 자, 그럼 이제 이런 종류의 경험과 인식에 대해 더욱 자세히 살펴보겠습니다.

건축물이 없다면
공간에 대한 우리의 감정은 덧없이 사라지고 만다

어디에, 어떤 재료로, 어떤 형태로 지을 건가요? 이런 질문은 문자가 없는 전통사회의 건축가들에게는 고민거리가 아니었습니다. 그들은 변함없는 전통의 절차에 따라 몸에 밴 습관대로 작업합니다. 그들에겐 사용할 수 있는 기술과 재료가 제한되어 있기 때문에 거의 선택의 여지가 없습니다. 이탈리아 동남부 아풀리아의 벌집형 가옥, 스코틀랜드 아우터헤브리디스 제도의 검은 집, 북아메리카 원주민인 나바호족의 호간(나무 골격에 진흙으로 벽과 천장을 발라 지은 나바호족의 전통가옥) 같은 몇몇 형태의 주택들은 선사 시대 이래로 변하지 않았습니다. 습관은 마치 본능적으로 집을 짓는 동물처럼 인간이 선택에 대한 인식 없이 집을 짓게 만들 정도로 정신을 무디게 합니다. 이런 원시적인 건축가의 대척점에 현대의 전문적인 건축가가 있습니다. 그는 독창적으로 짓고 싶은 욕구를 느낍니다. 그는 마음만 먹으면 과거와 현재의 여러 문화들에서 선보인 다양한 양식들을 선택해서 조합할 수 있습니다. 또한 그는 자신의 최종적인 구상을 실현할 수 있는 거의 무제한적인 기술적 수단도 지니고 있습니다. 어떤 프로젝트가 주어지면 전문 건축가는 그 프로젝트의 취지에 부합하는 다양한 건축적 형태를 마음과 종이에 구상하고 그 중에서 최선의 형태로 여겨지는 한 가지를 선택해야 하는데 왜 그걸 선택했는지는 어쩌면 건축가 자신도 확신하지 못할 수 있습니다.[2] 설계를 준비하는 초기 단계에서 건축가의 의식은 생각나는 모든 가능한 형태를 수용하기 위해 고통스러울 만큼 확장됩니다.

원시적인 건축가와 현대 건축가 간의 이런 비교는 당연히 과장된 것입니다. 원시적인 건축가라고 해서 전적으로 관습에 얽매이는 것도 아니며 현대의 건축가라고 해서 무한한 선택권을 지니는 것도 아닙니다. 그렇다면 원시적인 건축가는 어떤 종류의 결정을 내릴까요? 그는 어떤 것들을 선택할 수 있을까요? 이것은 적절한 질문입니다. 왜냐하면 사람들은 그가 언제 잠시 멈추고 결정해야 하는지를 가장 잘 알고 있기 때문입니다. 하지만 불행하게도 우리에겐 명확한 해답을 제시하기 위한 증거가 부족합니다. 건축활동이 마음을 결정하는 과정, 소통과 학습의 과정이라고 보고하는 민족지학적 연구는 거의 없는 실정입니다. 오히려 오두막과 마을은 마치 자생적 산물처럼 인지적 사고의 도움 없이 그냥 생겨났다고 묘사됩니다. 솔직히 말하자면, 이런 묘사는 오해의 소지가 다분합니다. 모든 인간의 삶에서는 특별히 까다롭지 않더라도 선택을 해야 할 일이 발생하고 결정을 내려야 할 때가 반드시 있습니다. 이를테면 유목민들은 어디서 밤을 보내야 할지, 어디에 천막을 쳐야 할지 결정해야 합니다. 화전민들은 어디를 개간하고 어디에 마을을 세울지 알아야 합니다. 이것은 입지 선택에 관한 것입니다. 재료와 형태 또한 선택이 뒤따라야 합니다. 자연환경은 결코 정적이거나 일률적이지 않습니다. 인간 건축가가 사용할 수 있는 재료는 아무리 미세할지라도 시간과 장소에 따라 차이가 있기 때문에 직접 생각하고 조정하고 혁신하고 선택해야 합니다.

문자가 없는 농민들의 사회는 보수적입니다. 그들의 거주지는 시간의 흐름에 따른 변화가 거의 없습니다. 하지만 건축의 형태와 공간에 대한 인식은 역설적으로 현대사회보다 전통사회가 더 뛰어났을지도 모릅니다. 이처럼 더 뛰어난 인식을 지녔던 이유 중 하나는 적극적인 참여 덕분이었습니다. 문자가 없는 농민사회에는 건축가들이 없기 때문에 모든 사람들은 직접 자신의 집을 지어야 했고 공공장소를 만드는 작업에도 협력해야 했습니다. 또 다른 요인은 이런 작업이 일생에 걸쳐 수없이 반복될 가능성이 있다는 것인데 작업이 거듭될수록 건축에 대한 인식은 높아집니다. 원시적인 주거지들은 영속적인 형태와 일시적인 재료가 결합된 산물입니다. 건설 공사와 수리는 거의 끊임없이 이어지는 활동입니다. 주택은 한번 지었다고 해서 영구히 거주할 수 있는 것은 아닙니다. 에스키모인들은 겨울철 사냥터에서 매일 밤 새로운 이글루를 만듭니다. 인디언들의 원뿔형 천막인 티피는 거의 한 계절 이상을 버티지 못합니다. 화전민들 또한 몇 년마다 다른 숲을 개간하고 새로운 마을을 세워야 합니다.

　전통사회에서 건축과 공간에 대한 인식이 높아지는 세 번째 요인은 많은 원시적인 사회의 사람들에게 건축 행위는 제례의식을 행하고 어쩌면 제물도 바쳐야 하는 중요한 사업이라는 사실입니다.[3] 무언가를 세운다는 건 그들에겐 원시의 무질서 속에서 세계를 구축하는 하나의 종교 행위와 같습니다. 견실한 진리와 연관되는 종교는 건축적 형태의 보수성이 부각되는 원인이 됩니다. 이들 사회에서는 동일한 형태의 주택들과 도시들이 마치 대량생산용 틀에서 찍어 나오는 것처럼 계속해서 만들어집니다. 하지만 각각의 주택과 도시는 엄숙한 느낌으로 만들어질 것입니다. 따라서 건축가는 결코 자신이 일상적인 작업을 한다고 느끼지 않으며, 오히려 의식을 통해 중요하고 근본적인 행위에 참여한다고 생각하며 의무감을 느낍니다. 비록 실제 건축 과정은 어느 정도 규정된 형식을 따를지라도 이런 경우에는 감정이 고조되고 인식이 예리해집니다.

단순 경제 사회에 속한 사람들이 경험하지 못하는 한 가지 유형의 공간적 인식은 체계적이고 공식적인 디자인, 즉 설계도를 작성해 최종 결과물을 예상하는 것입니다. 모든 대규모 사업은 의식이 있는 조직을 필요로 합니다. 이것은 현장에서 말을 하거나 모범을 보임으로써 이루어질 수 있습니다. 하지만 복잡한 상황이 발생하면 효과적인 작업을 위해 더 공식적인 지시가 내려져야 합니다. 공식적인 학습과 교육에 사용되는 기술은 설계도나 도면입니다. 스케치를 통해 건축가는 자신의 구상을 명확하게 하고 마침내 세부적인 설계도를 완성합니다. 이와 같은 방법을 통해 건축가는 다른 사람들에게 무엇을 해야 할지 이해시킬 수 있습니다. 일정한 기간에 걸쳐 어느 정도 숙련된 대규모의 작업자들에 의해 수행되는 모든 건축사업에는 반드시 설계도가 필요합니다. 설계도의 도움을 받아 건축적 공간을 개념화하는 것은 물론 현대에 개발된 것은 아닙니다. 존 하비에 따르면, 기원전 2000년대 중반의 이집트에서부터 근동과 중동의 모든 수준 높은 문화들과 고대 및 중세 유럽 전반에 걸쳐 지속적으로 건축 설계도에 관한 증거가 나오고 있습니다.[4]

실제로 중세 후기에 현대 건축가의 시조가 유럽에서 등장했습니다. 그는 건축 장인으로 자신의 개성을 디자인에 접목하는 데 주저하지 않는 탁월한 안목과 기질을 갖춘 사람이었습니다. 그 건축 장인은 어느 정도 선택의 자유를 누렸습니다. 예를 들면, 그는 시대에 뒤떨어진 로마네스크 양식 대신 당시에 유행하던 고딕 양식의 아치를 선택할 수 있었습니다. 크기 또한 그에게 어느 정도 재량이 허용된 영역이었습니다. 건물은 전통적인 목적에 부합해야 하지만 건축가는 창의적인 능력을 발휘할 수 있었습니다. 왜냐하면 기념비적인 건축물을 축조하는 것은 크기와 장식에서라도 기존의 것들에서 탈피할 수 있다는 자만심, 즉 그것들을 능가하고자 하는 욕망을 표출하는 것이기 때문이니까요. 부유한 후원자들 또한 이런 건축가들과 마찬가지로 과대망상을 품고 있었던 듯합니다. 그들의 지시는 특별하다기보다는 일반적인 성향을 보였습니다. 플뢰리의 애보트 고슬랭(Abbot Gaucelin, 서기 1005-1029년)은 프랑스 중부 니베르네에서 배로 실어온 각석(모나게 도려내거나 자른 돌)들로 사원의 서쪽 끝자락에 탑을 세우기로 결정했습니다. 그는 건축가에게 다음과 같이 간단한 지시를 내렸습니다.

"프랑스 전체에 본보기가 될 만한 탑을 세우시오."[5]

중세 후기는 문화적 혁신이 일어난 것으로 유명한데, 특히 기념물 건축이 두드러졌습니다. 동시에 기독교적 가치는 그대로 유지되면서 각계각층의 사람들 간에 유대감을 형성했습니다. 성당 건축은 광범위한 신자들 사회에서 열정을 불러일으켰습니다. 샤르트르 대성당이 건설되던 시기에 토리그니의 로베르토는 남녀 불문하고 1,145명의 귀족과 평민을 극찬했는데, 그 이유는 그들이 함께 탑을 축조하기 위해 자재를 손수레로 운반하는 작업에서 물심양면으로 지대한 공헌을 했기 때문입니다.[6] 이런 기록을 통해 거대한 건축물을 세우는 일은 사람들의 정서와 감각이 깊이 연관된 〈숭배의 행위〉라는 것을 알 수 있습니다. 그 당시 중세 우주의 수직적 구조는 신앙으로 받아들여야 할 추상적이고 무미건조한 교리가 아니라 하늘을 향해 솟아오른 아치와 탑처럼 직접 보고 느낄 수 있는 세계였습니다. 16세기에 신에게 봉헌되는 건축사업은 여전히 노동자들과 민중들에게 어떤 흥분을 불러일으킬 수 있었습니다. 물론 오늘날 세속적인 시대에 살고 있는 우리로서는 그런 흥분을 이해하지 못할 수도 있습니다. 여기서 19세기 독일의 역사학자 레오폴트 폰 랑케가 1586년 4월 30일에 성 베드로 대성당 앞에 세워지는 첨탑의 건립 작업에 대해 묘사한 글을 소개하고자 합니다.

첨탑의 건립은 굉장히 어려운 작업이었다. 작업에 참여하는 모든 사람들은 모든 시대를 거쳐 명성을 떨치게 될 작업을 수행하고 있다는 기분에 고무되어 있는 듯했다. 900명의 일꾼들은 먼저 미사를 드리고 고해를 올리고 영성체를 받았다. 그런 후에 그들은 노동의 현장으로 지정된 공간 속으로 들어갔다. 감독관은 높은 자리에 앉았다. 첨탑은 강력한 쇠고리로 묶여 있었다. 그것을 튼튼한 밧줄로 끌어올릴 거대한 기계를 작동시키기 위해 35대의 권양기(밧줄이나 쇠사슬로 무거운 물건을 들어올리거나 내리는 기계)가 동원되었다. 마침내 트럼펫이 울리며 신호를 보냈다. 첫 번째 시도에서 첨탑은 1,500년 동안 자리를 잡고 있었던 기반에서 끌어올려졌다. 열두 번째 시도에서 첨탑은 2와 4분의 1뼘 들렸고 그대로 단단하게 고정되었다. 감독관은 자신의 권한으로 대규모 미사를 집전했다. 신호를 알리는 포탄이 성 안젤로 요새에서 발사되었고 도시의 모든 종들이 울렸으

며 일꾼들은 끊임없이 함성과 환호성을 지르며 감독관을 따라 의기
양양하게 울타리 주위를 돌았다.[7]

건축은 복합적인 행위입니다. 그 과정에서 사람들은 인식을 하
고 다양한 차원에 주의를 기울입니다. 즉 실용적인 결정을 내려
야 하는 차원, 마음속과 종이 위에 건축적 공간을 그려내는 차원,
이상을 표현하는 구체적인 형태를 창조하기 위해 몸과 마음을 다
해 개인의 전부를 헌신하는 차원 등에 주의를 기울입니다. 일단
완성이 되면 건축적 형태는 인간에게 일종의 환경이 됩니다. 그
러면 그것은 인간의 감정과 의식에 어떤 영향을 미칠까요? 언어
와의 유사성을 살펴보면 이 질문에 대한 실마리를 찾을 수 있습
니다. 언어는 감정을 담고 있으며 감정을 강화합니다. 언어가 없
다면 감정은 순식간에 절정에 도달하고 급격히 시들어갑니다. 동
물의 감정이 인간의 감정만큼 강렬하고 지속적이지 못한 한 가지
이유는 아마도 동물에겐 감정을 담아두고서 증폭시킬 수 있는 언
어가 없기 때문일 겁니다. 언어와 마찬가지로 구축환경도 감정을
정의하고 심화시킬 수 있는 힘을 지니고 있습니다. 그것은 우리
의 의식을 예리하게 다듬고 확장시킬 수 있습니다. 아마 건축물
이 없다면 공간에 대한 우리의 감정은 산만하고 덧없이 사라지고
말 것입니다.

공간의 내부와 외부,
감정의 온도차를 만들다

자, 그러면 이제는 내부와 외부, 숨김과 드러냄, 사적 생활과 공적 공간에 대한 느낌에 대해 생각해 보겠습니다. 사람들은 어디서나 이런 차이를 구분하지만 그에 대한 인식은 몹시 애매한 것 같습니다. 건축 형태는 그러한 인식을 높이는, 이를테면 내부와 외부 사이의 감정적 온도의 차이를 높이는 힘을 지닙니다. 신석기 시대의 기본적인 가옥은 둥근 반지하의 움막으로 외부의 공간과 극명하게 대비되는 자궁 모양의 울타리였습니다. 이후에 그런 움막은 땅속의 자궁에서 벗어나 땅 위로 올라와 여기저기 옮겨다녔지만 여전히 내부와 외부의 차이가 남아 있었습니다. 직각으로 된 벽면 때문에 그 차이는 더욱 심화되었죠. 훨씬 더 이후에 도시생활의 시작과 더불어 직사각형의 마당을 갖춘 주택이 등장했습니다. 주택 변천사의 이런 단계가 신석기 문화에서 도시생활로의 전환이 이루어진 모든 지역에서 나타났다는 것은 주목할 만한 일입니다.

물론 마당이 있는 주택은 지금도 존속되고 있으며 시대에 뒤떨어져 쓸모가 없어진 것도 아닙니다. 그런 주택의 기본적인 특징은 방들이 사생활을 위해 내부 공간으로 향하고 있고 창이나 문이 없는 뒷면은 외부 세계를 향하고 있다는 것입니다. 안팎은 명확하게 규정됩니다. 사람들은 자신이 어디에 있는지 확신할 수 있습니다. 외부의 간섭에 방해받지 않는 담장 안에서 사람들 간의 관계와 우리의 감정은 한껏 높아질 수 있는데, 심지어 불편할 정도로 친밀감이 높아질 수도 있습니다. 내부와 외부라는 개념은 모두에게 익숙합니다. 하지만 한 손님이 친목을 위한 연회가 끝난 후에 불이 켜진 마당에서 출입문을 지나 초대받은 그 집을 벗어나 어둡고 바람 부는 바깥의 길로 나갈 때 그가 내부와 외부라는 이 구분을 얼마나 실감할지 상상해 보세요. 이런 종류의 경험은 전통적인 중국 사회에서는 일상적이었습니다. 하지만 사회생활의 형태를 구분하고 강화하기 위해 건축적 수단을 사용하는 사람들은 모두 그에 대해 확실히 알고 있습니다(그림 1). 심지어 대형 유리창과 유리벽으로 상징되는 개방성을 이상으로 여기는 미국에서도 교외에 폐쇄적인 쇼핑센터가 등장했습니다. 그런 장소에서 쇼핑하는 사람은 어떤 경험을 하게 될까요? 방문객이 자동차를 타고 쇼핑센터 건물 근처에 접근하면 커다란 간판을 제외하면 사람들의 관심을 끌려는 그 어떤 시도도 하지 않는 쇼핑센터의 꽉 막힌 외관만 보일 뿐입니다. 그 이미지는 암울합니다. 하지만 방문객이 자동차를 주차하고 쇼핑센터의 정문을 지나 실내로 들어서면 비로소 밝은 조명, 화려한 색깔, 아름답게 장식된 식물, 물을 뿜어내는 분수, 감미로운 음악, 한가로운 쇼핑객들로 가득한 세계를 접하게 됩니다.[8]

수직과 수평, 질량과 부피 같은 공간적 차원들은 우리의 신체에게는 이미 친숙한 경험들입니다. 그런 것들은 땅 위에 막대기를 꽂거나, 오두막을 짓거나, 탈곡할 곡식의 표면을 다듬거나, 깊은 우물을 파는 동안 쌓인 흙더미를 쳐다볼 때마다 느낍니다. 하

내부 공간과 마당이 있는 가옥

A. 기원전 2000년경
우르(고대 메소포타미아 도시)의 가옥

B. 서기 600년경 멕시코 오악사카의 가옥

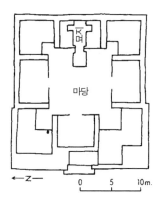

C. 기원전 300년경
프리에네(고대 그리스 도시)의 가옥

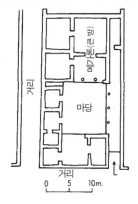

D. 전형적인 북경의 가옥

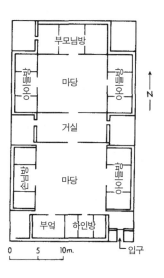

그림 1 내부 공간과 마당이 있는 가옥. 여기에 시대와 문화를 초월하는 가옥 환경의 형태가 있습니다. 마당이 있는 가옥은 내부와 외부의 대비를 극대화합니다. 그림 B의 출처: Marcus C. Winter, "Residential patterns at Monte Alban, Oaxaca, Mexico," *Science*, vol. 186, 1974, page 985, figure 5. 마커스 C. 윈터와 미국과학진흥협회의 허가를 받아 게재합니다. 저작권은 미국과학진흥협회에 있습니다. 그림 D는 Andrew Boyd, *Chinese Architecture and Town Planning*(Chicago: University of Chicago Press, 1962), page 80, figure 29를 수정한 것입니다.

지만 이런 공간적 차원들의 의미는 사람들이 기념비적 건축물에서 그것을 느끼고 그 건축물 그늘 아래에서 살고 있을 때 헤아릴 수 없을 정도로 힘을 얻고 분명해집니다. 고대 이집트와 메소포타미아는 높이 솟은 형태의 피라미드, 지구라트(ziggurat, 고대 메소포타미아의 신전), 사원 같은 대표적인 건축물을 건설하면서 인류의 공간 의식을 확장하고 수직과 수평, 질량과 부피에 대한 인식을 높였습니다.[9] 우리는 이런 지식을 물려받았습니다. 현대의 건축가들은 이런 차원들을 염두에 두고 설계를 진행합니다. 공격과 휴식이라는 극적인 활동에 민감한 일반인들은 미적 치장을 전혀 하지 않은 인공물뿐만 아니라 자연 속에서 공간적 차원이 나타날 때마다 그것을 이해하는 법을 배웁니다. 우리는 평평한 고원 위로 솟아오른 용암 기둥과 네브래스카의 곡물창고들에서 극적인 상황과 의미를 보게 됩니다. 여기서 미국의 소설가 라이트 모리스가 초원의 한 마을에 나타난 상징들에 대해 묘사한 글을 소개하고자 합니다. 그의 관점에서 곡물창고는 초원의 기념비적 건축물이었습니다. 그는 다음과 같이 적고 있습니다.

만물에 이유가 있는 것처럼 곡물창고들에도 단순한 이유가 있지만 그 이유의 이면에 작용하는 힘, 즉 그 이유의 이유는 하늘과 땅이다. 그곳은 일단 온통 하늘로 가득하고 지나치게 수평적이고 수많은 직선들이 끊기지 않고 이어져 있어 그에 대한 절규로 수직의 건축물이 등장했다. 이 평원에서 나고 자란 사람이라면 누구나 사료 저장소의 우뚝 솟은 정면과 흰색 저수탑이 허영에 관한 문제가 아

니라는 것을 알고 있다. 그것은 존재에 관한 문제이다. 그곳에 가면 알게 된다.[10]

건축물이 어떻게 현실에 대한 사람들의 인식과 개념을 가르칠 수 있는지 보여주는 세 번째 사례는 빛이 드는 내부의 영역에서 비롯됩니다. 그런 내부 공간은 평범한 경험입니다. 우리는 이미 내부와 외부 사이의 지속적이고 보편적인 대비에 대해 살펴보았습니다. 역사적으로 내부 공간은 어둡고 협소했습니다. 이런 특징은 초라한 가옥뿐만 아니라 기념비적인 건물들도 마찬가지였습니다. 이집트와 그리스의 사원들은 세련되고 인상적인 비율의 외부 공간을 갖추고 있었지만 내부 공간은 어둡고 어수선하고 조잡하게 마감되었습니다. 이후 유럽의 건축사는 많은 양식의 변화를 거쳤는데, 미술사학자 기디온에 의하면 야심찬 건축가들에게 환하게 빛이 들고 훤히 트인 내부를 발전시키는 것은 로마 시대부터 바로크 시대에 이르기까지 공통적인 이상이었습니다. 초기에 성공을 거둔 사례는 하드리아누스의 판테온입니다. 판테온의 내부는 절묘한 단순미를 가지고 있습니다. 판테온은 기본적으로 거대한 반구형 돔을 떠받치는 원통형 기둥으로 이루어졌습니다. 중앙의 둥근 창을 통해 들어오는 햇빛이 건물 내부의 텅 빈 공간을 채웁니다(그림 2). 건축 도면과 유물들을 통해 이렇게 채광을 위해 창을 내는 방식이 적용되면서 내부 공간이 정교하게 설계되었다는 것이 드러납니다. 이처럼 로마 시대부터 내부 공간 설계에서 빛의 역할은 꾸준히 확대되었습니다. 고딕 양식의 성당에서

돔: 경험과 상징

A. 몽골인의 유르트

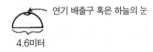

연기 배출구 혹은 하늘의 눈

4.6미터

B. 하드리아누스의 판테온

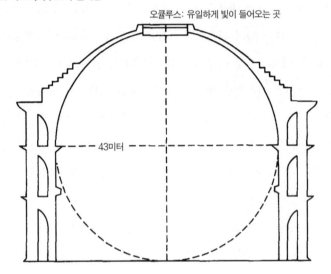

오큘루스: 유일하게 빛이 들어오는 곳

43미터

그림 2 돔: 경험과 상징. 소박한 몽골인들의 유르트가 지니는 상징적 표현은 세계 최고의 건축물로 손꼽히는 하드리아누스의 판테온과 유사합니다. 판테온의 돔은 하늘의 둥근 천장이며 중앙의 개구부는 하늘의 눈입니다. 하지만 경험에서 엄청난 차이가 납니다. 연기에 그을린 유르트에 들어가는 것은 둥근 천장으로 뒤덮인 환한 판테온의 내부에 들어가는 것과 같은 느낌을 불러일으킬 수는 없습니다. Sigfried Giedion, *Architecture and the Phenomena of Transition*(Cambridge: Harvard University Press, 1971), page 148, figure 116을 수정해서 게재합니다.

빛과 공간은 서로 어우러져 신비로운 미적 효과를 창출했습니다. 바로크 양식의 교회와 빛이 충만한 내부 공간은 공간이라는 중요하고 영속적인 개념이 지닌 가능성을 연구해낸 부단한 노력의 결

과물이었다고 할 수 있겠습니다.[11]

이처럼 건축의 발달을 개괄적으로 살펴보면서 우리는 느끼고, 보고, 생각하는 인간의 능력이 성장하는 것을 발견하게 됩니다. 애매한 감정들과 개념들은 객관적인 이미지를 통해 명확해집니다. 만약 푸른 하늘과 대비된 그리스 사원을 본 적이 없다면 사람들은 고요함의 의미를 충분히 이해하지 못할 것입니다. 또한 바로크 양식의 파사드(건물의 정면)가 없다면 기운차고 활력있는 에너지의 의미를, 거대한 건축물이 없다면 광대함의 의미를 완전히 이해하지 못할 것입니다.[12] 하지만 우리는 자연이 훨씬 더 강력한 이미지를 주지 않느냐고 질문을 던질 수도 있습니다. 즉 잔잔한 바다보다 고요함을 더 잘 느끼게 하는 것은 무엇이고, 원시림보다 원기왕성한 에너지를 더 잘 느끼게 하는 것은 무엇이며, 끝없이 펼쳐진 평원보다 광대함을 더 잘 느끼게 해주는 것이 과연 무엇이겠냐고요. 물론 그런 것들도 우리에게 강렬한 느낌을 줄 수 있는 것 또한 사실이지만 인간에 의해 만들어진, 즉 감지할 수 있는 형태와 규모에 대한 사전 경험 없이 인간이 순수하게 자연에서 그런 속성들을 이해할 수 있는지는 의심스럽습니다. 자연은 너무나 혼란스럽고 자연의 자극은 매우 강렬하고 상충되기 때문에 인간의 정신과 감각에 직접적으로 수용되기는 어렵습니다. 원뿔형 천막의 도면이든, 출정식을 위한 춤 대형이든 간에 인간이 처음 원을 만들고 난 이후부터 인간은 새의 둥지, 회오리바람, 별들의 움직임 같은 형태로 자연에서 나타나는 원 모양과 순환적 과정을 식별할 수 있게 되었습니다.[13]

건축은 끊임없이
인간에게 직접적인 영향을 미친다

인간이 설계한 환경은 교육적 목적으로도 유용합니다. 일부 사회에서 건물은 전통을 계승하고 현실관을 제시하는 주요한 교본 역할을 합니다. 문자가 없는 사회의 사람들에게 집은 거처일 뿐만 아니라 제례의식의 장소이자 경제활동의 현장이기도 합니다. 그런 집은 의식보다도 훨씬 더 효과적으로 생각을(개념을) 전달할 수 있습니다. 그곳의 상징들은 일종의 체계를 형성하는데 가족 구성원들이 삶의 여러 단계를 거치는 동안 그것을 생생하게 경험합니다(그림 3).[14] 더 큰 규모에서 촌락은 그 자체로 유력한 상징일 수 있습니다. 인도네시아 니아스섬의 마을들을 한번 볼까요. 그 섬의 남쪽에 있는 한 마을은 우주적 질서와 사회적 질서의 그림입니다. 그 마을의 입지적 특징은 언덕의 꼭대기에 있다는 것입니다. 마을을 뜻하는 단어 또한 하늘 또는 세상을 의미합니다. 족장은 강 위쪽에 있는 사람이라고 불립니다. 중앙의 거리에서 위쪽 끝자락에 위치한 그의 거대한 집은 촌락을 내려다보고 있습니다. 거리의 위쪽 끝자락은 강의 발원지, 동쪽이나 남쪽, 태양, 하늘을 나는 생명체, 족장의 지위, 삶을 의미합니다. 거리의 아래쪽 끝자락은 강의 하류, 서쪽이나 북쪽, 물 속에서 사는 동물, 평민, 죽음을 의미합니다. 그곳에서 인간의 지위는 집의 크기와 입지에 따라 명확하게 구분됩니다. 노예들은 질서정연한 마을을 벗어난 곳에 살거나 마을의 주거지 아래에서 돼지들과 함께 살아갑니다.

아토니족 가옥의 우주적 질서와 사회적 질서

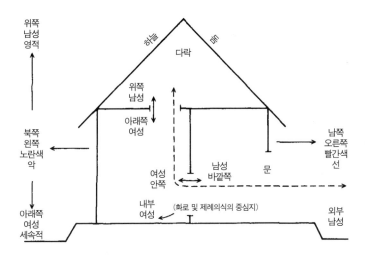

그림 3 인도네시아 티모르섬에 있는 아토니족 가옥의 우주적 질서와 사회적 질서. "건물 안의 질서는 개념을 상징적으로 표현합니다. 그리고 가옥은 모든 개인들이 태어나서 죽을 때까지 그러한 개념을 생생하게 들려줍니다. 나아가 질서는 별개의 개념이나 상징뿐만 아니라 체계에도 관심을 갖습니다. 그리고 그 체계는 분류의 원칙과 분류의 가치, 즉 통일과 차이에 대한 정의를 모두 표현합니다." Clark E. Cunningham, "Order in the Atoni House," in Rodney Needham, ed., *Right and Left: Essays in Dual Symbolic Classification*(Chicago: The University of Chicago Press, 1973), page 219, figure 7. 시카고 대학교 출판부의 허가를 받아 게재합니다. 저작권은 시카고 대학교에 있습니다.

이런 세계는 사람들에게 사회와 만물의 우주적 도식에서 각자가 속해 있는 위치를 끊임없이 상기시킵니다.[15]

문자가 없는 전통사회에서 사회적, 경제적, 종교적 삶의 형태는 대체로 잘 통합되어 있습니다. 사회적으로 높은 순위를 차지하는 공간과 입지는 그만큼 종교적 중요성도 지닐 가능성이 큽니다. 경제활동은 세속적으로 여겨질지 모르지만 세속적이라는 말

자체가 종교적 개념입니다. 이에 반해서 현대적인 삶은 구분되는 성향을 나타냅니다. 현대의 세계에서 공간은 사람들에게 사회적 계층에 대한 관심을 끌기 위해 설계되고 배치될 수 있지만 그와 같은 배치는 종교적 중요성을 전혀 지니지 않으며 부와도 밀접하게 연관되지 않습니다. 한 가지 효과라면 공간적 의미를 희석한다는 것입니다. 현대사회에서 공간적 구조는 전체적인 세계관을 예시할 수도 없으며 예시하고자 하지도 않습니다.

모든 정착지의 형태는 적어도 사회적 질서와 기능적 편의성을 드러냅니다. 또 다른 유형의 질서가 중첩될 수도 있고 중첩되지 않을 수도 있습니다. 제한된 의미의 공간은 서구 기술사회의 특징이지만 서구에만 한정되지는 않습니다. 그것은 가장 단순한 경제적, 사회적 구조를 지닌 사람들 사이에서도 나타납니다. 한 예로 콩고 숲속에 거주하는 피그미족을 들 수 있습니다. 그들이 만든 공간은 숲속을 개간해 원뿔형 움막들을 부채꼴 형태로 배치한 거주지입니다. 친구 사이라면 출입구가 서로 마주 보도록 움막을 짓습니다. 한 사람이 문 앞에서 이야기할 때는 개인의 자격으로 말하는 것이지만 취락 한가운데에 서서 이야기할 때는 집단에 대해 말하는 것이고요.[16] 그 한가운데 중앙은 공적 공간이며 주변은 친구들과 친척들 간에 교류가 이루어지는 공간입니다. 따라서 사람이 만든 공간은 피그미족의 비공식적인 사회적 질서를 나타냅니다. 하지만 그곳은 그들의 종교적 공간은 아닙니다. 종교적 정서는 주위를 둘러싼 숲과 동일시됩니다. 따라서 사회적 공간과 종교적 공간은 분리되어 있습니다(그림 4). 피그미족은 삶을 지탱

피그미족의 야영지: 사회적 공간과 신선한 공간

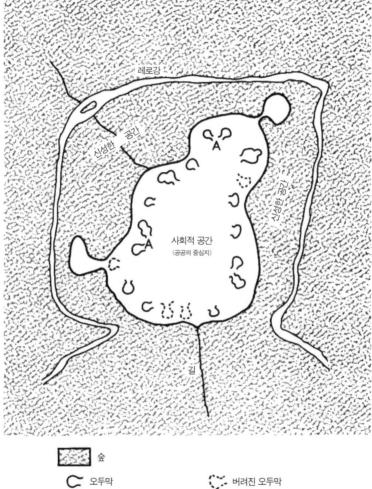

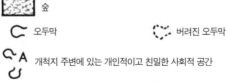

숲

오두막 C

버려진 오두막

개척지 주변에 있는 개인적이고 친밀한 사회적 공간

그림 4 콩고의 이투리 열대우림 지역 안에 있는 피그미족의 야영지: 개인적 공간과 사회적 공간, 신성한 공간을 볼 수 있습니다. Colin M. Turnbull, "The lesson of the Pygmies," *Scientific American*, vol. 208, 1963, p. 8을 각색하여 게재합니다.

해주는 주위를 에워싼 숲에 비하면 자신들이 만들고 건설한 것들이 하찮다는 것을 아마도 알고 있을 겁니다. 그들에게는 사람이 만든 것들은 심오한 종교적 의미를 지니지 못합니다. 서구 기술 사회와의 차이점이라면, 서구의 구축환경이 보편적이고 지배적이지만 그럼에도 그들은 최소한의 우주적 혹은 초월적 의미밖에 지니지 못한다는 것입니다.

건축 공간은 보여주며 가르칩니다. 그럼 과연 어떻게 가르칠까요? 중세시대에는 대성당이 여러 차원에서 가르침을 주었습니다. 그 안에는 감각과 감정과 잠재의식에 직접 호소하는 요소가 있습니다. 건물의 구심점과 웅장한 외관은 즉시 뇌리에 기억됩니다. 돌과 권위의 무게가 엄청나지만 탑들은 하늘 높이 치솟습니다. 이것은 자의식적이거나 과거로 회귀하는 해석이 아닙니다. 그것은 신체의 반응입니다. 성당 내부에는 명시적 차원의 가르침도 존재합니다.[17] 스테인드글라스 창문에 새겨진 그림들은 글을 모르는 숭배자들에게 성경의 가르침을 설명하는 교본입니다. 또한 성수, 깜빡이는 촛불, 성상, 고해실, 설교단, 제단, 십자가를 비롯해 기독교의 교리, 의식, 신비를 나타내는 수많은 상징물들도 있습니다. 몇몇에 대해 숭배자들은 무릎을 꿇는 행동 같은 자동적인 반응을 보입니다. 다른 것들은 특정한 생각을 끌어냅니다. 예를 들면 십자가는 고통, 속죄, 구원을 암시하지요. 결국 성당은 전체적으로나 세부적으로나 천국의 상징입니다. 중세인의 마음에 있어서 그와 같은 상징은 즉시 말로 표현할 수 있는 감정이나 생각의 코드 그 이상의 역할을 합니다. 그 상징은 직접적이며 언어의 개입이 필요치 않습니다. 어떤 대상 자체의 본질이 아주 명확하고 심오하게 드러나면서 온전히 저 너머에 있는 더 큰 무언가에 대한 지식을 제공할 때 그 대상은 상징이 됩니다. 성당에 가서 경배하고 묵상하는 중세의 한 남자를 상상해 보세요. 그는 경건한 마음과 어느 정도의 지식을 지니고 있습니다. 그는 신과 천국에 대해 알고 있습니다. 천국은 그의 위로 높이 솟아 있고 매우 찬란하며 신성한 빛으로 충만해 있습니다. 하지만 그저 말뿐이지요. 일반적인 상황에서 그가 상상력을 발휘해 낙원을 그리려고 한다면 그 모습은 그리 화려하지 않을 겁니다. 하지만 성당 안에서 그의 상상력은 굳이 솟구칠 필요가 없습니다. 그가 인식할 수 있는 공간과 빛의 아름다움을 통해 별다른 노력 없이도 훨씬 더 찬란한 또 다른 영광을 이해할 수 있으니까요.[18]

이제 현대의 세계를 살펴볼까요. 현대의 건축 공간은 사람들의 인식에 어떤 영향을 미칠까요? 여러 중요한 측면에서 건축 공간이 사람과 사회에 영향을 미치는 근본적인 방식은 변하지 않았습니다. 비록 예전보다 덜 노골적이고 덜 엄격하기는 해도 건축 공간은 꾸준히 사회적 질서를 표현하고 있습니다. 심지어 현대의 구축환경도 가르침을 주는 기능을 합니다. 그 안에 있는 상징물과 벽보들은 정보를 주고 조언을 해줍니다. 건축은 끊임없이 인간의 감각과 감정에 직접적인 영향을 미칩니다. 항상 그랬던 것처럼 우리의 신체는 숨김과 드러냄, 수직과 수평, 질량, 부피, 내부 공간, 빛 같은 기본적인 설계의 속성에 반응합니다. 건축가들은 기술의 도움을 받아 새로운 형태를 고안하거나 전례가 없는 규모로 기존의 형태를 개조하면서 꾸준히 공간에 대한 인간의 의식 범위를 확장시킵니다.

이런 것들은 연속성을 지닙니다. 만약 변화가 있다면 그것은 무엇일까요? 우선 적극적인 참여가 크게 감소하고 있습니다. 문자가 없는 농민들의 사회와 달리 현대세계에서 사람들은 직접 자신의 집을 짓지 않으며 공공기념물 건설에 명목상으로도 참여하지 않습니다. 한때 세계의 창조라고 여겨졌던 건축활동에 초점을 두는 의식과 의례가 크게 쇠퇴하면서 거대한 공공건물을 건립할 때도 그저 초석을 깔거나 쌓는 간소한 조치만 진행될 뿐입니다. 주택 또한 더 이상 세대를 거쳐 전승될 수 있는 행동의 규칙과 총체적인 세계관을 담은 교본이 아닙니다. 현대사회는 우주 대신에 분열된 신념들과 상충하는 이념들을 갖고 있습니다. 현대사회는 점차 문자도 갖추어 가는데, 이것은 문화의 가치와 의미를 표현하기 위해 물질적 대상과 물리적 환경에 점점 덜 의존하게 된다는 것을 의미합니다. 즉 언어적 상징이 점차 물질적 상징을 대체하고 건물보다 책으로 가르침을 전달하고 있습니다.

현대로 오면서 상징 자체는 인간의 정신과 감정에 반향을 일으킬 수 있는 힘을 많이 잃었습니다. 왜냐하면 그 힘은 일관된 세계의 존재에 달려 있기 때문입니다. 그런 일관된 세계가 없다면 상징은 기호와 구분하기 어려워집니다. 고속도로를 따라 산재해 있는 주유소, 모텔, 식당은 운전자들에게 편리할 뿐만 아니라 잠시 휴식을 취하기 좋은 장소임을 알려주는 특수한 기호를 지니고 있습니다. 홀리데이 인(Holiday Inn, 미국의 호텔 체인)의 상표는 일정한 수준의 객실, 음식, 서비스를 약속합니다.[19] 그 외에 또 어떤 사항을 전달할까요? 물론 우리는 다른 가치들을 생각할 수도 있지만 살아 있는 상징의 특징은 설명을 필요로 하지 않는다는 것입니다. 현대의 고층건물을 생각해 보세요. 고층건물에 관심을 두는 사람들은 그 가치와 의미에 대해 다양한 의견을 제시할 것입니다. 어떤 사람들에게 고층건물은 공격적이고 오만하고 획일적이지만 다른 사람들에겐 과감하고 우아하고 유연하게 다가옵니다. 고층건물이 우리 시대의 산물이라는 사실에도 불구하고 이처럼 서로 다르고, 심지어 상반되는 견해들이 존재합니다. 현대문화의 산물에 대한 여론의 합의는 뚜렷이 이루어지지 않고 있습니다. 다시 고딕 양식의 성당에 대해 생각해 볼까요. 현대의 고층건물과 마찬가지로 고딕 양식의 성당도 다양한 견해를 이끌어낼 수 있습니다. 그것은 무지한 수도원 야만인들의 표현, 고귀한 신앙의 가장 세련된 발현, 원시림의 건축적 이미지, 건축 수학의 명쾌한 구현 등으로 불렸습니다.[20] 하지만 여기서 제시한 것들은 후세 비평가들의 문학적 견해들입니다. 성당을 건설했던 사람들과 그 안에서 경배했던 신자들에게 그 건물은 굳이 문학적 설명이 필요치 않았을 겁니다. 구체적인 상징이 존재했던 그 시대에 사람들은 그것을 천국으로 가는 앞마당으로, 즉 그 자체로도 멋지지만 훨씬 더 고귀한 영역을 보여주는 것으로 받아들였을 것입니다.

6

공간은 우리의 신체와
인간관계에 따라 구분된다

공간은 복잡한 개념을 나타내는 〈추상적인 단어〉입니다. 각기 다른 문화권에 속한 사람들은 세계를 분할하고, 분할된 세계의 영역에 가치를 부여하고, 그 가치를 측정하는 방식에서 차이를 보입니다. 크기와 거리를 판단하는 기술과 마찬가지로, 공간을 분할하는 방식도 복잡성과 정교함에서 있어서 그야말로 천차만별입니다. 그럼에도 불구하고 서로 다른 문화 간에는 일정한 유사성들이 존재합니다. 그 유사성은 궁극적으로 인간은 만물의 척도라는 사실에 근거합니다. 이는 우리가 공간적 체계에 대한 근본 원칙을 찾고자 한다면 다음의 두 가지 사실에서 찾을 수 있음을 의미합니다. 첫째는 인간의 신체 자세와 구조이고, 둘째는 (친밀하든 서먹하든 간에) 인간관계입니다. 인간은 자신의 신체를 통한 친밀한 경험과 다른 사람들과의 친밀한 경험을 통해 공간을 체계화하기 때문에, 공간은 인간의 생물학적 욕구와 사회적 관계에 부합하면서 그와 같은 욕구와 관계를 충족시켜 줍니다.

〈신체body〉라는 단어는 활달하고 활기찬 존재보다는 대상을 즉

시 떠올리게 합니다. 신체는 〈그것it〉이며 그것은 공간 속에 있거나 공간을 차지합니다. 반면 〈사람man〉과 〈세계world〉라는 단어를 사용할 때면, 우리는 단지 사람을 세계라는 공간의 작은 부분을 점유하고 있는 대상일 뿐만 아니라 세계에 거주하면서 세계를 지휘하고 창조하는 존재로도 생각합니다. 실제로 〈world〉라는 단어는 사람과 그의 환경을 포함하고 결합하는데, 왜냐하면 그 단어의 어원인 〈wer〉는 사람을 의미하기 때문입니다. 사람과 세계는 복잡한 개념을 나타냅니다. 여기서 우리는 사람이 세계를 점유할 뿐만 아니라 의도적으로 세계를 지휘하고 관리한다는 것을 기억하면서, 사람과 세계에서 분리된 더 단순한 개념인 〈신체와 공간〉도 살펴봐야 할 필요가 있습니다. 여기서 신체는 〈생명을 지닌 신체〉이며, 공간은 〈인간적으로 해석된 공간〉이라고 할 수 있습니다.

포유류 중에서도 인간의 신체는 쉽게 직립 자세를 유지한다는 점에서 독보적입니다. 직립한 인간은 행동할 준비가 되어 있습니다. 공간은 인간에게 열려 있으며, 인간의 신체 구조에 따라 즉시 전후좌우 축으로 구분될 수 있습니다. 수평과 수직, 위와 아래, 앞과 뒤, 왼쪽과 오른쪽은 공간에 있다고 추정하는 인간 신체의 위치와 좌표입니다(그림 5). 사람은 깊은 잠을 자고 있을 때도 환경의 영향은 계속 받지만 세계는 상실합니다. 이때 그는 단지 공간을 점유한 신체에 해당될 뿐입니다. 하지만 깨어 있고 직립해 있을 때 사람은 세계를 되찾으며 공간은 그의 신체적 구조에 따라 명확히 표현됩니다. 공간을 통제한다는 것, 공간에서 편안한 기분을 느낀다는 것은 무슨 의미일까요? 그것은 랜드마크나 기본방위 같은 공간에서의 객관적인 기준점이 인간 신체의 의도 및 좌표를 따르고 있다는 것을 의미합니다. 칸트는 1768년에 다음과 같이 말했습니다.

우주의 영역에 대한 우리의 판단조차 신체의 측면들과 연관되어 결정되는 한 일반적인 영역에 대한 우리의 개념에 따른다. …… 내가 아무리 기본방위 질서에 대해 잘 알고 있다고 해도 그 질서가 어느

직립한 인간의 신체, 공간, 그리고 시간

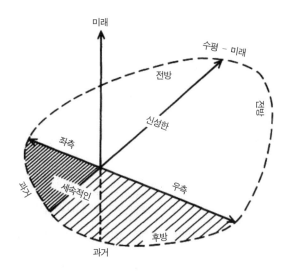

그림 5 직립한 인간의 신체, 공간, 그리고 시간. 신체로부터 투사된 공간은 전방과 우측으로 치우치는 경향을 보입니다. 미래는 전방과 위쪽입니다. 과거는 후방과 아래쪽입니다.

방향으로 진행되는지 알고 있을 때만 그 질서에 근거해 영역을 결정할 수 있다. 그리고 내가 아무리 머릿속으로 완벽하게 떠올릴 수 있다고 해도 가장 완전한 별자리 지도조차, 가령 북반구처럼 알려진 영역에서조차 어느 쪽에서 일출을 볼 수 있는지 가르쳐주지 않는다. 서로 간의 관계에 따른 별들의 위치를 살펴보며 나와의 관계에서 별자리 지도의 위치에 따라 이 지역을 규정하지 않는다면 말이다. 마찬가지로 우리의 지리적 지식, 심지어 장소의 위치에 대한 가장 보편적인 지식도 우리 신체의 전후좌우를 기준으로 질서 있게 정돈된 사물들과 상호관계를 이루는 위치의 총체적인 체계를 영역들에 부여할 수 없으면 아무 도움도 되지 않는다.[1]

길을 잃는다는 것은 무슨 의미일까요? 나는 지금 숲속으로 난 오솔길을 따라 걷습니다. 그리고 길을 잃게 되면서 갑자기 완전히 방향감각을 상실했다고 느낍니다. 공간은 여전히 내 신체의 전후좌우에 따라 조직됩니다. 나의 앞과 뒤, 왼쪽과 오른쪽으로 각 영역들이 존재하지만 그것들은 지금 외부의 기준점들과 연계되어 있지 않기 때문에 전혀 쓸모가 없습니다. 그리고 앞과 뒤의 영역들이 갑자기 제멋대로라고 느껴지는데, 나는 딱히 다시 뒤돌아가는 것보다 앞쪽으로 나아가는 것이 낫다는 이유를 찾지 못했기 때문입니다. 그런데 갑자기 저 멀리 나무들 뒤쪽에서 깜빡이는 불빛이 보입니다. 나는 여전히 길을 잃은 상태여서 숲속 어디쯤에 내가 있는지 모릅니다. 하지만 공간은 극적으로 그 구조를 되찾습니다. 저 뒤쪽에서 깜빡이는 불빛이 나의 목표가 되는 것이죠. 내가 그 목표를 향해 움직임에 따라 나의 앞과 뒤, 왼쪽과 오른쪽은 비로소 각각 의미를 되찾습니다. 나는 앞으로 걸어가면서 뒤쪽의 어두운 공간에서 빠져나왔다고 안도하며, 내가 오른쪽이나 왼쪽으로 방향을 바꾸진 않았다고 확신합니다.

인간은 단지 존재하는 것만으로 공간에 도식schema을 부여합니다. 하지만 대체로 인간은 그것을 인지하지 못합니다. 그러다 길을 잃게 되면 그것의 부재를 인식합니다. 인간은 삶의 가치들을 인식하도록 이끄는 의식을 거행할 때 도식의 존재를 표시합니다. 그 가치는 일반적 수준을 넘어선 차원으로 삶을 끌어올려 공간에 표출된 것들을 포함합니다. 각 문화는 공간적 도식의 정교함에서 엄청난 차이를 보입니다. 일부 문화들에서 그것은 원시적인 수준이지만 다른 문화들에서는 삶의 거의 모든 부분을 아우르는 훌륭한 틀이 될 수 있습니다. 하지만 상당한 외형적 차이에도 불구하고 공간적 체계와 가치를 나타내는 어휘들은 어느 정도 공통적인 용어들을 포함하고 있습니다. 이런 공통적인 용어들은 인간 신체의 구조와 가치에서 비롯됩니다.

수직과 수평, 그리고 높이에 따른 위상

직립 자세와 엎드린 자세, 이 두 자세는 두 개의 상반된 세계를 낳습니다. 게젤과 아마트루다의 보고에 의하면, 생후 6개월 된 아기가 똑바로 앉아 있을 때면 아기의 눈은 커지고 맥박은 빨라지고 호흡도 빨라지고 얼굴은 미소를 짓는다고 합니다. 아기가 수평으로 누운 자세에서 수직으로 앉은 자세로 변화를 주는 것은 이미 아이 자신에게는 "자세의 승리 그 이상입니다. 그것은 확장된 지평이자 새로운 사회적 방향성"입니다.[2] 이런 자세의 승리와 그에 따른 공간 지평의 확장은 개인의 삶 전반에 걸쳐 매일매일 반복됩니다. 우리는 질서정연한 인간 세계를 창조하고 유지하기 위해 날마다 중력과 다른 자연의 힘에 맞서 직립해서 활동합니다. 그러다 밤이 되면 이런 힘들에 굴복하고 우리가 창조한 세계에서 벗어납니다. 직립 자세는 단호하고 엄숙하며 냉담합니다. 반면 엎드린 자세는 순종적이며 우리의 생물학적 조건을 수용한다는 것을 의미합니다. 사람은 직립한 상태에서 자신의 온전한 키stature를 드러냅니다. 영어 단어 stand(서다)는 status(지위), stature(키), statute(법규), estate(재산), institute(설립하다) 등을 포함하는 연관된 대규모 단어군의 어원입니다. 이 단어들은 모두 성취와 질서를 의미합니다.[3]

수직축의 양극단인 〈높은high〉과 〈낮은low〉은 대부분의 언어들에서 많은 의미를 지닌 단어입니다. 무엇이든 우월하거나 뛰어난 것은 물리적인 높이감과 연관되어 상승합니다. 실제로 〈우월한〉이라는 의미를 지닌 영어 단어 superior는 〈더 높은〉이라는 의미를 지닌 라틴어에서 파생했습니다. 〈뛰어나다〉는 의미를 지닌 영어 단어 excel의 어원인 celsus는 〈높다〉라는 의미를 지닌 또 다른 라틴어입니다. 산스크리트어 단어 brahman(브라만, 힌두교의 카스트 제도에서 최고위 계급)은 높이를 의미하는 단어에서 파생되었고요. 〈등급〉을 의미하는 영어 단어 degree의 글자적 의미는 공간을 위아래로 움직이는 단계를 뜻합니다. 사회적 지위는 〈크다〉나 〈작다〉보다 〈높다〉나 〈낮다〉로 표현됩니다. 신은 하늘에 존재합니다. 구약성서와 신약성서 모두에서 신은 이따금 하늘과 동일시되었습니다. 에드윈 베번은 다음과 같이 말했습니다.

"하늘을 절대적인 존재의 거주지로 간주하거나 절대적인 존재와 동일시하는 관념은 모든 종교적 신념만큼이나 인간에겐 보편적인 것이다."[4]

건축에서 중요한 건물들은 연단 위에 세워지는데 필요한 기술적 능력이 갖춰진 곳에서는 좀 더 높아지는 경향을 보입니다. 기념비적인 것들에서도 이것은 아마 변치 않는 사실일 겁니다. 거대한 피라미드나 승전 기념비는 작은 것보다 더 큰 자긍심을 불러일으킵니다. 하지만 이러한 규칙에 대한 많은 예외적인 경우도 있는데 이는 주로 주거용 건축물들에서 나타납니다. 그 이유는 명확합니다. 왜냐하면 고층주택이 지니는 상징적인 이점들은 실용적인 문제들 때문에 쉽게 퇴색될 수 있기 때문입니다. 적절한 배관 시스템이 건물에 설치되기 전까지 물은 직접 길어서 위로 날라야 했고 쓰레기는 손수 아래로 내다버려야 했습니다. 이처럼 높은 층에 살면 더 많은 수고를 감수해야 했습니다. 고대 로마뿐만 아니라 19세기 파리에서도 가장 좋은 층은 1층 상가 바로 위층이었습니다. 샹젤리제 거리 주변의 공동주택에서는 층수가 높아질수록 더 가난한 사람들이 거주했습니다. 그래서 하인들과 가난한 예술가들은 다락방에 살았습니다. 하지만 현대의 고층건물들에서는 수직적 거리의 단점이 정교한 기술적 장치에 의해 극복되면서 그 결과 높이에 따른 위상이 다시 대두될 수 있게 되었습니다.

거주지의 위치는 가치에 대한 유사한 위계체계를 보여줍니다. 주택에서 일하는 공간이 지하에 숨겨져 있는 것처럼 도시에서도 산업과 상업의 거점은 수로변에 인접해 있고, 가정집들은 높이에 따라 위상이 올라갑니다.[5] 부유층과 권력층은 특권을 덜 가진 계층보다 더 많은 부동산을 소유할 뿐만 아니라 더 많은 가시적 공간을 차지합니다. 그들의 지위는 거주지의 우월한 입지를 통해 외부인들에게 명확히 전달됩니다. 부유층은 거주지에서 창밖을 통해 발밑의 세계를 내려다볼 때마다 다시금 자신들의 위치를 확인합니다. 물론 여기서도 예외는 존재합니다. 가장 잘 알려진 경우는 브라질의 리우데자네이루로, 이곳에서는 호화로운 고층건물들이 편리하고 매력적인 해변에 자리를 잡고 있는 반면 빈민층의 판잣집들은 언덕의 가파른 경사지에 다닥다닥 붙어 있습니다.

중심center의 위상은 확고히 정립되어 있습니다. 어디서나 사람들은 자신들의 고향을 한가운데 중심지 혹은 세계의 중심으로 간주하는 경향을 보입니다.[6] 일부 사람들은 지리학적 근거가 전혀 없는데도 자신들은 세계의 정상에 살고 있다거나 자신들의 성지가 지구의 꼭대기에 있다는 믿음을 갖고 있습니다(그림 6). 예를 들면, 몽골의 유목민들은 한때 자신들은 드넓은 언덕의 꼭대기에 살았으며 그 언덕의 경사면에 다른 종족들이 살고 있다고 생각했습니다.[7] 또 유대교의 랍비 문헌에 나타난 보편적인 신념은 이

북경

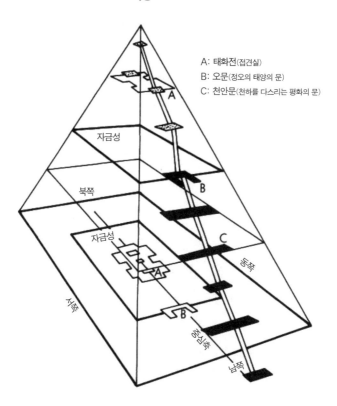

A: 태화전(접견실)
B: 오문(정오의 태양의 문)
C: 천안문(천하를 다스리는 평화의 문)

그림 6 중심은 높은 곳을 의미하며 그 반대의 경우도 마찬가지입니다. 북경의 사례. 남쪽 대로(중심축)의 길이는 높이로 간주됩니다. "중국의 자연지형이 어떻게 형성되어 있던 간에 중국인들은 항상 북경으로 올라갑니다."(N. Wu). Nelson I. Wu, *Chinese and Indian Architecture*(New York: George Braziller, 1963), Figure 136 "Plan of Peking interpreted as volume."의 허락을 받아 재게재합니다.

스라엘의 영토는 다른 그 어떤 영토들보다 해발이 높은 곳에 있으며, 템플마운트(예루살렘 동부에 위치한 성지)는 이스라엘에서 가장 높은 지점에 있다는 것입니다.[8] 이슬람 전통에서도 최고의 성지인 카바(Kaaba, 메카에 있는 이슬람교 신전)가 세계의 중심이자 중앙일 뿐만 아니라 세계의 최고점이라고 가르칩니다. 카바의 공간적 위치는 북극성과 일치합니다. "지구상의 그 어떤 장소도 메카보다 더 하늘에 가까운 곳은 없다."[9] 이것이 바로 카바에서 드리는 기도가 하늘에 더 잘 들리는 이유입니다. 중심과 고도(높이)라는 명백한 종교적 상징이 약할 경우에도 영토의 물리적 높이는 어느 정도 위세를 발휘합니다. 현대의 국가들은 비록 세계 최고봉은 아닐지라도 높은 봉우리가 자국의 영토 안에 있다고 생각하고 싶어 합니다. 정확한 측정 수치가 없으면 애국이라는 열정에 힘입어 무한한 상상의 나래가 펼쳐질 수 있는 것이죠. 심지어 18세기의 학식 있는 영국인들조차 벤네비스산(Ben Nevis, 브리튼섬의 최고봉으로 높이는 1,343미터)이 지구상에서 가장 높은 산 중 하나라고 믿기까지 했습니다.[10] 인도, 네팔, 중국 또한 모두 의심의 여지 없이 에베레스트산(약 8,848m)이 자국의 영토에 속한다고 주장하고 싶어 합니다.

전방과 후방, 왼쪽과 오른쪽

수직-수평과 높고 낮음이라는 극단 이외에, 인간 신체의 형태와 자세도 주변의 공간을 앞뒤와 좌우로 규정합니다. 전방 공간은 우선 눈으로 볼 수 있습니다. 그리고 비시각적 단서들로만 경험할 수 있는 후방 공간에 비해 선명하고 훨씬 더 넓게 보입니다. 전방 공간은 볼 수 있기 때문에 환한 반면, 후방 공간은 단순히 볼 수 없기 때문에 햇빛이 비쳐도 어둡게 다가옵니다. 눈에서 광선이 투사된다는 믿음은 적어도 플라톤 시대까지 거슬러 올라가는데 그와 같은 믿음은 중세와 그 이후까지도 지속되었습니다. 또 다른 흔한 느낌은 사람의 그림자가 실제로 종종 앞으로 드리워지기도 한다는 사실에도 불구하고 신체의 뒤로 드리워진다고 믿는 것입니다. 시간의 측면에서 보자면 전방 공간은 미래로 인식되고, 후방 공간은 과거로 인식됩니다.

그럼 먼저 전방을 살펴볼까요. 전방은 존엄함을 나타냅니다. 인간에게도 전방에 해당하는 얼굴은 존경심은 물론 경외심도 불러일으킵니다. 신분이 낮은 사람들은 신분이 높은 사람들에게 다가가면서 경외심을 느끼게 하는 그의 얼굴을 피하기 위해 시선을 낮춥니다. 반면 후방은 세속적인 것을 나타냅니다(그림 5). 그래서 신분이 낮은 사람들은 신분이 높은 사람들의 뒤(그리고 그들의 그림자 속)에 머뭅니다. 전통적으로 중국에서는 통치자가 남쪽을 향해 서서 정오의 태양빛을 온전히 받습니다. 따라서 그는 남성과 양(음양의 양陽)의 밝은 기운을 흡수합니다. 이런 전통에 따라 신체의 앞부분도 양으로 간주됩니다. 반대로 통치자의 등과 그 후방 공간은 음陰이며, 여성적이고, 어둡고, 세속적인 것으로 여겨집니다.[11]

모든 사람들은 자기 세계의 중심에 있으며 주변 공간은 자신의 신체 구도에 따라 좌표가 설정되고 방향이 결정됩니다. 사람이 움직이고 방향을 바꾸면 그를 둘러싼 앞뒤좌우의 공간도 움직이고 방향이 바뀝니다. 그런데 기본방위에 따른 객관적인 공간도 이런 신체적 가치를 지닙니다. 규모의 측면에서도 작은 방에서 큰 도시에 이르기까지 종종 전방과 후방이 나타나기도 합니다. 크고 계층화된 사회에서는 설계, 디자인, 장식의 유형 같은 건축적인 수단들로 공간적 위계를 명확히 표현할 수 있습니다.

자, 이제 서구세계에서 전방과 후방 구역을 구분하는 몇 가지 방식에 대해 생각해 볼까요. 보통 방들은 비대칭적으로 배치됩니다. 기하학적으로 볼 때 방의 중심이 되는 곳은 보통 그 내부 공간의 중심 지점은 아닙니다. 예를 들면, 거실의 중심은 거실 한가운데가 아니라 한쪽 구석에 위치한 난로가 될 수도 있습니다. 일반적인 강당은 강연대의 위치와 의자의 배치에 따라 전방과 후방으로 명확하게 나뉩니다. 또 한 방 안에 가구가 어떻게 배치되느냐보다 다른 방들과의 관계가 내부 공간의 성향을 나타낼 수도 있습니다. 따라서 침실은 가구, 창문, 문을 대칭적으로 배치함에도 불구하고 전방과 후방을 지니는데, 한쪽 문은 거실 쪽으로 열려 있고 다른 한쪽 문은 욕실 쪽으로 닫혀 있기 때문입니다. 많은 건물들이 전방과 후방의 구역을 확실하게 분리합니다. 사람들은 같은 건물에서 일하지만 다른 세계를 경험할 수 있습니다. 왜냐하면 저마다 지위가 달라 다른 이동경로와 업무공간을 이용하기 때문이죠. 시설 보수 및 유지를 담당하는 사람들과 건물 관리인들은 뒤쪽의 후문으로 들어와 건물의 좁은 통로로 이동하는 반면, 임원들과 그들의 참모들은 정문으로 들어와 넓은 로비와 밝은 복도를 지나 근사한 사무실로 이동합니다.[12] 중산층의 거주지는 대체로 성인들에게 좋은 인상을 주며 그들을 맞이하기 위해 전방을 매력적으로 보이게 만들지만, 후방은 배달원이나 아이들처럼 지위가 낮은 사람들이 사용하기 때문에 별로 매력적이지는 않습니다.

그렇다면 도시들도 전방과 후방 구역을 지니고 있을까요? 전통적인 중국 도시에서는 전방과 후방이 뚜렷하게 구분되어 있습니다. 전방과 남쪽으로는 의례에 사용되는 드넓은 거리가 위치하고 있고, 정반대로(적어도 설계 이론상으로) 후방과 북쪽은 세속적인 상업용 용도로 사용되기 때문에 그 두 곳을 절대 착각할 수는 없습니다.[13] 근동지역과 유럽에서는 이런 구분이 도시 설계에서는 덜 체계적으로 표현되었습니다. 하지만 성벽으로 둘러싸인 고대의 도시들은 왕실행사나 전쟁에서의 승리를 기념하기 위한 개선 행진용 도로를 갖추고 있었습니다. 이러한 도로는 아마도 웅장한 정문을 갖고 있었을 겁니다. 중세 후기와 르네상스 시대에는 정치적, 종교적 중요성을 지닌 도시의 중심지들이 성벽에 더 이상 군사적 용도로 사용되지 않는 거대한 정문을 건설했습니다. 그 입구의 장대함은 통치자의 권력을 상징했습니다. 더불어 정문은 방문자들과 외부의 유력자들에게 강한 인상을 남기기 위한 전방을 보여주면서 도시 전체의 상징과도 같은 역할을 수행했습니다.[14]

현대의 경제도시는 계획적으로 전방과 후방을 구분하지는 않습니다. 이런 도시는 행렬도로나 특정 의식을 행하기 위한 관문을 따로 갖고 있지 않으며, 도시의 경계는 눈에 잘 띄지 않는 표지판에 자치구의 이름과 인구를 표시하는 미국의 경우처럼 종종 임의적이기도 합니다. 하지만 전방과 후방에 대한 감각이 전혀 없는 것은 아닙니다. 고속도로의 폭과 외관(대형 광고물들이 세워져 있거나 늘어서 있습니다)은 운전자에게 그가 도시의 관문을 통과해 전방으로 들어오고 있다는 것을 알려줍니다.

만약 어떤 현대 도시가 전방과 후방으로 구분된다는 인상을 준다면, 그것은 건축적인 상징물에서 비롯된 것일 뿐만 아니라 교통흐름의 방향과 교통량 때문이기도 합니다. 이를 더 넓은 시각에서 사람들의 역사적인 이동이 어떻게 전체 지역이나 국가의 공간에 대하여 불균형적이라는 인상을 줄 수 있는지 살펴보겠습니다. 세인트루이스는 미국의 서부로 향하는 주요한 관문입니다. 이 도시는 그곳이 아메리카 대평원과 그 너머를 가기 위한 관문 역할을 한다는 사실을 극적으로 표현하기 위해 거대한 아치를 세웠습니다. 아마도 미국인들은 대부분 동북부의 해안을 국가의 전방으로 간주할 것입니다. 그들은 미국의 역사는 그곳에서 시작되었다고 생각합니다. 특히 뉴욕은 미국의 정문을 의미하게 되었습니다. 뉴욕의 많은 별칭 중 하나가 미국 비즈니스 경영본부입니다. 하지만 그 규모나 경제력보다 더 중요한 것은, 뉴욕이 그곳을 통해 수많은 이주민들이 약속의 땅으로 진출했다는 사실에 힘입어 미국의 관문이라는 이미지를 지니고 있다는 것입니다.

사람들은 엎드린 자세와 직립한 자세를, 전방과 후방을 착각하지는 않습니다. 하지만 좌측과 우측 공간뿐만 아니라 신체의 좌측과 우측도 쉽게 혼동합니다. 움직이는 동물로서 우리는 경험을 통해 전방과 후방이 기본적인 것이고 좌측과 우측이 부차적인 것임을 알고 있습니다. 효과적으로 움직이기 위해, 우리는 먼저 일어서고 그 다음 앞으로 걸어갑니다. 하지만 앞으로 움직이는 동작은 오른쪽이나 왼쪽으로 방향을 바꿔야 할 때마다 주기적으로 중단됩니다. 지금 내가 길을 따라 걷고 있고 잠시 후에 오른쪽으로 방향을 바꾼다고 가정해 볼까요. 한 관찰자는 이제 내가 오른쪽으로 가고 있다고 말할지도 모릅니다. 하지만 나는 내가 움직이는 방향이 절대적인 의미에서 오른쪽이라고 느끼지는 못합니다. 나는 오른쪽으로 방향은 바꾸지만 목적지를 향해 계속 앞으로 쭉 나아가고 있는 것이니까요. 좌측과 우측은 내가 인식해야만 하는 구분입니다. 하지만 그것은 항상 전방에 있는 내 목적지에 도달하기 위한 수단입니다.

인간 신체의 왼쪽과 오른쪽은 모습과 기능 면에서 매우 유사합니다. 다만 약간의 비대칭은 존재합니다. 이를테면 머리의 가마는 오른쪽으로 회전하는 모양이고 심장은 신체의 왼쪽으로 조금 더 치우쳐 있습니다. 두 개의 대뇌반구는 동일하게 발달되어 있지도 않고 서로 조금 다른 기능을 수행합니다. 또한 대부분의 사람들은 오른손잡이며 그래서 움직일 때 오른쪽으로 방향을 바꾸는 성향을 보이는데 이는 아마도 평형조절에서 일어나는 약간의 불균형으로 인한 결과일 수도 있습니다. 하지만 이런 사소한 생물학적 비대칭은 신체의 두 측면과 신체로부터 확장된 사회적, 우주적 공간에서 기인하는 가치의 극명한 차이를 설명하기에는 충분하지 않은 듯합니다.

우리가 알고 있는 거의 모든 문화권에서 오른쪽은 왼쪽보다 훨씬 더 우월하다고 간주됩니다. 이런 편견에 대한 증거는 유럽, 중동, 아프리카에서 아주 많이 찾아볼 수 있는데 인도와 동남아시아에도 문서로 잘 기록되어 있습니다.[15] 요컨대 오른쪽은 신성한 힘, 모든 효과적인 행위의 원칙, 바르고 정당한 모든 것들의 근원을 상징한다고 인식됩니다. 사회적 공간에서 주최자의 오른쪽은 영광스러운 장소입니다. 반면 왼쪽은 오른쪽과 정반대로 여겨집니다. 왼쪽은 세속적인 것, 불순한 것, 불확실한 것, 미약한 것을 상징하는데 이것들은 모두 해롭고 불안한 것들이죠. 우주론적 공간에서 "오른쪽은 고귀함, 지상세계, 하늘을 나타냅니다. 반면 왼쪽은 지하세계, 땅과 연결되어 있습니다."[16] 「최후의 심판」 벽화에서 예수는 오른손을 천국의 밝은 곳을 향해 올리고 있고 왼손은 어두운 지옥을 향해 아래를 가리키고 있습니다. 우주에 대한 이와 유사한 개념은 인도네시아의 술라웨시섬에 거주하는 토라자족에게도 나타납니다. 그들에게 오른쪽은 살아 있는 사람들의 영역이자 낮의 세계이고, 왼쪽은 죽은 사람들의 어두운 지하세계입니다.[17]

고대 아랍인들의 경우는 지리적 차원에서 왼쪽을 북쪽과 시리아와 동일시했습니다. 아랍어 단어인 šimâl은 북쪽과 왼쪽 모두를 가리킵니다. 아랍어로 시리아syria를 의미하는 단어는 Sam인데 그 어원의 의미는 불운이나 흉조, 왼쪽을 뜻합니다. 연관된 동사인 sa′ma는 〈불운을 가져오다〉와 〈왼쪽으로 방향을 바꾸다〉라는 의미를 동시에 지닙니다. 반대로 아랍인들에게 남쪽과 오른쪽은 축복으로 가득합니다. 남쪽은 예멘Yemen의 번창한 영토를 가리키며 그 어원인 ymn은 행복과 오른쪽을 의미합니다.[18] 서아프리카의 템네족은 동쪽을 기본적인 방향으로 간주합니다. 따라서 북쪽은 왼쪽에 해당하며 어둡다고 여기고, 남쪽은 오른쪽에 해당하며 밝다고 여깁니다. 템네족에게 천둥과 번개는 북쪽에서 발생하는 반면 순풍은 남쪽에서 불어옵니다.[19]

중국인들의 관점은 이런 규칙과는 동떨어진 예외처럼 보이기에 대단히 흥미롭습니다. 대부분의 사람들과 마찬가지로 중국인들도 오른손잡이지만 그들에게 영광스러운 방향은 왼쪽입니다. 그들의 음양의 이원적 구분에서 왼쪽은 양이고 남성에 해당되며, 오른쪽은 음이고 여성에 해당됩니다. 이렇게 생각하는 근본적인 이유는 중국의 사회적, 우주적 공간에서는 하늘과 땅 사이를 중재하는 통치자가 그 중심에 있기 때문입니다. 통치자는 남쪽과 태양을 마주합니다. 따라서 그의 왼쪽은 동쪽이자 태양이 뜨는 장소이며 남성(양)에 해당되고, 그의 오른쪽은 서쪽이자 태양이 지는 장소이며 여성(음)에 해당됩니다.[20]

인간의 신체로 표현하는 공간적 속성

인간은 척도입니다. 말 그대로 인간의 신체는 방향과 위치, 거리의 기준이 됩니다. 고대 이집트에서 얼굴을 의미하는 단어는 남쪽을 의미하는 단어와 동일했으며 뒤통수를 의미하는 단어는 북쪽이라는 의미도 지녔습니다.[21] 아프리카와 남태평양제도의 많은 언어들은 뒤를 등으로, 앞을 눈으로, 위를 목으로, 안을 위장으로 표현하는 식으로 공간을 나타내는 전치사들을 신체의 부위를 나타내는 단어들에서 직접 차용했습니다.[22] 서아프리카 언어인 에웨어에서 머리를 의미하는 단어는 꼭대기를 나타내며 〈바로 위〉와 〈위〉라는 일반적인 공간적 속성도 표시합니다.[23] 공간적 관계를 표현하는 전치사로 명사를 사용하는 원리는 신체를 뛰어넘어 확장될 수 있습니다. 즉 발자국 같은 단어는 등을 대신해 〈뒤〉를 나타내는 데 사용될 수 있고, 지면이나 땅은 〈아래〉를, 공기는 〈위〉를 나타내는 데 사용될 수 있습니다.[24]

인간의 신체 부위에서 파생된 명사든 아니든 간에, 공간을 나타내는 전치사들은 필연적으로 인간중심적입니다. 프랑스의 현상학자 메를로 퐁티는 다음과 같이 말했습니다. "어떤 사물이 테이블 〈위〉에 있다고 말할 때 나는 항상 마음속으로 나 자신을 테이블이나 그 사물에 두고 내 신체와 외부 사물들과의 관계에 이론적으로 부합하는 범주를 그것들에 적용한다. 만약 이런 인류학적 관계를 제거한다면, 위라는 단어는 〈아래〉나 〈옆〉이라는 단어와 구분할 수 없다."[25] "책이 어디 있지?" "책상 위에 있어요." 이 대답은 우리의 관심을 즉각 커다란 책상으로 돌려서 책의 위치를 파악하도록 안내하기 때문에 적절합니다. 실제 상황에서 "책상이 책 〈아래〉에 있습니다"라는 대답이 적절하다고 여겨지는 경우는 상상하기 어렵죠. 우리는 실제 상황이나 급박한 상황에 대해 대답할 때 어떤 물체가 다른 물체의 바로 위에, 안에, 위에 혹은 아래에 있다고 말합니다. 따라서 위치에 대한 발언은 대체로 단순한 위치적 사실보다 훨씬 더 많은 정보를 제공합니다. "나는 차 안에 열쇠를 두고 문을 잠갔어"라는 말은 열쇠가 어디 있는지에 대해서도 알려주지만 한편으로는 고통스러운 절규를 표현하는 것이기도 합니다. "저는 사무실에 있어요"라는 말은 상황에 따라 "저를 만나려면 사무실로 오세요" 혹은 사무실에서 일을 하고 있으니 "방해하지 마세요"라는 의미가 될 수도 있습니다. 오직 정신병원에서만 이런 발언이 온전히 위치에 대한 의미만 지닙니다. 그곳에서는 "책이 책상 위에 있어요"와 "책상이 책 아래에 있어요"라는 말은 동등하며 서로 바꿔 쓸 수 있습니다.[26]

길이에 대한 민간 차원의 측정 척도도 신체 부위에서 비롯됩니다. 널리 통용되는 방식은 손가락이나 엄지손가락의 폭 혹은 길이를 이용하는 것입니다. 한 뼘은 엄지손가락에서 새끼손가락 끝이나 집게손가락 끝까지이고, 큐빗(cubit, 손가락 끝에서 팔꿈치까지의 길이로 약 45cm에 해당)은 가운뎃손가락에서 팔꿈치까지의 길이며, 한 패덤(fathom, 주로 바다의 깊이를 잴 때 쓰며 1패덤은 약 1.83미터에 해당)은 양팔을 좌우로 펼쳤을 때 한쪽 손가락 끝에서 다른 한쪽 손가락 끝까지를 말합니다. 흔히 사용되는 인공물들도 길이의 척도로 활용되는데 소몰이에 사용하는 막대기, 창, 통상적으로 사용하는 끈이나 사슬이 그런 것들입니다. 더 긴 거리를 측정할 때는 경험과 노력을 통해 얻은 개념을 활용합니다. 1야드는 한 걸음이고 1마일은 천 걸음이며, 1펄롱(furlong, 도랑의 길이)은 농부가 무난하게 쟁기질을 할 수 있는 거리를 의미합니다. 창던지기나

활쏘기도 대략적인 거리의 단위가 되는데 심지어 오늘날에도 〈돌 던지면 닿을 거리〉, 〈소리치면 들을 수 있는 거리〉라는 표현을 사용합니다. 용량에 대한 척도에는 "한 줌, 한 움큼, 한 아름, 한 짐, 한 나귀, 한 수레, 한 배 분량을 비롯해 달걀, 조롱박 혹은 다른 천연물의 용량, 그리고 바구니 같은 흔히 사용되는 제조물의 용량 등이 포함됩니다."[27] 면적에 대한 척도는 소가죽, 돗자리, 망토, 한 쌍의 소가 하루에 갈 수 있는 밭, 일정한 양의 씨앗을 파종할 수 있는 토지의 단위 등으로 표현됩니다.[28]

인간의 신체와 각 부위들은 앞에서 살펴본 것처럼 길이와 부피 혹은 용량을 측정할 때는 공통 단위로 이용할 수 있지만 면적을 측정할 때는 그렇지 못한 듯합니다. 어쩌면 면적은 길이나 부피 보다 더 추상적인 개념일지도 모르겠습니다. 아무리 단순한 사회 라도 사람들은 길이와 거리는 측정해야 합니다. 용량도 마찬가지 로 기본적인 것입니다. 인간의 신체는 그 자체로 하나의 그릇입 니다. 우리는 〈가득 찬〉 혹은 〈텅 빈〉 것이 어떤 느낌인지 압니다. 또 오므린 양손 안에 혹은 입 안에 넣은 음식이나 물의 양을 직접 적으로 경험하기도 합니다. 〈크다〉와 〈작다〉처럼 크기를 나타내 는 형용사들은 기본적으로 부피에 적용되고 부차적으로 면적에 적용됩니다. 〈크다〉를 의미하는 영어 단어 big은 사실 〈불룩하게 부풀어 오른 뺨〉을 의미하는 라틴어에서 파생되었습니다. 기초기 하학 수업에서 부피보다 먼저 면적에 대해 배운다고 해도, 일반 적인 경험에서 보면 면적은 용량에 대한 보다 원시적인 감각에서 분리되어 나온 정교한 개념이라고 할 수 있습니다.

거리, 사람들 간의 관계를 나타내는 공간적 용어

거리는 접근성의 정도를 의미하지만 또한 관심의 정도도 나타냅니다. 인간은 자신의 삶에서 중요한 사람과 대상에 관심을 갖습니다. 우리는 그 중요한 사람들이 자신과 멀리 있는지 가까이 있는지, 그리고 그들 간에도 서로 멀리 있는지 가까이 있는지 알고 싶어 합니다. 어떤 중요한 대상을 한 단어로 표현하거나 한 구절로 묘사할 때 그 단어나 구절은 〈사나운 개〉, 〈부러진 창〉, 〈아픈 사람〉처럼 그 대상에 특정한 속성을 부여합니다. 우리가 이런 표현을 사용할 때면 비록 명시적이지는 않더라도 위치와 거리가 암시됩니다. 〈사나운 개〉는 너무 가까이 있어 나를 불안하게 하는 개이거나 내게 접근하지 못하도록 기둥에 묶어놓은 개입니다. 〈부러진 창〉은 가까이에는 있지만 부러져서 아무 쓸모도 없는 창이고요. 오스트레일리아 동북부 섬에 거주하는 원주민인 멜라네시아인들이 쓰는 언어와 어느 아메리카 원주민들이 사용하는 언어에서는 장소나 사람에 관련된 위치와 거리가 그 대상을 묘사하는 데 필수적인 요소입니다. 코드링턴은 멜라네시아인들과 폴리네시아인들에게는 〈위와 아래, 여기와 저기, 바다 쪽으로와 육지 쪽으로〉처럼, 장소를 나타내는 부사와 방향을 나타내는 부사를 연속해서 사용하는 유사한 습관이 있다고 지적했습니다. "언급되는 모든 대상과 모든 사람들은 오거나 가는 것으로 여겨지거나 장소와 어떤 관계가 있다고 여겨지는데, 이것은 유럽인들에게는 결코 익숙하거나 자연스러운 방식이 아닙니다."[29] 태평양 연안의 콰키우틀족이 사용하는 언어에 대해 미국의 인류학자 보아스는 다음과 같이 말했습니다. "화자의 위치에 관해 명사와 동사가 모두 엄격하게 표현되는데 이러한 방식은 이 언어의 기본적인 특징 중 하나다."[30] 여러 아메리카 원주민 언어들은 단지 발언의 대상이 화자나 청자로부터 먼 거리에 있는지 가까운 거리에 있는지, 그가 그들에게 보이는지 안 보이는지를 언급함으로써 "그 사람은 아프다"와 같은 생각을 표현할 수 있습니다.[31]

거리는 자기 자신과의 거리입니다(그림 7). 많은 언어들에서 공간 지시대명사와 인칭대명사는 밀접하게 연관되어 있기 때문에 어떤 단어군이 먼저 만들어지고 나중에 만들어졌는지, 즉 어느 것이 원형이고 파생어인지 판단하기 어렵습니다. 두 단어군의 낱말들은 의태적 지시 행위와 언어적 지시 행위가 절반씩 섞여 있습니다. 또 인칭대명사, 지시대명사, 위치부사는 서로 밀접하게 연관되어 있습니다.[32] 〈나는〉 항상 〈여기〉에 있습니다. 그리고 여기에 있는 것을 나는 〈이것this〉이라고 부릅니다. 내가 있는 여기와 반대로 〈당신〉은 〈거기〉에 있고 〈그〉는 〈저기〉에 있습니다. 거기와 저기에 있는 것을 나는 〈저것that〉이라고 부릅니다. 여기서 〈이것〉과 〈저것〉은 독일어에서 세 가지로 구분되는 dies, das, jenes 같은 기능을 합니다. 비유럽권 언어들에서는 자신과의 상대적인 거리를 나타내기 위해 아주 다양한 지시대명사들이 사용되기도 합니다. 예를 들면, 아메리카 원주민 언어 중 하나인 틀링깃어에서 〈헤he〉는 아주 가까이 있으면서 항상 존재하는 대상을 가리키고, 〈야ya〉는 가까이 있고 현존하지만 조금 더 멀리 떨어져 있는 대상을 가리키며, 〈유yu〉는 상당히 멀리 떨어져 있어 개인과 상관없는 것으로 사용될 수 있는 것을 가리키고, 〈웨we〉는 훨씬 멀리 떨어져 있어 대체로 보이지 않는 것을 가리킵니다.[33] 시베리아 북동부의 추크치족의 경우는 화자와 관련해 대상의 위치를 표현하기 위해 무려 아홉 개의 단어를 사용하기도 합니다.[34]

영어에서는 지시대명사 this(이것)와 that(저것)이 유일한 한 쌍이기 때문에 위치를 나타내는 범위가 상당히 제한적입니다. 그 결과 두 단어는 의미가 양극화되고 사람들에게 감정적인 영향을 크게 미치는 듯합니다. "우리는 이것과 저것에 대해 말했지만 안타깝게도 대부분은 저것이었습니다." 〈저것〉이라는 단어는 명백하게 멀리 떨어져 있으면서 대수롭지 않은 사건들을 나타냅니다. 「리처드 2세」에서 셰익스피어는 〈this〉를 집요하게 사용해 "우리 영국인들"과 "이 행복한 민족this happy breed of men, 이 작은 세계this little world, 이 보석this precious stone……"을 동일시함으로써 영국인들의 애국심을 이끌어내는 데 성공합니다.

〈우리〉와 〈그들〉의 구분은 모든 사람들이 알고 있습니다. 우리는 여기에 있고 우리는 이 행복한 민족입니다. 반면 그들은 저기에 있습니다. 그들은 온전히 인간적이지는 않으며 또한 저곳에 살고 있습니다. 우리 집단의 구성원들은 서로 가깝지만 외부(그들) 집단의 구성원들과는 거리가 멉니다. 여기서 우리는 〈가깝다〉와 〈멀다〉의 의미는 사람들 간의 친밀함과 지리적 거리의 정도가 결합된 것임을 알 수 있습니다. 하지만 어떤 감각이 기본적인 것이고 어떤 감각이 파생된 것인지 결정하기란 불가능할 수 있습니

A. 인칭대명사와 공간 지시대명사

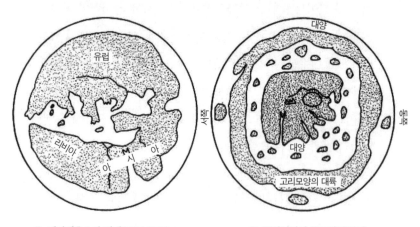

B. 헤카테우스의 세계(기원전 520년)　　　**C. 동아시아의 종교적 우주관**

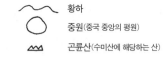

황하

중원(중국 중앙의 평원)

곤륜산(수미산에 해당하는 산)

그림 7 고대에서 현대까지 문자사회와 비문자사회에서 나타난 자아중심적 공간조직(A)과 자민족 중심적 공간조직(B-G). 그림 G는 토르스텐 해거스트란트의 허가를 받아 재게재합니다. "Migration and area: survey of a sample of Swedish migration fields and hypothetical considerations on their genesis," *Lund Studies in Geography*, Series B, Human Geography, vol. 13, 1957, page 54.

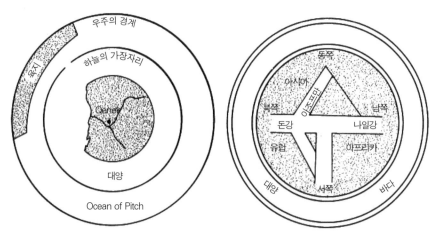

D. 유록(캘리포니아 인디언)의 세계관

E. T-O 지도
세비야의 주교 이시도루스(서기 570-636년)가 그림

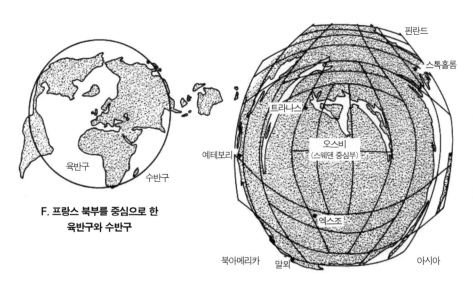

F. 프랑스 북부를 중심으로 한
육반구와 수반구

G. 스웨덴 중심부를 중심으로
방위대수거리를 표시한 지도

다.[35] "우리는 가까운 친구다"라는 말은 우리가 서로 친밀하고 같은 동네에 살면서 자주 만난다는 것을 의미합니다. 여기서 가깝다는 것은 친밀함과 지리적 가까움이라는 두 가지 의미가 결합된 것이지요. 지리적으로 멀어질수록 감정적 친밀함도 그만큼 멀어지게 됩니다. 다시 말해, 눈에서 멀어지면 마음도 멀어집니다. 물론 예외도 많습니다. 사회적 거리social distance는 지리적 거리에 반비례할 수도 있습니다. 시종은 주인과 가까이 살지만 그들이 가까운 친구 사이인 것은 아닙니다. 심리적으로는, 부재(absence, 즉 공간적으로 거리가 있음)가 애틋한 마음을 더 키울 수 있습니다. 하지만 그런 예외들도 눈에서 멀어지면 마음도 멀어진다는 규칙을 반증하지는 못합니다.

우리는 특정한 공간적 구분과 가치들이 존재하고 의미를 갖는 것은 인간의 신체가 있기 때문이며, 공간적 용어로서 거리는 사람들 간의 관계를 표현하는 단어들과 밀접하게 연관된다는 것을 살펴보았습니다. 이 주제는 다음과 같이 쉽게 확장될 수 있습니다. 우리는 공간과 넓디넓은 광활함을 경험하는 것이 능력과 자유에 대한 인간의 감각과 어떻게 연관되는지 의문을 가질 수 있습니다. 만약 공간이 개방과 자유를 나타내는 상징이라면 다른 사람들의 존재가 그것에 어떤 영향을 미칠까요? 어떤 구체적인 경험을 통해 우리는 공간과 광활함, 인구밀도와 과밀함의 의미를 구분할 수 있는 걸까요? 이 의문에 대해서는 2장에서 알아보았습니다.

7

우리의 몸과 오감은
공간과 장소를
어떻게 경험할까

경험이란, 한 사람이 현실을 알고 구성하는 다양한 방식을 아우르는 용어입니다. 그 방식들은 보다 직접적이고 수동적인 후각, 미각, 촉각 같은 감각부터 능동적인 시각적 인지와 간접적인 상징화 방식에 이르기까지 매우 다양합니다.[1]

감정은 고차원적 사고thought를 포함한 모든 인간의 경험에 영향을 미칩니다. 예를 들면 수학자들은 수학적 정리의 설계가 미학적 기준에 의해, 즉 인간의 욕구에 응답하는 우아함과 단순함의 개념들에 의해 수립되어야 한다고 주장합니다. 사고는 뜨거움과 차가움, 쾌락과 고통 같은 기본적인 감각을 포함한 모든 인간의 경험에 영향을 미칩니다. 감각은 사고에 의해 **빠르게** 특별한 종류의 경험으로 여겨집니다. 즉 뜨거움은 숨이 막히거나 안절부절못하는 우리 인간의 하나의 경험이라고 할 수 있습니다. 고통은 날카롭거나, 둔하고 짜증나는 괴롭힘이거나, 잔인한 힘을 경험하는 것이고요.

경험은 외부 세계로 향합니다. 보는 것과 생각하는 것은 확실히 자아를 넘어 나아갑니다. 게다가 느끼는 것은 더욱 모호합니다. 프랑스의 철학자 폴 리쾨르는 이렇게 말했습니다. "느끼는 것feeling은…… 의심할 여지 없이 의도적이다. 그것은 가령 사랑스러운 것이나 미운 것 등과 같은 어떤 대상에 대한 느낌이다. 하지만 이것은 한편으로는 사물, 사람, 세계에 대해 느끼는 특징을 나타내고 다른 한편으로는 자신이 내적으로 영향을 받는 방식을 드러내는 매우 낯선 의도성이다. 무언가를 느끼게 될 때 의도와 애정은 같은 경험에서 동시에 일어난다."[2]

경험은 또한 수동성을 내포합니다. 경험이라는 단어는 한 사람이 어떤 일을 겪었는지, 어떤 고통을 겪었는지를 암시합니다. 경험이 많은 사람은 많은 것을 겪어온 사람입니다. 그런데 우리는 식물이나 하등동물에 대해서는 〈경험을 한다〉라고 말하지 않는데 아무래도 그들에게는 경험이라는 단어를 쓰는 것이 부적절해 보입니다. 하지만 어린 강아지는 경험이 풍부한 마스티프(초대형 견으로 주로 맹수 사냥용으로 사육)와 대비되며, 인간은 여러 사건들을 통해 얻고 깨달은 것이 있는지의 여부에 따라 성숙하거나 미성숙한 인간이 됩니다. 따라서 경험은 사람이 겪어온 것을 통해 배울 수 있는 능력을 의미합니다.[3] 즉 경험한다는 것은 〈배운다〉는 것입니다. 그것은 주어진 것에 따라 행동하고 그 주어진 것으로 창조하는 것을 의미합니다. 주어진 것은 그 자체로는 알 수 없습니다. 실제로 알 수 있는 것은 경험의 구조물이자 느낌과 사고의 창조물인 현실입니다. 미국의 철학자 수전 랭거는 이렇게 말했습니다. "물리학의 세계는 본질적으로 수학적 추상에 의해 해석되는 실제 세계real world이고, 감각의 세계는 감각기관들이 즉시 부여하는 추상에 의해 해석되는 실제 세계이다."[4]

경험은 위험을 극복하는 것이기도 합니다. 경험을 의미하는 영어 단어 experience는 실험을 의미하는 experiment, 전문가를 의미하는 expert, 위험하다는 의미를 지닌 perilous 같은 단어들과 동일한 어근(per)을 공유합니다.[5] 적극적인 의미에서 경험을 한다는 것은, 대담하게 낯선 환경에 도전해 알 수 없는 것들과 불확실한 것들에 대항해 실험을 한다는 것을 의미합니다. 전문가가 되려면 새로운 것의 위험에 과감히 맞서야 합니다. 그럼 왜 그렇게 과감해야 할까요? 인간 개인은 주도적입니다. 그는 열정적이며 열정은 정신력의 징표지요. 조개의 감정적 범위는 강아지에 비하면 매우 제한적입니다. 하지만 침팬지의 정서적 삶은 거의 인간만큼이나 다양하고 강렬한 듯합니다. 인간의 유아는 무력감과 극도의 짜증을 모두 지닌다는 점에서 다른 포유동물의 새끼들과 구분됩니다. 미소부터 떼쓰기에 이르기까지 유아의 감정적 범위는 그 아이의 잠재적인 지적 역량에 대한 힌트가 될 수 있습니다.

경험은 감정과 사고로 이루어집니다. 인간의 감정은 개별적인 감각들의 연속체가 아닙니다. 오히려 기억과 기대는 변화하는 경험의 흐름에 감각적인 영향을 미쳐 우리에게 생각을 말하는 것처럼 감정을 말하게 할 수 있습니다. 감정과 사고를 정반대로 간주하는 것이 일반적인 경향인데, 감정은 주관적인 상태를 기록하고 사고는 객관적인 현실을 보고한다는 것입니다. 실제로 그 둘은 경험이라는 연속체의 양쪽 끝에 위치하며 두 가지 모두 세상을 파악하는 하나의 방식입니다.

보는 것과 생각하는 것은 아주 밀접하게 연관된 과정입니다. 영어에서 "I see(본다)"는 "I understand(이해한다)"라는 의미와 같습니다. 우리의 오랜 인식과 달리, 보는 것은 단순히 빛의 자극을 기록하는 것이 아닙니다. 그것은 선택적이고 창조적인 과정으로, 그 과정에서 환경적인 자극이 목적을 지닌 유기체에게 의미 있는 신호를 제공하는 유동적인 구조로 조직되는 것이죠. 그럼 후각과 촉각은 정신으로 알 수 있을까요? 우리는 그 감각들의 인식 능력을 폄하하는 경향이 있는데요. 하지만 프랑스어 동사 savoir(알다)는 영어 동사 savour(음미하다)와 밀접한 관계에 있습니다. 미각, 후각, 촉각은 정교하게 다듬을 수 있습니다. 그들은 감각의 풍요로움을 구별하고 맛의 세계, 냄새의 세계, 감촉의 세계를 명확히 표현합니다.

공간에 대한 인식, 그리고 인간의 오감

세계를 구조화하려면 지능이 필요합니다. 보고 듣는 지적 행위들과 마찬가지로 후각과 촉각도 연습을 통해 향상되면 의미 있는 세계를 식별할 수 있습니다. 성인들은 다양한 꽃향기를 매우 민감하게 맡을 수 있습니다.[6] 비록 인간의 코는 약한 강도의 냄새를 감지하는 능력은 개의 코에 비해 현저히 떨어지지만 인간은 개보다 훨씬 더 다양한 냄새를 맡을 수 있습니다. 개와 어린이들은 인간 성인들처럼 꽃향기를 맡지는 못합니다. 아이들은 꽃보다는 과일 향기를 더 좋아합니다.[7] 과일은 맛있게 먹을 수 있기 때문에 아이들의 그런 성향은 충분히 납득이 됩니다. 하지만 인간의 성인들이 꽃들에게서 풍기는 화학기름에 민감하다는 것은 어떤 생존적 가치를 지니는 걸까요? 그런 민감성에 부합하는 뚜렷한 생물학적 목적은 없습니다. 단지 우리의 코는 우리의 눈 못지않게 세계를 확장하고 이해하기 위해 노력하는 듯합니다. 물론 어떤 냄새들은 강력한 생물학적 의미를 지니기도 합니다. 예를 들면, 신체에서 풍기는 냄새는 성적 행동을 자극할 수도 있지요. 그런데 왜 많은 우리 인간 성인들은 부패한 냄새를 역겹다고 느끼는 걸까요? 인간보다 훨씬 더 예민한 후각을 지닌 포유동물들은 사람들이 혐오하는 썩은 고기의 냄새를 잘 참으며 심지어 좋아하기까지 하는데 말이죠. 어린아이들도 악취가 진동하는 냄새에는 무관심한 듯합니다. 이에 대해 랭거는, 부패한 냄새가 인간의 어른들에겐 죽음을 상징하지만 동물이나 어린이들에겐 그런 의미를

전달하지 않는다고 주장합니다.[8]

　현대의 건축환경은 우리의 눈을 즐겁게 해줄지는 모르지만 종종 다양하고 향긋한 냄새들이 줄 수 있는 톡 쏘는 듯한 자극적인 면이 부족하기도 합니다. 냄새는 사물과 장소에 독특한 특징을 부여하여 그것들을 구별하고 기억하기 쉽게 차별화하는 역할을 합니다. 냄새는 인간에게 특히 중요합니다. 그렇다면 과연 냄새와 향기가 하나의 세계를 구성할 수 있을까요? 여기서 세계world는 공간적 구조를 암시합니다. 따라서 후각의 세계는 단순히 냄새가 무작위로 연속적으로 나타나거나 어설픈 조합으로 나타나는 것이 아니라 〈냄새들이 공간적으로 배치〉되는 세계일 겁니다.

　촉각의 경우는 후각과는 또 다른 종류의 복잡한 세계를 표현합니다. 인간의 손은 힘, 민첩성, 민감성에 있어서 독보적입니다. 인간을 포함한 영장류는 손을 사용해 같은 종족인지 파악하고 또 손으로 서로를 위로하지만, 인간은 특별히 손을 사용해 물리적인 환경도 탐구하고 더 나아가 나무껍질과 돌을 손의 감촉을 통해 세심하게 구별해 내기도 합니다.[9] 또한 인간의 성인들은 피부에 끈적끈적한 것이 묻는 것을 싫어하는데 그 이유는 아마도 그것이 피부의 식별력을 떨어뜨리기 때문일 겁니다. 그런 물질은 마치 더러워진 안경처럼 인간의 탐색 능력을 둔화시키니까요.

　시각과 촉각 이외의 다른 감각이 공간적으로 체계화된 세계를 만들어낼 수 있을까요? 어쩌면 미각과 후각, 심지어 청각마저 그 자체로는 우리에게 공간감(공간에 있는 사물의 방향, 위치, 거리, 크기, 길이 따위에 대한 감각)을 주지 못한다고 주장할 수 있습니다.[10] 이 문제는 거의 학술적인 영역인데, 왜냐하면 대부분의 사람들은 오감을 지닌 채 기능하고, 오감은 우리가 살고 있는 복잡하게 배열되고 감정이 충만한 세계를 제공하기 위해 끊임없이 서로를 강화하기 때문입니다. 예를 들면, 미각은 거의 예외 없이 촉각, 후각과 연관됩니다. 혀가 딱딱한 사탕을 이리저리 입 안에서 굴리면서 사탕의 형태를 파악하는 동안 코는 그 사탕에서 풍기는 캐러멜향을 느끼는 것이죠. 만약 우리가 어떤 것의 소리를 듣고 냄새를 맡을 수 있다면 우리는 종종 그것의 형체도 알아챌 수 있습니다.

그렇다면, 어떤 감각기관과 경험이 우리에게 공간과 공간적 특성에 대한 강렬한 느낌을 가질 수 있게 할까요? 그 해답은 바로 운동감각, 시각, 촉각입니다.[11] 발을 차거나 팔을 뻗는 간단한 움직임은 공간을 인식하기 위한 기본적인 것입니다. 공간은 움직일 여지가 있으면 바로 경험할 수 있습니다. 더욱이 한 장소에서 다른 장소로 움직이면서 사람들은 방향감을 얻습니다. 앞, 뒤, 좌우는 경험적으로 구분할 수 있으며 그것은 움직임이라는 행위를 통해 무의식적으로 알고 있습니다. 공간은 이동할 수 있고 목적이 분명한 자아를 중심으로 한 대략적인 좌표를 가정합니다. 이중 초점의 오버랩과 사물을 입체적으로 볼 수 있는 능력이 있는 인간의 눈은 사람들에게 실감나는 3차원 공간을 제공합니다. 하지만 이때도 경험은 필수적입니다. 어린 아기나 선천적으로 시력을 잃은 채 태어났다가 후천적으로 시력을 다시 찾은 시각장애인이 세계를 변화하는 형태와 색깔로 인식하는 것이 아닌, 안정적인 3차원 사물들이 공간에 배열되어 있는 것으로 인식하려면 시간과 연습이 필요합니다. 손으로 사물을 만지고 다루게 되면 대상들, 즉 형태와 크기가 변하지 않는 대상들의 세계가 탄생합니다. 사물들을 향해 손을 뻗고 그것들을 갖고 놀아보게 되면 그들의 분리성과 상대적 간격이 드러납니다. 이처럼 목적이 있는 움직임과 시각적, 촉각적 인식을 통해 우리 인간은 공간에서 이질적인 대상들의 친밀한 세계를 경험합니다.

장소는 특별한 종류의 대상object입니다. 장소는 가치의 구현물이지만 쉽게 다루거나 운반할 수 있는 것이 아닙니다. 장소는 사람이 거주할 수 있는 대상입니다. 앞서 언급했던 것처럼, 공간은 움직일 수 있는 능력에 의해 주어집니다. 움직임은 종종 대상과 장소를 향하거나 그것들에 의해 저지되기도 합니다. 따라서 공간은 대상과 장소의 상대적인 위치, 장소들을 분리시키거나 연결하는 거리와 넓이, 보다 추상적으로는 장소들의 관계에 의해 규정되는 영역에 따라 다양하게 경험될 수 있습니다(그림 8).

소리, 공간에 대한 경험을 극적으로 만들다

만약 미각, 후각, 촉각, 청각을 각각 따로 이용하면 우리는 사물들이 존재하는 광활한 외부 세계를 인식하지 못합니다. 심지어 그들을 함께 사용한다고 해도 불가능할 것입니다. 하지만 시각과 촉각의 공간화spatializing 능력과 결합되면, 본질적으로 거리와 무관한 이 감각들로도 우리는 세계의 공간적, 기하학적 성격

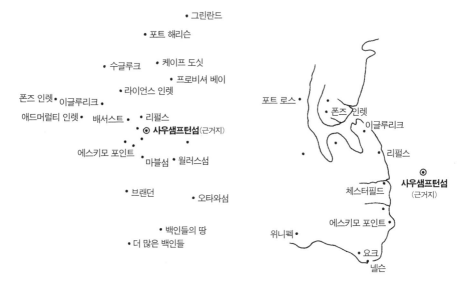

A. 교역지들의 상대적 위치에 따라 정의된 공간(아이빌리크 여성)

- 그린란드
- 포트 해리슨
- 수글루크
- 케이프 도싯
- 프로비셔 베이
- 라이언스 인렛
- 폰즈 인렛 • 이글루리크 •
- 애드머럴티 인렛 • 배서스트 • 리펄스
- ⊙ **사우샘프턴섬**(근거지)
- 에스키모 포인트
- 마블섬 • 월러스섬
- 브랜던
- 오타와섬
- 백인들의 땅
- 더 많은 백인들

B. 아이빌리크 에스키모 수렵인의 경계가 있는 공간

- 포트 로스 •
- 폰즈 인렛
- 이글루리크
- 리펄스
- ⊙ **사우샘프턴섬**(근거지)
- 체스터필드
- 에스키모 포인트
- 위니펙 •
- 요크
- 넬슨

그림 8 상대적 위치로서의 공간과 경계가 있는 공간. 에스키모(아이빌리크) 여성의 공간은 기본적으로 사우샘프턴섬의 근거지에서 인식되는 주요한 지점들, 대체로 교역지들(A)의 위치와 거리에 의해 정의됩니다. 반면 경계(해안)의 개념은 에스키모 남성의 공간감(B)에서 중요합니다. Edmund Carpenter, Frederick Varley, and Robert Flaherty, *Eskimo*(Toronto: University of Toronto Press, 1959), page 6. 토론토 대학교 출판부의 허가를 받아 게재합니다.

을 훨씬 더 잘 이해할 수 있습니다. 미각은 맛을 자극적인sharp 것과 담백한flat 것으로 분류합니다. sharp는 원래 〈날카로운〉이라는 뜻을, flat은 〈평평한〉이란 뜻을 지니고 있는데, 이런 기하학적 용어들이 미각의 영역에서는 〈자극적인, 담백한〉이라는 뜻으로 은유적으로 사용되면서 그 의미가 증폭됩니다. 같은 의미에서, 냄새는 무게와 부피를 암시할 수 있습니다. 사향이나 월하향 같은 일부 냄새들은 heavy(무거운, 강렬한)한 반면 다른 냄새들은 delicate(섬세한, 은은한)하고, thin(옅은)하고, light(가벼운)합니다. 육식동물들은 예민한 후각에 의존해 먹잇감을 추격하는데 그들의 코는 공간적으로 체계화된 세계를, 즉 적어도 방향과 거리에 의해 구분되는 세계를 명확히 포착해 낸다고 할 수 있습니다. 사실 인간의 코는 많이 퇴화된 기관입니다. 그래서 우리 인간은 주로 눈에 의존해 위험과 흥미의 근원지를 찾아냅니다. 하지만 기존의 시각 세계의 도움을 받으면 인간의 코도 냄새의 강도를 통해 방향을 식별하고 상대적 거리를 추정할 수 있습니다.

어떤 대상을 만지는 사람은 그 질감뿐만 아니라 크기와 형태 같은 기하학적 특성까지 느끼게 됩니다. 조작된 경우와는 별개로, 피부의 민감성 자체는 인간의 공간적 경험에 기여할까요? 네, 어느 정도 한계는 있지만 그렇다고 볼 수 있습니다. 피부는 감각을 보고합니다. 피부는 자신의 상태를 보고하는 동시에 자신을 누르는 대상의 상태도 보고합니다. 하지만 피부는 거리 감지기가 아닙니다. 이런 점에서 촉각적 인식은 시각적 인식과 정반대의 극단에 있다고 할 수 있습니다. 피부는 특정한 공간적 개념을 전달할 수 있는데, 다른 감각의 도움 없이 오직 신체 구조와 움직이는 능력에만 의존해 전달할 수 있습니다. 예를 들면, 상대적인 길이는 신체의 여러 부위에 동시에 닿을 경우에 인식됩니다. 피부는 또한 부피감과 무게감도 전달할 수 있습니다. 그 누구도 "따뜻한 욕조에 들어갈 때가 바늘에 찔릴 때보다 피부에 더 많은 무게감이 느껴진다"는 것을 의심하지 않는 것처럼요.[12] 약간 평평한 물체와 닿으면 피부는 그 물체의 형태와 크기도 대략 가늠할 수 있습니다. 미시적 차원에서 거칢과 부드러움은 피부가 쉽게 인식할 수 있는 또 하나의 기하학적 특성입니다. 물체들은 단단하거나 부드럽습니다. 촉각은 공간적-기하학적 증거로 이런 특징들을 구분합니다. 즉 단단한 물체는 압력을 받아도 형체를 유지하는 반면 부드러운 물체는 그렇지 못하죠.[13]

그렇다면 거리감과 공간감은 우리의 청각 능력에서 비롯될까요? 비록 시각의 세계처럼 선명하지는 않지만 소리의 세계도 공간적으로 체계화되어 있는 듯합니다. 소리를 들을 수는 있지만 양손이 없고 움직일 수도 없는 시각장애인에겐 공간에 대한 감각이 전혀 없다고 할 수 있습니다. 아마도 그런 사람에게는 모든 소리가 온몸으로 느끼는 감각이 될 수는 있겠지만 그것이 어떤 환경의 특징에 대한 단서는 아닐 것입니다. 물론 그토록 심한 장애를 지닌 사람은 극히 드뭅니다. 시력과 더불어 움직일 수 있는 힘과 사물을 다루는 능력이 주어진다면 소리는 공간에 대한 인간의 느낌을 한층 풍요롭게 해줄 것입니다. 인간의 귀는 유연하지 않습니다. 그래서 늑대의 귀만큼 방향을 잘 알아채지는 못합니다. 하지만 인간은 고개를 돌리면서 소리가 나는 방향을 대략적으로 알 수 있습니다. 이처럼 사람들은 무의식적으로 소리의 출처를 인식하고 그런 인식을 통해 청각적 공간을 분석합니다.

비록 위치를 파악하기는 애매하지만 소리 또한 부피감과 거리감을 전달할 수 있습니다. 아무도 없는 텅 빈 대성당 안에서 돌로

지어진 바닥 위를 날카롭게 내딛는 발자국 소리는 휑뎅그렁한 동굴 속 같은 느낌을 자아낼 겁니다. 거리감을 환기시키는 소리의 힘에 대해 소설가 알베르 카뮈는 이렇게 적었습니다.

"알제리에서는 밤에 개들이 짖는 소리를 유럽에서보다 10배나 먼 거리에서도 들을 수 있다. 따라서 그 소리는 작고 갑갑한 유럽의 국가들에서는 알 수 없었던 묘한 향수를 불러일으킨다."[14]

시각장애인들은 소리에 대해 예민한 감각을 소유하고 있으며 소리와 그 반향을 이용해 환경의 공간적 특징을 파악할 수 있습니다. 시력에 아무 문제가 없는 일반 사람들은 청각적 단서에 다소 둔감한데 그 이유는 그들이 그런 단서에 크게 의지하지 않기 때문입니다. 하지만 모든 인간은 말하는 행위에서 소리와 거리를 연관시키는 법을 배웁니다. 우리는 자신과 다른 사람들 간에 인식되는 물리적 및 사회적 거리에 따라 부드러운 말투에서 단호한 말투로, 친근한 말투에서 사무적인 말투로 목소리의 톤을 조절합니다. 이처럼 우리가 말하고자 하는 내용뿐만 아니라 목소리의 크기와 표현법도 끊임없이 거리감을 일깨웁니다.

소리는 그 자체로 공간적 인상을 자아낼 수도 있습니다. 천둥소리는 엄청난 굉음을 일으킵니다. 칠판 위에서 긁히는 분필의 끼-익 소리는 기분 나쁘게 날카로운 소리를 내고요. 저음의 음악적 소리는 음량이 풍부한 반면 고음의 음악적 소리는 가늘고 날카롭게 들립니다. 음악학자들은 음악적 공간에 대해 말합니다. 공간적 착시현상은 음량이라는 현상과, 논리적으로 움직임은 공간을 수반한다는 사실과는 전혀 무관하게 음악 안에서 일어납니다.[15] 음악은 종종 형식을 지닌다고 일컬어집니다. 음악적 형식은 마음을 안심시켜 주는 방향감을 만들어낼 수도 있습니다. 음악학자 로베르토 게르하르트에게 "음악에 있어서 형식은 매 순간 어디에 음악이 있는지 정확히 안다는 것을 의미합니다. 형식에 대한 의식은 사실 일종의 방향감입니다."[16]

다양한 감각적 공간들은 서로 거의 유사성을 지니지 않습니다. 시각적 공간은 선명함과 규모 면에서 산만한 후각적 공간과 촉각적 공간과는 현저한 차이를 보입니다. 청각적, 촉각적 단서를 통해 공간에 대한 지식을 얻는 시각장애인은 시력을 회복해도 한동안 시각적 세계를 인식하지 못합니다. 또한 비록 그 경험 자체를 비교할 수는 없지만, 아치형 천장이 있는 대성당의 실내에 있거나 따뜻한 욕조에 미끄러지듯이 들어갈 때의 느낌은 모두 부피나 넓이를 나타냅니다. 마찬가지로 거리의 의미 또한 그 경험의 양상만큼이나 다양합니다. 우리는 한 장소에서 다른 장소로 이동하거나, 목소리를 내거나, 밤에 개가 짖는 소리를 듣거나, 시각적 조망에 관한 환경적 단서를 인식함으로써 거리감을 느낍니다.

인간의 공간 체계는 독특하게도 시각에 의존합니다. 다른 감각들은 시각적 공간을 확장하고 풍부하게 해주는 역할을 합니다. 따라서 소리는 사람의 공간적 인식을 머리 뒤쪽의 볼 수 없는 곳들로까지 확장해 줍니다. 더 중요한 사실은 소리가 우리의 공간적 경험을 극적으로 만든다는 것입니다. 망원경을 이용해 상황을 보거나, 소리가 안 나게 한 채 텔레비전을 시청하거나, 새하얗게 눈으로 뒤덮인 도시에 서 있는 경우처럼, 비록 눈으로 볼 수 있는 일련의 행위들이 그 안에서 일어난다 할지라도 소리가 없는 공간은 고요하고 생명이 없는 것처럼 느껴집니다.[17]

애틋한 마음과 모든 감각을 동원해서 경험할 때 장소는 현실감을 얻는다

우리의 공간에는 인간의 감각과 정신이 지니는 특징이 반영됩니다. 우리의 정신은 종종 감각적 단서를 뛰어넘어 추론합니다. 광대함vastness의 개념을 한번 생각해 볼까요. 바다의 광대함은 직접적으로 인식되지는 않습니다. 이에 대해 윌리엄 제임스는 이렇게 말합니다. "우리는 언제든 바다를 보았던 바로 그 순간에 느꼈던 인상을 심리적으로 확장해서 바다를 하나의 전체로 생각한다."[18] 아메리카 대륙은 뉴욕과 샌프란시스코를 분리시킵니다. 이런 유형의 거리는 가령 여러 날에 걸친 여행으로 계산되는 숫자나 언어의 상징을 통해 이해됩니다. "하지만 상징은 종종 우리에게 인식의 감정적 효과를 주기도 합니다. 무한히 펼쳐진 하늘, 끝없이 펼쳐진 바다 같은 표현은 많은 상상력의 계산을 응축해서 방대한 지평선과 수평선에 대한 감각을 제시합니다." 블레즈 파스칼 같은 수학적 상상력을 지닌 사람은 하늘을 바라보며 그 무한한 공간에 깜짝 놀랄 것입니다. 시각장애인들도 머나먼 수평선의 의미를 알 수 있습니다. 그들은 청각적 공간과 움직임의 자유를 경험하면서 마음의 눈으로 탁 트인 전경과 끝없이 펼쳐진 공간을 상상할 수 있는 것이죠. 한 시각장애인이 윌리엄 제임스에게 이렇게 말했다고 하더군요.

"시력이 있는 사람들 중에서 저보다 더 산정상의 경치를 만끽할 수 있는 사람은 거의 없을 거예요."[19]

정신은 환경 속에서 기하학적 디자인과 공간적 구조의 원리를 구분합니다. 다코타 인디언들의 경우 새 둥지 모양부터 별자리 운행에 이르기까지 자연의 거의 모든 것에서 원형circular 형태를 지닌 것들을 찾아냅니다. 반면 미국 남서부에 거주하는 푸에블로 인디언은 공간을 직사각형의 기하학적 구조로 이해하는 성향을 보입니다. 이것은 해석된 공간의 사례들인데, 이 공간은 감각 데이터를 훨씬 넘어서 추론할 수 있는 정신의 힘에 의존합니다. 이런 공간들은 경험의 연속체에서 개념적 극단에 위치합니다. 그것들은 신화적 공간, 실용적 공간, 추상적 혹은 이론적 공간이라는 세 가지 주요한 유형으로 존재하는데 많은 영역들에서 서로 중복됩니다. 신화적 공간은 개념적 도식이지만 그 안에서 곡식을 심고 수확하는 등 수많은 유용한 활동이 이루어진다는 점에서 실용적 공간이기도 합니다. 신화적 공간과 실용적 공간의 차이는 실용적 공간이 보다 제한된 형태의 경제활동에 의해 정의된다는 것입니다. 척박한 혹은 비옥한 지대 같은 실용적 공간에 대한 인식은 당연히 우리 인간의 지적 성과물에 해당합니다. 즉 창의적인 사람이 기호를 이용해 토양의 유형을 지도상에 기술하려고 할 때 개념적 방식을 향해 한 발짝 더 나아가게 됩니다. 서구세계에서 기하학의 체계(고도로 추상적인 공간들)는 원시적인 공간적 경험들에서 시작되었습니다. 따라서 감각적 경험과 촉각적 경험은 형태의 완전한 접합과 멀리 떨어져 있는 선들의 평행론에 관한 유클리드 정리의 근간을 이루는 듯합니다. 그리고 시각적 지각은 사영기하학(projective geometry, 도형의 성질 중 물체의 그림자가 비치는 것에 의하여 변하지 않는 성질을 연구하는 기하학)의 기초가 됩니다.

우리 인간은 자연에서 기하학적 패턴들을 구분할 뿐만 아니라 마음속에 추상적 공간도 만듭니다. 인간은 또한 자신의 느낌, 이미지, 사고도 형태가 있는 것으로 구현하려고 노력합니다. 그러한 노력의 결과가 조각적이고 건축적인 공간이며, 더 규모가 커지면 계획도시가 됩니다. 여기서 공간에 대한 어설픈 느낌과 자연에서의 공간에 대한 순간적인 인식이 일반적이고 물질적인 구체화로 전환되는 발전이 일어납니다.

앞에서도 언급했듯이, 장소는 일종의 대상입니다. 장소와 대상은 공간을 정의하면서 공간에 기하학적 성격을 부여합니다. 갓 태어났을 때는 선천적으로 시각장애인이었다가 시력을 되찾은 어른은 삼각형 같은 기하학적 형태를 바로 인식하지는 못합니다. 삼각형은 처음에는 공간이자 흐릿한 이미지로 보입니다. 그가 삼각형을 인식하려면 먼저 모서리들(즉, 장소들)을 식별할 수 있어야 합니다. 마찬가지로 새로 이사 온 사람에게 동네는 처음엔 혼란스러운 이미지로 다가옵니다. 새 동네는 〈저기에 있는〉 흐릿한 공간입니다. 동네를 파악하려면 그 동네의 공간 안에 있는 길거리 모퉁이들과 랜드마크 역할을 하는 주요 지형지물들의 위치를 알아야 합니다. 대상과 장소는 가치의 중심지입니다. 그것들은 아주 서서히 호감을 불러일으키거나 반감을 유발합니다. 잠시라도 그들에게 관심을 갖는 것은 그들의 실체와 가치를 인정하는 것입니다. 유아들의 세계에는 영구적인 대상이 없으며 순간적인 인상들이 그들을 지배합니다. 그렇다면 우리가 감각을 통해 얻은 인상들은 어떻게 대상과 장소의 안정성을 포착할까요?

인간의 지능은 다양한 유형의 성취에서 명백히 드러납니다. 그 중 하나는 특별한 것들을 인식하고 깊이 있게 느끼는 능력입니다. 동물의 도식적 세계와는 달리 인간의 도식적 세계는 특별하고 영속적인 것들로 가득합니다. 우리가 소중히 여기는 특별한 것들에는 이름을 붙이기도 합니다. 다기 세트는 웨지우드 (Wedgewood, 영국의 도자기 브랜드)가 유명하고 의자는 치펜데일 (Chippendale, 곡선이 많고 장식적인 가구 양식)이 대표적인 것처럼요. 사람들 또한 고유한 이름을 지닙니다. 사람은 특별한 존재인데, 아마 불안정한 인상들로 구성된 유아의 세계에서 최초의 영구적인 대상은 사람일 것입니다. 크리스털잔 같은 가치 있는 귀중한 물건은 고유한 형태와 장식적인 디자인 그리고 가볍게 두드릴 때 울리는 소리로 인식됩니다. 샌프란시스코 같은 도시는 고유한 환경, 지형, 스카이라인, 냄새, 거리의 소음으로 인식되고요. 어떤 대상이나 장소는 그것에 대한 우리의 경험이 총체적일 경우, 다시 말해 적극적이고 사색적인 정신과 모든 감각들을 통해 경험할 경우에 구체적인 현실성을 구축합니다. 한 장소에 오랜 기간 거주하면 우리는 그곳을 세세하게 알 수 있지만, 외부에서 바라보며 그 곳에서의 우리의 경험에 대해 깊이 생각해볼 수 없다면 그 이미지는 선명하지 않을 수 있습니다. 또 어떤 장소는 관광을 하며 눈으로 스윽 바라보거나 안내책자를 읽는 경우처럼 그저 외부에서만 보고 알고 있기 때문에 현실성이 부족할 수 있습니다. 직접적인 경험이 제한될 수밖에 없는 국가 같은 대규모의 장소에 구성원들이 강한 애착을 가질 수 있는 것은 상징을 만드는 인간종만의 고유한 특징입니다.

8

아이들은
어떻게 공간을 탐험하고
자신만의 장소를 탐색할까

어른이 된 사람들의 공간과 장소에 대한 감각과 사고는 매우 복잡합니다. 그것들은 각자 삶의 독특하고 공통적인 경험들에서 생겨납니다. 하지만 모든 인간은 유아에서 시작합니다. 유아의 자그마하고 혼란스러운 세계에서 장차 성인의 세계관이 나타나는데, 성인의 세계관도 무의식적으로는 혼란스럽지만 경험과 개념적 지식의 구조가 그들을 받쳐줍니다. 어린아이들은 이 세상에 태어나는 순간부터 문화적 영향을 받게 되지만 그럼에도 성장이라는 생물학적인 필수 과정을 겪으면서 서로 비슷하게 상승하는 학습과 이해의 곡선을 거치게 되는데, 그런 이유에서 생물학적 성장은 문화를 초월한다고 여겨질 수 있습니다.

그럼 어린아이들은 환경을 어떻게 인식하고 이해할까요? 여기에는 여러 신빙성 있는 대답들이 있습니다. 예를 들면, 아이의 생물학적 능력은 아이 힘의 한계치에 대한 단서를 제시합니다. 더욱이 우리는 아이가 통제된 실제 상황에서 어떻게 행동하는지를 관찰할 수 있습니다. 또한 우리는 다음과 같은 의문도 가질 수 있습니다. 아이의 세계에 내재된 감정의 톤은 무엇일까요? 아이가 사람과 장소에 대해 갖는 애착의 본질은 무엇일까요? 이런 질문들은 선뜻 대답하기가 어렵습니다. 우리 자신의 어린 시절을 회상해 보는 것은 종종 실망감을 안겨줍니다. 왜냐하면 지난날의 밝고 어두운 장면들은 거의 희미해지고 고작 생일과 입학식 같은 몇몇 주요한 날들만 기억에 남아 있으니까요. 대부분의 사람들이 자신의 어린 시절 세계의 기분을 되찾지 못한다는 것은 주로 삶의 실용적인 요구에 맞추어 조정된 성인의 도식이 아이의 도식과 얼마나 큰 차이가 있는지를 암시합니다.[1] 하지만 아이는 어른의 아버지이며, 성인의 인지적 범주에는 종종 어린 시절의 경험에서 분출된 감정이 스며들기도 합니다. 시인들은 때때로 이처럼 고도로 감정이 충만된 과거의 순간들을 포착해내곤 합니다. 가족 앨범에서 꺼낸 진솔한 사진들처럼 시인의 언어는 우리에게 잃어버린 순수함과 잃어버린 두려움, 다시 말해 성찰적인 사고를 하지 않아 아직 겪어보지 못했거나 가질 수 없었던 경험을 생생하게 떠올리게 합니다.

생물학은 우리의 인식의 세계를 조건화합니다. 갓 태어난 신생아의 대뇌피질은 성숙한 어른의 두뇌에 있는 정상적인 신경세포의 약 10-20퍼센트에 불과합니다. 더욱이 그 신경세포들 중 다수가 서로 연결되어 있지 않습니다.[2] 유아는 그 어떤 세계도 갖고 있지 않습니다. 또한 자신과 외부 환경을 구분하지도 못합니다. 유아는 느끼기는 하지만 그의 감각들은 공간 속에 자리잡고 있지 않습니다. 단지 고통이 존재할 뿐이며 이에 대해 유아는 울음을 터뜨리며 반응합니다. 게다가 고통을 일으킨 신체의 부위를 찾아내지도 못하는 듯합니다. 아주 짧은 유아기 동안 인간은 자신과 외부 환경을 구분하지 못하는 비이원적 세계에서 사는 것이 어떤 느낌인지 알게 되는 것이지요.

생후 몇 주 동안 신생아의 눈은 제대로 초점을 맞추지도 못합니다. 태어난 지 한 달 무렵이 되면 아기는 시야에 똑바로 놓여 있는 물체를 쳐다볼 수 있고 둘째 달이 지나갈 무렵에는 두 눈의 초점을 한 곳에 맞추기 시작합니다.[3] 하지만 넷째 달이 되어도 아기는 1미터 이상 떨어진 세계를 눈으로 탐험하는 데는 거의 관심을 보이지 않습니다.[4] 아기는 고작 머리와 팔다리만 조금 움직일 수 있을 뿐입니다. 몸을 거의 직선을 따라 움직이는 능력은 경험적으로 공간을 앞뒤좌우의 기본좌표로 구성하기 위해 반드시 필요합니다. 대부분의 포유류는 태어난 직후 어미를 따라 몇 걸음 걸으면서 즉시 방향감을 획득합니다. 하지만 천천히 성장하는 인간의 아기는 그 기술을 서서히 습득하게 되죠.

그렇다면 어떤 사건과 활동이 아기에게 공간감을 줄 수 있을까요? 서구세계의 아기는 많은 시간을 엎드린 채 지냅니다. 이따금 트림을 시키거나 놀아주거나 달래줄 때 아기를 들어올리곤 합니다. 이런 것을 통해 아기는 수직과 수평의 차이를 느낄 수 있을 겁니다. 활동의 차원에서 아기는 팔다리를 움직일 수 있기 때문에 공간을 알고 있다고 할 수 있습니다. 몸의 움직임을 방해하는 거추장스러운 이불을 걷어차는 행위는 자유를 경험하는 것으로, 이는 성인의 경우라면 공간을 확보한다는 생각과 연관될 수 있습니다. 또한 아기는 입으로 환경을 탐색합니다.[5] 아기의 입은 엄마 가슴의 윤곽에 적응되어 있습니다. 젖을 빠는 행위는 꽤 가치 있는 활동인데, 왜냐하면 그 행위에는 촉각, 후각, 미각 등과 같은 여러 감각이 관여해야 하기 때문입니다. 게다가 빠는 행위를 통해 아이는 양분을 섭취하면서 만족감을 느끼게 됩니다. 우리 몸 속의 위는 음식물이 들어오고 소화되는 동안 팽창하고 수축합니다. 이런 생리적 기능은 숨쉬는 행위와는 다르게 의식적으로 고통과 행복이 교차하는 상태 변화와 동일합니다. 텅 빈empty 것과 가득 찬full 것은 인간에게 지속적으로 중요한 본능적인 경험입니다. 아기도 그런 경험을 알고 있으며 그에 대해 울음이나 웃음으로 반응합니다. 성인들에게 이런 일상적인 경험들은 "내 잔이 넘친다", "나는 공허함empty을 느낀다", "충만한full 삶" 같은 표현에서 그 이상으로 은유적인 의미를 갖습니다. 아기는 양손을 사용해 환경의 촉각적, 기하학적 특징들을 탐색합니다. 입이 엄마의 젖꼭지와 씨름하며 구강이라는 공간의 느낌을 얻는 동안 손은 엄마의 가슴 주위로 바쁘게 움직입니다. 또한 아기의 눈이 작은 물체에 초점을 맞추며 그것의 형태를 식별할 수 있기 한참 전에 그의 손은 이미 그것을 잡고 촉감을 통해 물리적 특성을 알게 될 것입니다.

아기의 시각적 세계는 이상하게 묘사하기 어려운데, 이는 우리가 아기의 세계를 잘 알려진 성인의 시각적 세계에 대입하고자 하기 때문입니다. 대체로 우리는 후각, 미각, 촉각이 세계를 구조화하는 방식을 인식하지 못합니다. 그래서 심지어 교육을 받은 성인들조차 후각과 촉각의 세계를 표현하는 어휘가 다양하지 못합니다. 하지만 우리는 시각적 세계에 대해서는 전혀 문제가 없습니다. 단어뿐 아니라 그림이나 다이어그램도 우리에게 도움이 됩니다. 성인이나 좀 더 자란 아동의 눈을 통해 보는 세계는 거대하고 선명합니다. 그 세계에 있는 사물들은 공간 속에 아주 규칙성 있게 배치되어 있습니다. 하지만 아기의 경우에는 그렇지 않습니다. 아기의 시각적 세계는 구조와 영속성이 부족합니다. 그 세계 안에 있는 사물들은 아기에게는 인상impression에 해당됩니다. 따라서 그 사물들은 아기의 시야 안에 머무는 동안에만 그에게 존재하는 경향이 있습니다.[6] 아기들이 보는 사물의 형태와 크기에는 좀 더 자란 아동들은 당연하게 받아들일 만한 항등성(constancy, 환경 조건이나 제시 방법이 달라져도 물체의 속성을 비교적 일정하게 지각하는 현상)이 결여되어 있습니다.

인지발달 연구의 선구자인 피아제는 우윳병을 아래쪽으로 받으면 아기는 그것을 우윳병으로 인식하지 못할 수도 있다고 지적합니다. 아기는 생후 약 8개월 정도가 되어야 아래쪽으로 준 우윳병을 위쪽으로 뒤집는 요령을 습득한다고 합니다.[7] 경험이 있는 좀 더 자란 아동들은 멀리 떨어져 있는 사물은 더 작게 보이며, 멀어지는 사물의 크기가 작게 보이는 것은 깊이 생각하지 않아도 거리가 늘어났기 때문에 그런 거라고 받아들입니다. 하지만 아기에게는 멀리 떨어져 있어 작게 보이는 사물은 자칫 다른 사물로 오인될 수 있습니다. 신생아는 사물의 대략적인 3차원적 특징, 크기와 형태의 항등성, 거리에 따라 생기는 차이 등을 인식하는 능력을 타고납니다. 하지만 이런 인식은 아장아장 걷기 시작한 아기의 식별 범위에 비하면 매우 제한된 범위 안에서만 이루어집니다.[8]

보는 능력은 비시각적인 경험들의 많은 도움을 받습니다. 심지어 어린아이조차 머리 위에 떠 있는 달을 지평선에 걸쳐 있는 달과는 다른 사물로 여기기 쉽습니다. 특히 달이 지구 주위를 돈다는 사실은 어린아이의 경험과는 어울리지 않는 추상적 개념입니다. 달은 오직 특정한 순간에만 보이는데 어린아이에겐 그 순간이 거의 영원처럼 느껴지는 시간일 수 있습니다. 멀리 떨어진 오두막까지 이어진 길 사진은 해석하기 쉬워 보입니다. 하지만 그 길은 오직 그 위를 직접 걸어본 사람에게만 온전한 의미를 갖습니다. 아직 걸을 수 없는 아기는 공간적 장벽을 극복하기 위해 에너지를 소비해야 하는 활동이 수반되는 거리감을 지니지 못합니다. 하지만 아동은 공간적, 환경적 단서들을 읽어내는 요령을 빠르게 터득하는데 그런 단서들이 사진이나 그림 형태로 주어져도 마찬가지입니다. 책읽기를 좋아하는 3-4세의 아동은 이미 숲속으로 사라지는 오솔길 그림을 보면서 자신을 곧 시작될 모험의 주인공으로 생각할 수도 있습니다.

아기들의 용감무쌍한 공간 탐험 능력

아기가 탐색하는 첫 번째 환경은 자신의 부모입니다. 아이가 인식하는 최초의 영속적이고 독자적인 대상은 아마 또 다른 사람일 것입니다. 사물은 오직 아기가 그것에 관심을 갖는 경우에만 나타나고 계속 존재하는 반면, 호의를 베풀거나 혹은 유보할 수 있는 독자적인 실체인 어른은 곧바로 아이의 활발한 의식 속에 침투합니다.[9] 어른들은 아이의 생물학적 생존을 위해서뿐만 아니라 객관적인 세계에 대한 감각을 발달시키기 위해서도 필요합니다. 아기는 생후 몇 주 만에 이미 인기척을 감지하는 요령을 터득합니다. 또한 어른이 어디에 있는지를 추측해야 하기 때문에 거리감과 방향감을 익히기 시작합니다. 생후 한 달이 지날 무렵 아기는 눈으로 멀리 떨어져 있는 단 하나의 인식 대상을 좇습니다. 그것은 바로 어른의 얼굴입니다. 배가 고파 우는 아기는 어른이 다가오는 모습을 보면 울음을 그치고 입을 벌리거나 입을 내밀고 빠는 동작을 취합니다.

생후 8개월 된 아기는 옆방에서 들리는 소리, 특히 동물과 사람이 내는 소리를 인식합니다. 아기는 그런 소리에 주의를 기울입니다. 이제 아기의 관심 범위는 눈에 보이는 것과 시급한 것을 넘어 더 넓게 확장됩니다. 하지만 아기의 행동상의 공간은 여전히 좁습니다. 아기는 장애물을 인지할 때 쉽게 좌절하는 것 같습니다. 비엔나 출신의 정신분석학자 스피츠에 의하면, 생후 약 8개월까지 아기의 공간적 범위는 아기침대나 침대의 차단막대에 제한되어 있다고 합니다. "아기는 침대 안에서는 쉽게 장난감을 잡습니다. 하지만 똑같은 장난감을 침대 차단막대 밖에서 건네주면 일단은 손을 뻗어보지만 차단막대 앞에서 멈춥니다. 아기는 그 이상 움직이지 않습니다. 물론 아기는 그 너머로 쉽게 움직일 수 있습니다. 차단막대들 사이의 공간이 충분히 넓으니까요. 하지만 마치 공간이 아기침대 안에서 끝나는 것처럼 행동합니다. 그러다 2-3주가 더 지나면 아기는 갑자기 상황을 이해하게 되면서 차단막대 너머로 손을 뻗으며 장난감을 붙잡을 수 있게 됩니다."[10]

기어다니는 아기는 공간을 탐색할 수 있습니다. 엄마품이나 아기침대 밖으로 움직이는 행동은 아직 아기가 대처할 준비가 되어 있지 않은 위험을 수반합니다. 생존에 대한 아기의 본능은 아직 충분히 발달되어 있지 않습니다. 생후 6-8개월 사이에 나타나는 한 가지 생존본능은 낯선 사람에 대한 두려움입니다. 이 단계 전까지는 익숙한 얼굴과 낯선 얼굴을 전혀 구분하지 못하지만 그후로는 낯선 사람이 다가오면 고개를 돌리거나 울음을 터뜨립니다.[11] 무생물의 환경은 용감무쌍한 탐색자인 아기에게 명백한 위험신호를 거의 전달하지 않습니다. 그래서 아기는 무엇이든 잡을 수 있는 것들은 더 잘 탐구하기 위해 손에 쥐거나 입 속으로 집어넣죠. 또한 아기는 불이나 물에 대한 두려움을 배워야 합니다. 기어다니는 아기에게 수평의 공간은 안전해 보입니다. 하지만 이때 아기는 물리적 환경에서 한 종류의 위험을 인식하고 있습니다. 바로 낭떠러지입니다. 여러 실험을 통해 엄마가 아무리 독려를 하더라도 아기는 수직으로 떨어지는 구덩이로 이어지는 유리판 위를 기어가지 않는다는 것이 밝혀졌습니다. 이때 아기의 눈은 갑작스러운 경사의 변화를 나타내는 단서들에 반응을 한 것입니다.[12]

이제 막 걷는 법을 배운 아기는 엄마를 따라다니며 엄마 주위에서 환경을 탐색하려고 할 것입니다. 환경이 호락호락하지 않을수록 보호자 어른에 대한 애착은 더 강해집니다. 서남아프리카의 부시맨 아이들은 호기심 어린 탐색을 할 때 서구의 아이들보다 엄마 곁에서 멀리 떨어지려 하지 않고 언제든 엄마 곁으로 달려갈 준비를 한다고 합니다.[13] 생후 1년 6개월에서 2년 6개월 사이의 영국 아이들의 바깥활동에 관한 한 연구에서 앤더슨은 아이들이 좀처럼 엄마 곁에서 60미터 이상 떨어지지 않으려고 한다는 것을 언급했습니다. 특징적으로 아이는 불과 몇 초도 안 되는 짧은 순간만 움직입니다. 그리고 그 짧은 순간들 사이에 똑같이 짧은 시간 동안만 멈춰섭니다. 아이가 걷는 시간의 대부분은 엄마에게서 멀어지고 가까워지기를 반복하면서 지나갑니다. 환경 속의 사물과 사건들은 아이가 움직이는 방식에 영향을 미치지 못하는 듯합니다. 아이가 반드시 어떤 사물에 매혹되어 엄마에게서 멀리 떨어지거나 어떤 사물을 피해 엄마에게로 돌아오는 것은 아닙니다. 움직임은 이 실험의 즐거운 특징입니다. 아이는 "엄마로부터 짧은 거리를 이동한 후에 걸음을 멈추고 주위를 둘러보면서 여러 소리들의 출처나 시각적 자극들에 집중하다가 간혹 엄마도 그런 것들에 관심을 갖도록 유도하기도 합니다. 이처럼 멀리 떨어진 것들을 탐색하는 행동과 함께 땅 위를 살펴보는 행동도 병행됩니다. 아이는 땅 위에 있는 나뭇잎, 풀, 돌멩이, 쓰레기를 만지고, 가장자리 사이를 앞뒤로 기어가거나 뛰어넘고, 장애물을 흔들거나 올라타려고 합니다."[14] 손으로 가리키는 행동은 일반적인 동작입니다. 아이의 관심을 끄는 먼 곳의 광경이나 소리는 충분히 그런 동작을 유발합니다. 오히려 종종 어른들이 그런 자극의 출처를 식별하지 못하기도 합니다. 어쩌면 그것이 아이의 상상일 수도 있으니까요. "아이는 아무런 움직임도 없는 지평선의 한 지점을 가리키며 엄마에게 어떤 사람이 오고 있다고 말할 것입니다."[15] 이런 관찰 중에서도 특히 흥미로운 점은 확실히 아이가 멀리 있는 것과 가까이 있는 것에 관심을 둔다는 것입니다. 아이는 멀리 있는 지평선을 가리키고 땅바닥에 있는 돌멩이를 발로 차며 장난을 치지만 멀지도 가깝지도 않은 중간지점에는 거의 관심을 보이지 않습니다.

유아들과 아동들은 세계를 양극화된 범주로 표현하려는 경향을 보입니다. 아이들은 사물을 최대한 대조적으로 언급하고 분류합니다. 아기가 알아들을 수 없는 옹알이를 멈추고 극명하게 다른 소리들을 내뱉으면서 언어는 시작됩니다. 아기들이 내는 최초의 모음은 입이 크게 열리는 〈ㅏ〉이고, 최초의 자음은 입술로 내는 폐쇄음인 〈ㅂ〉이나 〈ㅍ〉입니다. 첫 번째 자음 대립은 마마mama와 파파papa처럼 비강과 구강 폐쇄음 간에 이루어지고 그 다음에는 파파와 타타tata, 마마와 나나nana처럼 순음과 치음 간에 대립이 나타납니다. 이것들이 합쳐지면 세계의 모든 언어들에 공통적인 최소 자음체계가 구성됩니다.[16] 우리는 생후 6개월에서 8개월 사이에 아기가 사람들을 낯익은 사람과 낯선 사람으로 구분하기 시작한다는 것을 앞에서 살펴보았습니다. 얼마 지나지 않아 아이는 무생물 장난감들도 구별합니다. 장난감들을 앞에 놓아주면 가장 가까운 곳에 있는 장난감이 아닌 가장 좋아하는 장난감을 잡습니다. 무릎에 누워 있는 한 살 아이는 팔을 들어 올리며 위로 올려 달라는 몸짓을 하고 아래로 내려 달라는 의사를 표현할 때는 몸부림을 치며 아래를 내려다봅니다. 생후 2년에서 2년 6개월 정도 된 아이라면 공간적으로 반대되는 쪽을 확실하게 구분합니다. 여기에는 위와 아래, 여기와 저기, 먼 곳과 가까운 곳, 꼭대기와 바닥, 머리와 꼬리, 앞과 뒤, 앞문과 뒷문, 앞단추와 뒷단추, 집 안과 집 밖 등이 포함됩니다.[17] 아장아장 걷는 아이는 이렇게 구분된 단어들의 일부를 말로 표현할 수도 있습니다. 물론 그 구분이 아주 구체적이지는 않습니다. 아이들은 〈내 침실〉과 〈마당〉보다는 자신의 놀이공간으로서 〈집 안〉과 〈집 밖〉을 구분합니다. 이런 극단적인 대립어들이 똑같이 잘 이해되는 것은 아닙니다. 예를 들면 〈여기〉는 〈저기〉보다 훨씬 더 중요하고, 〈위〉는 〈아래〉보다 더 쉽게 떠오릅니다.[18]

피아제와 그의 동료들이 실행한 여러 연구들은 아이들의 감각 운동적 지능이 개념적 이해보다 선행하며 간혹 몇 년씩 앞서기도 한다는 것을 거듭 보여주었습니다. 일상적인 활동 중에 아이는 지능적 이해를 훨씬 초월하는 공간적 능력을 발휘하기도 합니다. 생후 6개월 된 아기는 사각형과 삼각형을 구분할 수는 있지만 특정한 형태로서의 사각형에 대한 개념은 아이가 그것을 그릴 수 있게 되는 시기인 약 4세 때까지는 나타나지 않습니다. 아동은 움직이는 물체(아이가 테이블의 가장자리를 따라 밀면서 노는 장난감 트럭)의 궤적으로서 직선에 대한 개념을 지닐 수 있지만 직선의 기하학적 개념 또한 6세나 7세 때까지는 나타나지 않습니다.[19] 그 연령에 도달하기 전까지 아이는 자발적으로 직선을 그리는 일도 없으며 대각선의 개념도 이해하지 못합니다.[20]

공간적 관계를 서서히 배워나가는 아이들

걷기 시작한 아이는 곧 어떤 목표물을 향해 걷습니다. 아이는 출발점에서 시작해 목표로 삼은 대상을 향해 갔다가 다른 경로를 이용해 출발점으로 되돌아옵니다. 3세에서 4세의 활동적인 아이는 집 주위의 길을 알고 있으며 그래서 때때로 이웃집을 찾아가기도 합니다. 하지만 아이의 이런 성취들이 공간적 관계에 대한 개념적 지식이 아이에게 있다는 것을 암시하지는 않습니다. 5세에서 6세의 스위스 아이들은 혼자서 학교에 갔다가 집으로 돌아올 수 있습니다. 하지만 아이들은 그 비결을 잘 설명하지 못합니다. 한 아이는 그저 출발한 장소와 도착한 장소 그리고 도중에 모퉁이를 돌아야 한다는 것만 기억합니다. 아이는 단 하나의 주요 지형물도 기억하지 못하며 아이가 그린 통학로는 학교와 주변 지역과는 전혀 관계가 없습니다. 또 다른 아이는 길 이름은 기억하지만 그 길들의 순서나 자신이 방향을 바꿔야 할 곳들은 기억하지 못합니다. 아이가 그린 그림은 그저 그가 기억하는 이름들에 맞추어 마구잡이로 많은 점들을 찍은 둥근 모양일 뿐입니다.[21]

아이의 공간적 기준체계는 제한적입니다. 아이들의 그림은 이런 제한에 관한 많은 단서들을 제공합니다. 예를 들면 아이의 그림에서 기울어진 유리관 속에 담긴 물의 수면은 그림의 수평적 기준선이 되는 테이블의 표면과 평행으로 보이지 않고 유리관의 측면에서 직각으로 보입니다. 또 아이는 지붕이 경사진 집에 굴뚝을 그려보라고 하면 집이 세워진 평평한 바닥과 직각이 되게끔 하지 않고 오히려 경사진 지붕에 직각이 되도록 그립니다.[22] 분리는 아이가 대상들 간의 공간적 관계를 묘사하지 못하거나 아예 그것에 무관심하다는 것을 암시하는 또 다른 유형의 증거라고 할 수 있습니다. 말을 탄 카우보이 그림의 경우 카우보이의 모자와 머리, 카우보이와 말 사이에 빈 공간이 보일지도 모릅니다.[23] 이런 종류의 실수는 아동이 사물 간의 정확한 공간적 관계보다 사물 자체(유리관 속의 물, 카우보이, 말 등)에 더 많은 관심을 갖는다는 것을 의미합니다. 부모들은 어린 자녀들이 낯선 환경에서는 얼마나 쉽게 길을 잃는지 잘 알고 있습니다. 어른들은 사물이 어디에 위치해 있는지, 한 장소에서 다른 장소로 어떻게 이동하는지를 자세히 기억하는 습관이 있습니다. 반면 아이들은 흥미로운 사람들, 물건들, 사건들에 빠져듭니다. 한 장소에서 다른 장소로 이동하는 것은 아이들의 책임이 아닙니다.

인간은 땅 위에 살면서 측면에서 나무와 집들을 바라봅니다. 높은 산에 올라가거나 비행기를 타고 하늘을 날지 않는 한 우리는 아래를 내려다볼 수 없습니다. 특히나 어린아이들은 높은 곳에서 풍경을 조망할 기회가 거의 없습니다. 아이들은 거인들의 세계 그리고 자신들의 체형에 맞게 만들어지지 않은 거대한 사물들의 세계에서는 그저 난쟁이에 불과합니다. 하지만 5세에서 6세의 아이들은 위에서 내려다본 경관에 대한 놀라운 이해력을 보여줍니다. 아이들은 마을과 들판을 촬영한 흑백의 수직 항공사진을 놀랄 만큼 정확하고 자신감 있게 이해합니다. 아이들은 엄청난 비율로 축소되고 실제 경험해본 적 없는 각도와 위치에서 촬영한 항공사진에서 집, 도로, 나무를 찾아낼 수 있습니다. 도시의 아이들은 잡지나 텔레비전에서 이런 사진들을 접했을 테지만 그런 미디어에 노출되지 않은 시골 아이들도 주위 환경을 촬영한 수직의 항공사진을 잘 이해합니다.[24]

아마도 아이들이 이런 실력을 발휘할 수 있는 한 가지 이유는 그동안 장난감을 가지고 놀아왔기 때문일 것입니다. 아이들은 어른들의 세계에서는 난쟁이지만 장난감 세계에서는 거인입니다. 아이들은 장난감 집과 기차를 높은 곳에서 내려다보며 올림포스 신들처럼 그들의 운명을 다스립니다. 수전 아이작스는 상상력이 풍부한 놀이를 통해 공간적 관계를 빨리 배우는 조숙한 영국 아이들에 대해 다음과 같이 보고합니다.

아이들은 자신들이 가본 적 있는 장소들, 이를테면 사람들이 물놀이를 하는 강가의 모습 같은 광경을 찰흙으로 만드는 데 몰두하고 있었습니다. 그러던 어느 날 아이들이 몇몇 주제로 모형을 만드는 동안 종종 그랬던 것처럼 정원 위로 비행기가 지나갔습니다. 아이들은 모두 비행기를 쳐다보았고 평소처럼 하늘을 향해 소리쳤지요. "내려와. 내려와!" …… 그때 한 아이가 이렇게 말했습니다. "어쩌면 비행기에 탄 사람이 우리를 볼 수 있지 않을까?" 그러자 또 다른 아이가 말했습니다. "그 사람은 무엇을 볼까? 우리가 어떻게 보일까?" 그때 제가 제안했습니다. "저 위 비행기에 탄 사람에게 보이는 이 정원의 모습은 어떨지 우리가 한번 모형으로 만들어 보면 어떨까?" 제 제안을 들은 아이들은 무척 좋아했습니다. 우리는 곧장 모형을 만들기 시작했고 며칠에 걸쳐 작업을 계속했습니다. 몇몇 아이들은 비행기에서 어떻게 보일지 살펴보기 위해 사다리를 타고 최대한 높이 올라가 보기도 했습니다. 4세 6개월 된 한 사내아이는 비행기에서 보면 그저 자신들 머리의 정수리만 보인다는 것을 깨닫고 모형의 여러 길들에 작고 평평한 타원형의 작은 점들을 많이 붙여 놓았습니다. "이건 아이들이 여기저기 뛰어다니는 모습이에요"라고 말하면서요.[25]

1950년부터 1970년까지 유치원에 다니는 연령대의 아이들이 항공사진을 이해하는 능력은 향상되었습니다. 텔레비전을 통해 항공 촬영한 장면들을 시청하고 단순한 조립식 장난감을 가지고 노는 행위가 이런 발달 추세에 도움이 되었을 겁니다. 반면, 같은 기간 동안 아이들이 방이나 실외의 반대편에서 보는 관점을 이해하는 데 있어 더 나은 정교함을 보였다는 징후는 전혀 없습니다.[26] 아이에게나 어른에게나 비행기에서 조종사가 내려다보는 경치가 언덕 반대편에 있는 농부가 바라보는 경치보다 상상하기는 더 쉽습니다. 우리는 위에서 지상을 내려다보는 신과 같은 관점을 우리와 같은 높이에 사는 다른 생명체의 관점보다 훨씬 더 편안해 합니다. 더욱이 관점을 수평선에서 40-50도로 회전한 것보다 90도로 회전한 것이 환경을 이해하는 데 더 쉽습니다. 비스듬한 사선의 관점은 수직적 시선의 관점보다 더 이해하기 어려울 수 있습니다.

　측면이나 지상에서 좁은 각도로 찍은 사진은 지도나 항공사진에 비해 아이에게 한 가지 큰 이점을 갖습니다. 그것은 바로 상상력이 풍부한 행동을 더 직접적으로 자극한다는 것입니다. 3세 6개월 된 아이는 이미 책에 나오는 그림 속에 자신을 운동감각적으로 투영할 수 있습니다. 아이는 그림을 바라보면서 자신이 집까지 이어진 오솔길을 걸어가 작은 문을 비집고 들어가는 모습을 상상합니다.[27] 중앙에서 보는 관점은 한 장면에서 시간과 움직임에 대한 환상을 일으킵니다. 멀리 떨어진 집의 문 앞에서 길의 가장자리가 합쳐지며 사라지는 것은 행동을 유발하는 강한 암시가 됩니다. 이와는 반대로, 수직적 사진은 공간적 관계를 이해하도록 이끕니다. 학교 위로 폭탄이 떨어지지 않는 한 아이는 상상의 행동을 펼칠 만한 자극을 받지 않습니다. 이야기책에 나오는 이런 종류의 원근법적 사진은 자기중심적 관점을 독려합니다. 이때 아이는 자신을 무대 위의 주인공이라고 생각하며, 자신이 가까이 다가가는 동안 다른 배우(도로 끝에 있는 작은 사내아이 등)가 자신을 어떻게 생각하는지 상상하지 못하거나 상상하지 않으려고 합니다. 반면에 항공사진이나 지도는 객관적인 관점을 독려합니다. 객관적인 관점은 행동, 특히 아이에게 자연스럽게 찾아오는 갑작스럽고 자기중심적인 재미난 모험에 대한 욕구를 떨어뜨립니다.

아이들만의 장소:
엄마품, 테이블 아래, 구석진 곳, 유아용 식탁의자, 텐트

어린아이는 장소를 어떻게 이해할까요? 만약 우리가 장소를 폭넓게 가치의 중심, 양육과 돌봄의 중심으로 정의한다면, 엄마는 아이에게 〈근원적인 장소〉에 해당합니다. 엄마는 당연히 순간의 인상들로 가득한 아기의 세계에서 최초의 지속적이고 독립적인 대상이 됩니다. 이후에 엄마는 아이에게 필수적인 안식처이자 믿을 수 있는 육체적 심리적 위안의 공급처로 인식됩니다. 사람은 세계를 탐험하기 위해 집이나 고향을 떠나기 마련입니다. 걸음마를 배운 아이도 세계를 탐색하기 위해 엄마의 품을 떠납니다. 하지만 장소인 엄마는 그대로 남아 있습니다. 장소의 이미지는 〈안정과 영속〉을 상징합니다. 엄마는 다른 곳으로 이동할 수도 있지만 그럼에도 아이에게 엄마는 안정과 영속을 의미합니다. 엄마는 필요할 때면 항상 가까운 곳에 있습니다. 엄마가 가까이 있다면 낯선 세계는 아이에게 별로 두려움의 대상이 아닙니다. 왜냐하면 엄마는 아이에게 익숙한 환경이자 안식처이니까요. 반대로, 돌봐주는 부모가 없으면 아이는 정처 없이 떠돌게 됩니다. 즉 장소를 잃게 됩니다.

아이는 점점 성장하면서 의미 있는 사람들보다는 다른 대상들에게 애착을 갖게 되고 결국 장소에 애착을 갖게 됩니다. 이때 아이에게 장소란, 〈크고 움직이지 않는 대상〉을 뜻합니다. 처음에 큰 사물들은 작은 사물들에 비해 아이에게 그다지 큰 의미를 지니지 않는데, 휴대용 장난감이나 애착담요와 달리 그것들은 다루거나 운반하기가 쉽지 않기 때문입니다. 또한 그것들은 위기의 순간에 위안을 주거나 도움이 되지 않습니다. 더욱이 아이는 자신이 소유한 특정한 장소들(즉, 큰 대상들)에 대해 상반된 감정을 가질 수 있습니다. 예를 들면, 유아용 식탁의자는 아이만의 장소입니다. 아이는 그곳에서 음식을 먹는데 음식을 먹는 행위는 만족의 원천이죠. 하지만 아이는 그곳에서 자신이 좋아하지 않는 음식을 먹어야 하기도 하고 때로는 그곳에 갇혀 있기도 합니다. 아이는 또한 유아용 침대를 상반된 감정으로 바라볼 수도 있습니다. 유아용 침대는 아이에게는 작고 아늑한 세계지만 거의 매일 밤 마지못해 그 안으로 들어가야 합니다. 아이는 잠을 자야 하지만 깜깜한 어둠 속에 혼자 남겨지는 것이 두렵습니다.

　어느 정도 말을 할 수 있게 되면 아이는 곧바로 사물의 이름을 알려고 합니다. 사물은 이름을 갖고 일정한 방식으로 분류되기 전까지는 완전히 실재한다고 볼 수 없습니다. 장소에 대한 호기심은 사물에 대한 일반적인 호기심의 일부이자 다양한 경험들에 이름을 붙여야 할 필요성의 일부인데, 그럼으로써 장소들은 한층 더 영속성을 지니게 되고 일정한 개념적 체계에 맞게 변화됩니다. 미국의 대표적인 아동심리학자 아널드 게젤에 따르면, 2세나 2세 6개월 된 아이는 〈어디where〉라는 뜻을 이해한다고 합니다. 아이는 여기와 저기 사이의 틈새 공간에 대해 확실한 이미지를 갖고 있지는 않지만, 아이가 "어디야?"라는 질문을 했을 때 부모로부터 "집이야", "사무실이야" 같은 대답을 들으면 그 아이는 장소감과 안정감을 갖습니다. 일년 정도 더 지나면 아이는 주요한 지형지물들에 대해서도 새로운 관심을 보입니다. 아이는 산책을 하거나 차를 타고 나가면 그것들을 알아보고 또 그것들을 기대하며 기다립니다. 자아중심성egocentrism은 자신이 가는 방향으로 달려가는 모든 자동차들은 자신의 장소를 향해 가고 있는 것이라고 생각하는 성향에서 명확히 드러납니다. 아이는 사람들을 특정한 장소와 연결 지어 생각하는 법도 배웁니다. 아이는 유치원 선생님을 시내에서 만나게 되면 당황하는데, 유치원이 아닌 다른 곳에서 만난 선생님은 아이의 분류체계를 뒤흔들면서 아이를 혼란에 빠뜨리기 때문입니다.[28]

아이가 성장하면서 장소에 대한 개념은 더 구체적이고 지리적으로 변합니다. "어디서 놀고 싶어?"라는 질문을 받으면 두 살 된 아이는 아마 "집에서" 혹은 "밖에서"라고 대답할 겁니다. 조금 더 나이가 많은 아이는 "내 방에서" 혹은 "마당에서"라고 대답할 겁니다. 한마디로, 위치가 더 명확해지는 것이죠. 또 〈여기〉와 〈저기〉는 〈바로 여기〉와 〈바로 저기〉로 발전됩니다. 멀리 있는 장소에 대한 관심과 상대적인 거리에 대한 인식도 높아집니다. 따라서 3세에서 4세 아이는 〈아주 멀리 있는〉, 〈한참 아래에〉, 〈멀리 떨어진〉 같은 표현들을 사용하기 시작합니다. "어디 살아?"라는 질문을 받으면 두 살 아이는 아마 "집이요"라고 대답할 것입니다. 반면 세 살 정도 되면 아이는 간헐적이지만 도로명이나 동네 이름을 말할 수 있습니다.[29]

초등학교에 다니는 연령대가 되면 장소에 대한 아이의 인식은 어떻게 심화되고 확장될까요? 미국 중서부 2개 지역에서 실시한 초등학교 1학년과 6학년 학생에 관한 한 가지 연구는 많은 것을 시사합니다.[30] 아이들에게 더 큰 환경에 속하는 네 가지 유형의 장소(마을, 도시, 농장, 공장)를 촬영한 사진들을 보여주고, 각 장소에 대해 "이 사진은 어떤 이야기를 말하고 있는 걸까?"라는 질문을 합니다. 이때 아이들의 대답은 현저한 개인적 차이를 보여줍니다. 대체로 학년이 높은 아이들의 대답이 훨씬 더 정교합니다. 마을, 도시, 농장, 공장은 6학년 아이들에게는 익숙한 범주의 장소입니다. 그들은 어른들과 비교될 정도로 그 장소들을 자신 있고 능숙하게 묘사합니다. 어떤 사진을 보여주면 고학년 학생은 종종 그곳의 정체성(마을, 도시 등)과 구성에 대해 말할 뿐만 아니라 그것을 더 큰 지리적 맥락에 연관시키기도 합니다. 그 아이들은 사진 속의 사람들이 무엇을 하고 있는지(잔디를 깎는다거나 쇼핑을 한다거나) 묘사할 뿐만 아니라 그 장소가 어떤 기능을 수행하는지도 설명하려고 합니다. 반면 1학년 학생들은 마을의 사진을 보면서 더 큰 공간적 배경은 무시하는 경향을 보입니다. 어쩌면 그들은 교회, 학교, 상점, 도로 같은 마을의 여러 요소들에만 관심을 집중한 나머지 사진 속 마을을 마을로 인식조차 못할 수도 있습니다. 나이가 어릴수록 아이들은 사진 속에서 알아챈 대상의 사회적, 경제적 의미에 대해서는 거의 말하지 않습니다. 실제로 1학년 학생의 주요한 관심사는 물리적 환경이 아니라 그 안에 있는 사람들, 즉 남자나 어린 소녀가 하고 있는 행동인 듯합니다. 대체로 1학년 학생은 고학년 학생에 비해 장소에 대한 열정이 떨어짐니다.

 아이가 성장하면서 지리적 범위는 확장하지만 반드시 규모에 따라 순차적으로 확장되는 것은 아닙니다. 아이의 관심은 처음에는 작은 마을 공동체에 집중되다가 동네를 건너뛰고 도시로 넘어갑니다. 그리고 도시에서 지역을 건너뛰고 국가나 해외의 장소들로 관심이 확장될 수도 있습니다. 5세나 6세 정도의 아이는 멀리 떨어진 장소의 지리에 관해 호기심을 가질 수 있습니다. 아이는 어떻게 직접 경험해본 적이 없는 외국의 장소들을 인식할 수 있을까요? 학습이론은 아이들의 이런 명백한 이해력의 도약에 대해 아직까지 만족스러운 설명을 제시하지 못하고 있습니다. 하지만 아이가 멀리 떨어진 장소들에 대한 뉴스를 즐길 수 있다는 것은 그리 놀랍지 않습니다. 왜냐하면 아이는 어른들이 지도책 속에 나오는 실제 나라에서 상상력을 발휘하며 지내보라고 요구하기 전에 이미 상상력 넘치는 삶을 살고 있고 환상의 나라에서 편안함을 느끼기 때문입니다. 똑똑하고 활발한 아이에게 경험은 주어진 것에서 벗어나 적극적인 탐색을 하고 이따금 전혀 엉뚱한 추측을 하는 것입니다. 아이는 집이나 동네에서 보고 느낀 것들에 얽매이지 않습니다.

 그렇다면 어린아이들이 장소에 대해 갖는 감정적 연대의 특징은 무엇일까요? 미국의 초등학교 1학년 학생들은 마을, 도시의 모퉁이, 농장 등을 독자적인 실체로 인식할지는 모르지만 우리는 저학년 학생들이 고학년 학생들에 비해 그런 장소들에 대해 말도 적게 하고 열정도 적다는 것을 앞에서 살펴보았습니다. 유치원이나 놀이터를 제외하면 어린아이들의 체구에 맞게 지어진 공공장소들은 거의 없습니다. 아이들은 자신들의 체구에 맞는 장소에 있고 싶어 하는 욕구를 느낄까요? 그런 욕구가 있다는 것에 대한 단서들은 존재합니다. 이를테면 유아들은 그랜드피아노 아래를 기어다니는데 그곳에서 더없이 행복하게 앉아 있다고 합니다. 조금 더 나이가 많은 아이들은 놀이를 하면서, 인위적인 환경이든 자연적인 환경이든 간에, 구석진 곳과 모퉁이를 찾습니다. 텐트나 뒷마당에 있는 통나무집에서 밤을 보내는 것 또한 무척이나 신나는 일인데, 이는 그들에게는 진짜 사냥꾼의 오두막으로 떠나는 긴긴 여행만큼이나 즐거운 일이기 때문입니다.

학교에서 자신의 자리도 나만의 장소가 된다

장소에 대한 감정은 지식의 영향을 받습니다. 그 장소가 자연적인지 인공적인지, 규모가 상대적으로 큰지 작은지 같은 기본적인 사실에 대한 지식이 그곳에 대한 느낌에 영향을 미칩니다. 5세에서 6세의 아이는 이런 종류의 지식이 부족합니다. 아이는 제네바와 제네바 호수에 대해서 재미나게 말할지는 모르지만, 그 장소들에 대한 아이의 인식은 해박한 지식을 갖춘 어른과는 현저한 차이를 보입니다. 그 연령대의 아이는 도시와 호수가 모두 인공적이라고 생각하기 십상입니다. 또한 두 장소가 규모도 비슷하다고 생각할 겁니다.[31]

아이들, 적어도 서구의 아이들은 강한 소유의식을 지니게 됩니다. 또한 커가면서 점점 더 소유욕이 강해집니다. 아이는 특정한 장난감이 자기 것이라거나 엄마 의자 옆에 있는 의자가 자기 자리라고 주장하면서 자기 소유라고 생각하는 것들을 지키는 데 몰두합니다. 하지만 아이의 공격적인 소유욕은 대부분 진정한 애착의 증거는 아닙니다. 그것은 자신만의 가치를 확인하고 친구들 사이에서 자신의 지위를 파악하려는 욕구에서 비롯됩니다. 한동안 아이에게 아무 가치도 없었던 대상이나 방구석은 다른 아이가 소유를 주장하고 나서면 갑자기 소중한 것으로 돌변합니다. 하지만 아이가 확실한 지배력을 되찾는다면 그 장난감이나 장소에 대한 그의 관심은 다시금 급격히 식어버립니다.[32] 그렇다고 이것이 나이를 막론하고 사람들이 대상과 장소에 자신의 개성을 고정시킬 욕구를 느낀다는 것을 부정하는 것은 아닙니다. 모든 인간은 개인적인 소유물을 지니고 있는 것 같습니다. 그리고 어쩌면 모든 인간은, 방 안에 있는 특정한 의자든 열차 안의 특정한 구석이든 간에, 개인적인 자신만의 장소에 대한 욕구를 지니고 있을 것입니다.

하버드 대학 정신의학 교수이자 아동심리학자인 로버트 콜스는 미국에서 이주민 농장근로자의 자녀들이 힘들어하는 이유는, 무엇보다 일정 기간 동안 〈자신만의 것〉이라고 간주할 수 있는 〈장소가 없기 때문〉이라고 믿고 있습니다. 한 가지 사례를 들어보자면, 7세 소년인 피터는 일하는 부모를 따라 동부 해안지역을 오르내리며 이사를 했습니다. 그들은 좀처럼 한 농장에 오래

정착하지 못합니다. 피터는 과일과 채소를 수확하는 일을 거들고 시간이 나면 학교에 갑니다. 콜스는 다음과 같이 적고 있습니다.

피터 같은 소년에게 학교 건물은 아무리 낡고 시설이 형편없어도 신세계나 다름없습니다. 그곳에는 커다란 창문과 탄탄한 바닥과 문, 석회를 바른 천장, 그림이 걸려 있는 벽, 그리고 날마다 거의 일종의 권리처럼 누군가가 가지고 있고, 누군가에게 주어지고, 또 누군가가 소유하기로 되어 있거나, 또는 사실상 소유하는 자리seat가 있습니다. 피터는 1학년 첫 주를 보낸 후에 이렇게 말했습니다. "선생님들은 내게 그 의자에 앉아도 되고 그 책상도 내 것이라고 했어요. 그러면서 이 학교를 다니는 동안에는 날마다 같은 장소에 와서 〈내 것〉이라고 했던 그 의자에 앉아야만 한다고 말했어요. 아무튼 선생님들은 그렇게 말했어요."[33]

여러 해 동안 꾸준히 감정이 누적되면 장소는 어른에게도 깊은 의미를 지닐 수 있습니다. 가보처럼 이어져 내려온 가구들이나 심지어 벽에 묻은 얼룩조차 이야기를 담고 있습니다. 아이의 경우에는 짧은 과거를 지니고 있을 뿐만 아니라 아이의 눈은 어른의 눈보다 더 현재 및 가까운 미래를 향하고 있습니다. 아이는 넘치는 활력으로 다양한 행동을 하고 공간을 탐험하기 때문에, 장소를 깊은 의미가 있는 곳으로 채울 만한 사색의 시간과 뒤돌아보는 여유를 갖지 못합니다. 아이의 상상력은 특별한 유형에 속합니다. 그것은 행동과 연결됩니다. 아이는 실제 말을 타는 것처럼 막대기를 올라타고, 실제 성을 방어하는 것처럼 뒤집어진 의자를 막아내려고 할 것입니다. 아이는 책을 읽거나 책 속의 그림을 보면서 빠르게 환상적인 모험의 세계로 빠져듭니다. 하지만 깨진 거울이나 버려진 세발자전거는 아이들에게 슬픔의 메시지를 전하지 못합니다. 아이들은 어떤 경치나 풍경화의 분위기를 해석해 보라고 하면 당황해 합니다. 사람들은 분위기를 지닙니다. 어떻게 한 장면이나 장소가 행복하거나 슬프게 보일 수 있을까요?[34] 어른들, 특히 교육을 받은 어른들은 어렵지 않게 무생물의 대상에서 분위기를 연상합니다. 하지만 자신들의 활동 영역에서 엄청난 상상력을 발휘하는 어린아이들은 어른들한테는 추억 속에서 떠나지 않는 장소들을 무미건조하게 바라볼 수도 있습니다.

9

왜 집단에 따라
공간적 능력과 공간적 지식은
차이가 날까

동물은 움직일 수 있습니다. 민첩성, 속도, 운동 범위는 종에 따라 큰 차이를 보이기는 하지만 대체로 선천적으로 타고납니다. 갓 태어난 암컷 양은 몇 걸음 비틀대고 나면 네 다리를 적절히 움직이며 어미를 따라 목초지로 걸어나갈 수 있습니다. 갓 태어난 포유류는 금세 걷는 법을 터득합니다. 반면 인간은 잘 알려진 대로 예외적입니다. 인간의 갓난아기는 일어서거나 기어다니지 못합니다. 심지어 몸을 조금 움직이려는 작은 동작조차도 다소 서툽니다. 아기는 자기 입이 어디에 있는지도 잘 몰라 처음에 손가락을 입에 넣으려는 시도조차 몇 번의 시행착오를 거듭합니다. 시간이 한참 흐른 후에야 아기는 혼자 기어다니는 법을 터득하지만 인간의 특징적인 활동인 서기와 걷기 동작은 어른들의 격려와 지도가 필요합니다. 아직 어릴 때 인간의 공간적 능력spatial ability은 〈천천히〉 발달합니다. 더욱이 공간적 지식spatial knowledge은 훨씬 〈더 느리게〉 발달합니다. 인간의 정신은 신체가 행동을 통해 공간적 관계에 숙달되고 나서야 그 관계를 해결하는 법을 배웁니다. 하지만 인간의 정신은 일단 탐구의 길로 들어서면 개인이 직접적인 경험을 통해 성취할 수 있는 것보다 훨씬 더 크고 복잡한 공간적 도식을 만들어 냅니다. 이런 정신의 도움을 받아 인간은 민첩성을 제외한 공간적 능력에서 다른 모든 종을 능가하게 되는 것이죠.

공간적 능력은 움직임과 위치의 변화를 예상할 수 있게 되면 공간적 지식이 됩니다. 걷는 동작은 기술이지만 마음속으로 자신이 걷는 모습을 상상할 수 있고, 그 모습을 그리면서 자신이 어떻게 움직이는지 어느 길을 따라가고 있는지 분석할 수 있다면 비로소 공간적 지식도 갖추게 되는 것입니다. 그 지식은 말과 그림을 통해 구체적으로 설명하거나, 어떻게 복잡한 동작이 분석되거나 모방될 수 있는 부분들로 구성되는지 보여줌으로써 다른 사람에게 전달할 수 있습니다.

우리는 무의식적으로 공간적 능력을 발휘하며 산다

공간적 기술은 평범한 일상적인 업무를 수행하는 데 필요한데, 공간적 지식은 그런 기술을 강화시켜 주기는 하지만 반드시 필수적인 것은 아닙니다. 도시에서 제아무리 길을 잘 찾는 사람이라도 길 잃은 사람에게 방향을 잘 알려주지 못할 수 있고 지도를 그리려고 해도 엄두가 나지 않을 수 있습니다. 그들은 행위의 과정과 그 행위가 일어나는 환경의 공간적 특성을 예상하는 데 어려움을 느끼는 것입니다. 많은 경우에 우리는 정신적인 준비나 구체적인 계획 없이 복잡한 행동을 실행합니다. 예를 들면, 인간의 손가락은 굉장히 재주가 많습니다. 전문적인 타이피스트의 손가락은 자판 위에서 거의 날아다닙니다. 우리 눈에 보이는 것은 그의 손가락의 움직임뿐입니다. 그런 속도와 정확성으로 미루어볼 때 타이피스트는 모든 글자가 어디에 위치해 있는지 정확히 예상할 수 있다는 점에서 자판을 매우 잘 알고 있다고 볼 수 있습니다. 하지만 실상은 전혀 그렇지 않습니다. 그는 손가락으로는 아주 잘 알고 있는 그 글자들의 위치를 떠올리는 데 어려움을 겪습니다. 또 자전거를 타려면 여러 근육의 조정과 세밀한 균형감각, 즉 질량과 힘의 분배에 대한 느낌이 필요합니다. 물리학자는 자전거 타는 법을 배우는 데 필요한 힘의 균형을 도표로 작성할 수 있지만 사실 자전거를 타는 데 그런 지식은 전혀 필요하지 않습니다. 자의식적인 지식은 기술을 완성하는 데 오히려 방해가 될 수 있습니다.[1]

　동물이 먹이를 구하거나 자신의 보금자리로 가기 위해 길고 구불구불한 길을 가는 모습을 보면 우리는 그 동물이 인간이 여행을 떠나서 겪게 되는 것과 비슷한 경험을 하리라고 생각하고 싶을 겁니다. 특히 동물이 한 조각의 치즈나 식당 벽의 구멍 같은 구체적인 목표지점을 예상하고 자신이 이동할 경로를 미리 머릿속으로 그릴 수 있다고 가정하고 싶을 겁니다. 하지만 이것은 매우 가능성이 낮은 일입니다. 심지어 시각적, 정신적 측면에서 그와 같은 행위를 해낼 수 있는 인간조차도 그런 이미지를 만드는

능력을 개발할 필요는 거의 없다고 여깁니다.[2]

우리는 많은 일들을 습관적으로 아무 생각 없이 효율적으로 해냅니다. 우리의 생리적인 과정이 의식적인 통제 없이도 환경의 변화에 적응하는 것처럼, 뚜렷한 목적을 지니고 기술적으로 행동하고 있다고 보이는 사람들이 뜻밖에도 무의식적으로 행동하고 있다는 것을 알게 되면 괜히 오싹한 기분이 듭니다. 가장 극단적인 사례가 바로 몽유병입니다. 아마 수백만 명에 달하는 미국인들이 몽유병 증세를 보이거나 어린 시절에 자면서 걸어 다닌 적이 있었을 겁니다. 몽유병에 관한 이야기는 매우 다양합니다. 몇몇 이야기들은 도저히 믿기 어렵지만 기록으로도 많이 남아 있고 실험실에서도 계속 연구되고 있습니다. 여기서는 놀라운 사례 하나를 소개하고자 합니다. 버클리에 거주하는 한 주부는 어느 날 새벽 2시에 일어나 잠옷 위에 코트를 걸치고 집에서 기르는 개들을 모아 차에 태우고 오클랜드까지 장거리 드라이브를 떠났는데, 차에서 깨어보니 집에서 37킬로미터나 떨어진 곳까지 와 있었다고 합니다.[3] 때로는 가족 전체가 몽유병으로 고생할 수도 있습니다. 인간이 하나의 집단으로 확실한 의도와 목적을 갖고 행동할 때 그들이 현재 무엇을 하고 있는지 스스로는 전혀 인식하지 못한다는 사실을 우리는 받아들이기가 꽤 어렵습니다. 하지만 집단 몽유병의 사례가 몇 차례 보고된 적이 있습니다. 어느 날 밤에 여섯 명의 가족(남편, 사촌의 아내, 네 명의 아이들)이 모두 새벽 3시에 일어나 주방에 있는 다과용 테이블 주위에 모였습니다. 주위를 돌아다니던 아이 중 한 명이 의자 하나를 뒤엎었습니다. 그제야 그들은 잠에서 깨어났습니다.[4] 그들은 자신들이 무엇을 했는지 전혀 인식하지 못했습니다. 어떤 사람이 몽유병에 시달린다면 그가 깊은 잠에 빠져들 때 증상이 시작되는 것 같습니다. 전극을 사용해 측정한 실험에서는, 감각적 정보가 몽유병자의 뇌에 계속 유입되면 그의 신체는 그에 따라 적절하게 반응하지만 그의 뇌는 깨어 있을 때처럼 그 정보를 의식적으로 수용하지는 않는 것으로 나타났습니다.

미국 사회에서 장거리 통근과 운전이 흔한 경험이 되면서 많은 사람들이 의식적인 인식이 없는 상태에서 공간적 지식과 지리적 능력이 어떤 작용을 하는지 알게 되었습니다. 운전자는 익숙한 도로를 달리는 동안에는 아무 생각이 없는 상태에 빠집니다. 그는 더 이상 운전에 집중하지 않습니다. 그의 정신은 다른 곳에 가 있지만 한동안 그의 신체는 넓은 커브길에서 운전대를 조작하거나 긴 오르막 경사로에서는 가속페달을 밟는 식으로 환경의 미세한 변화에 적응하는 능력을 보여주면서 차량에 대한 통제력을 유지합니다. 그리피스 윌리엄스는 자칭 고속도로 최면highway hypnosis의 몇 가지 사례를 들려주었는데 한 운전자가 이렇게 말했답니다.

"저는 야간에 오리건주의 포틀랜드에서 캘리포니아주의 샌프란시스코까지 운전하면서 이 사실(기억상실)을 발견했습니다. 도시의 불빛이 가까워졌고 약 40킬로미터를 달려오는 동안 저는 거의 잠든 상태에 있었다는 것을 깨달았습니다. 제가 아는 한 조금 전에 지나온 도로는 일직선으로 쭉 뻗은 도로가 아니었는데도 저는 방향을 잘 바꿔가면서 무사히 도로를 빠져나온 것이 분명했습니다. 하지만 그 도로의 구간이 전혀 기억나질 않습니다. 그 후에 일부러 몇 차례 그 도로를 찾아갔는데 그 구간을 기억하지 못하면서도 혹은 휴식을 취하면서도 몇 킬로미터를 계속 운전할 수 있다는 것을 알게 되었습니다. 그러다 매번 긴급한 상황이 발생할 때마다 저는 완전히 깨어났습니다."[5]

자전거를 타는 것이든 미로에서 길을 찾는 것이든, 공간적 능력을 습득하는 것이 발달된 대뇌피질의 보유 여부에 좌우되는 것은 아닙니다. 이 점에서 페히슈타인의 실험은 매우 설득력 있습니다. 그의 실험에서 쥐와 인간은 동일한 패턴의 미로를 빠져나오도록 훈련을 받습니다. 비록 훈련환경이 설치류 동물보다 인간에게 훨씬 더 익숙함에도 불구하고 쥐는 빠르게 습득하여 인간 못지않게 미로를 잘 빠져나옵니다.[6] 결론적으로 볼 때 인간의 커다란 뇌는 동물의 생존에 필수적인 길 찾기 같은 기술을 습득하는 데는 그다지 쓸모가 없습니다.

낯선 곳에서 길을 찾는 능력

그렇다면 인간은 어떻게 생소한 도시의 거리와 같은 낯선 환경에서 길을 찾을 수 있는 능력을 습득할까요? 일단 시각적인 단서들이 가장 중요하지만, 사람들은 자신들이 생각하는 것보다 이미지와 의식에 내재된 심적 지도(mental map, 실제 측량에 의한 지도와 달리, 자신만의 의미 있는 지역에 대해 형성된 개인의 내적인 지도)에 덜 의존합니다. 아래에 나오는 워너 브라운의 실험은 인간 피험자들이 거듭되는 촉각적이고 운동감각적인 패턴을 통합적으로 활용해서 미로를 빠져나오는 법을 배울 수 있음을 보여줍니다. 이때 인간은 공간적 배열이나 지도보다는 일련의 〈움직임〉을 배웁니다.[7]

브라운의 실험에서 주요 단계들은 다음과 같이 진행되었습니다. 피험자는 미로를 볼 수 없도록 눈에 안대를 착용하지만 더 넓은 환경, 즉 실험실의 윗부분은 볼 수 있고 방 밖에서 들어오는 빛과 소음도 감지할 수 있습니다. 첫 번째 시도에서 피험자는 입구에 서 있으며 그 장소를 살피고 있습니다. 일단 미로에 들어서면 그는 일정한 방식으로 움직일 것입니다. 출구가 그의 목표지점이지만 아직 그 위치를 알지는 못합니다(그림 9). 두 번째나 세 번째 시도에서 그는 출구의 위치를 느낌으로 알게 되고 그의 행동은 출구에 가까워질수록 변합니다. 몇 번의 시도 끝에 그는 미로의 입구와 출구, 그 두 지점을 파악하고 그에 대한 자신감을 표현합니다. 시도를 거듭할수록 그는 점점 더 많은 주요 지형지물을 식별하는 요령을 터득합니다. 그는 그것들을 거친 지점, 경사구간, 긴 직선로, 연속 굴절구간 등으로 지칭합니다. 그것들은 그에게 그 여정의 단계를 나타냅니다. 심지어 과거의 실수조차 이런 목적에 도움이 될 수 있습니다. 그는 자신이 어떤 장소를 파악했다는 것을 알리면서 "나는 지난번에도 똑같은 실수를 했어요"

공간에서 장소로: 미로 학습

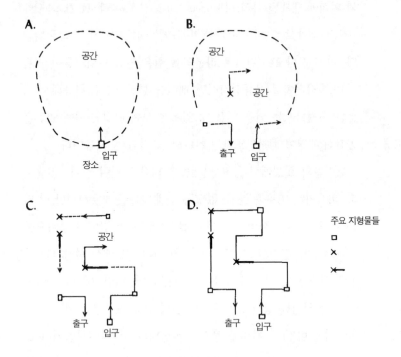

그림 9 공간에서 장소로: 미로 학습. 처음에는 오직 입구만 온전히 인식합니다. 그리고 그 너머에 공간이 있습니다(A). 시간이 지남에 따라 차츰 주요 지형물들이 파악되면서 피험자는 움직임에 자신감이 생깁니다(B, C). 마침내 공간은 익숙한 주요 지형물들과 경로들, 다시 말해 장소로 이루어집니다(D).

라고 말할 수도 있습니다. 미로에서 익숙한 지형지물을 만나는 것은 거의 감정적인 경험에 가깝습니다. 피험자는 그에 대해 종종 만족감을 표출하기도 할 겁니다. 왜냐하면 그러한 지형지물은 그가 올바른 경로로 가고 있다는 것을 의미하니까요. 더욱이 그런 만남은 다음에 그가 해야 할 일을 알려주는 신호 역할을 합니다. 자, 하지만 아직 가장 중요한 지점인 입구와 출구가 남아 있습니다. 공간의 통합은 점진적인 과정으로 이루어지는데 입구와 출구, 중간지점이 모두 연결될 때까지 적절한 움직임이 계속 이어집니다. "피험자가 실수 없이 혹은 약간의 실수만 하고 미로를 빠져나올 수 있을 때 전체 미로는 적절한 움직임을 통해 하나의 장소가 됩니다."[8] 처음에는 아무 특징도 없었던 공간이 마침내 하나의 목적지 혹은 하나의 장소가 되는 것이죠.

미로의 구조를 익힌 사람에게 넓은 바닥에서 똑같은 패턴으로 한번 걸어보라고 해보세요. 그가 바닥 위를 걸어간 경로는 원래의 미로 형태와는 유사성이 거의 없습니다. 그 경로의 윤곽은 확실히 미로의 정확한 경로와 비슷하긴 하지만 차이 나는 부분들이 두드러집니다. 눈을 가리고 실험에 임했던 피험자들은 대부분 미로를 정확하게 빠져나오는 법을 터득한 후에도 미로가 직사각형이라는 것을 알지 못합니다. 모퉁이를 빠져나가는 순서에 따라 오른쪽 혹은 왼쪽이라고 자세히 말할 수 있는 피험자는 거의 없습니다. 한 피험자는 모퉁이들을 기억해 내려다 이내 포기하면서 "다음에 뭐가 나오는지 모르겠어요. 다시 미로에 가봐야 말해줄 수 있겠어요"라고 말합니다. 실제로 피험자들이 그린 미로의 그림들은 앞서 널찍한 바닥 위를 걸어간 경로와 마찬가지로 대체로 미로의 여러 부분들이 정확하게 묘사되어 있기는 하지만 각도와 길이는 형편없이 묘사되어 있습니다(그림 10). 그림의 형태는 실제 미로의 경로와 너무 큰 차이가 나는 탓에 지도로도 사용할 수 없습니다.[9]

피험자가 그린 미로의 왜곡

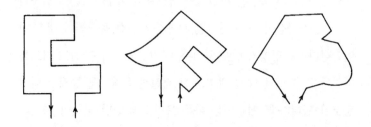

그림 10 피험자가 그린 미로 그림들에서의 왜곡. 피험자들은 미로에서 빠져나오는 방법을 터득했음에도 불구하고 미로를 그림으로 그리는 데는 어려움을 겪습니다. Warner Brown, "Spatial integration in a human maze," *University of California Publications in Psychology*, vol. 5, no. 6, 1932, p. 125, 126, 그림 2와 그림 3을 재구성했습니다.

브라운의 실험적 연구는 사람들이 어떤 동네의 도로망을 알게 되면 거기서 인지한 주요 지형지물들에 따라 이동하는 일련의 움직임을 알게 된다는 것을 보여줍니다. 사람들은 그 동네에 관한 정확한 심적 지도를 얻는 것은 아닙니다. 물론 의식적인 노력 없이도 공간적 관계에 대한 대략적인 이미지는 터득할 수 있습니다. 사람들은 여기가 출발점, 저기가 목표점이라는 느낌, 그리고 이곳저곳 중간에 산재한 주요 지형지물에 대한 느낌은 포착하지만 그 심적 이미지는 불확실합니다. 정확성은 실제 돌아다니는 과정에서는 필요하지 않습니다. 사람에 따라서는 그저 목표지점으로 향하는 일반적인 방향감을 지니고 이동의 각 단계에서 다음에 해야 할 일을 알기만 하면 되기도 합니다.

자동차로 도시의 집에서 여름휴가용 별장으로 운전하는 사람의 경우는 어떨지 생각해 보세요. 그는 예전에도 그 코스를 운전해본 적이 있습니다. 출발할 때 그는 별장으로 가는 대략적인 길을 이미 알고 있기 때문에 자동차가 도로에 진입하면 어느 길로 들어서야 할지 금방 압니다. 또한 매번 주요한 지형지물이 나타날 때마다 위의 경우처럼 다음에 해야 할 일을 알고 있습니다. 다시 말해, 지형에 배치된 각각의 특별한 배치(항상 요약해서 말하기는 쉽지 않습니다만)가 그의 다음 움직임을 촉발합니다. D. O. 헵은 고속도로의 굴곡이 평이하다면 운전자는 잘못된 길로 들어섰더라도 자신이 여전히 곧장 목적지를 향해 정확히 가고 있다고 느낄 거라고 말합니다. 어떤 사람은 심리적으로 각도의 이탈을 대수롭지 않게 여기면서 앞쪽으로 이동하는 모든 움직임은 자신의 목적지로 향하는 것이라고 받아들입니다.[10] 그러면 그는 자신이 지나온 경로를 그림으로 그릴 때 그 경로를 단순화하고 커브길들의 각도를 생략하거나 최소화하려고 합니다. 마찬가지 원리로 자신이 기억하지 못하는 커브길들은 당연히 과장해서 그리게 됩니다.

공간적 능력과 공간적 지식의 관계

공간이 우리에게 완전히 익숙해졌다고 느껴질 때 그곳은 장소가 됩니다. 만약 공간이 넓다면, 공간이 장소가 되는 변화를 위해서는 개념을 형성하는 능력뿐만 아니라 운동감각적 경험과 인지적 경험도 필요합니다. 어린아이들과 지적장애인들은 큰 공간을 친숙한 장소로 만드는 데 어려움을 겪습니다. 그들은 특정한 랜드마크와 장소를 파악하는 데는 전혀 문제가 없습니다. 그들은 특정한 상점과 거주지들을 인식하지만 그들 간의 공간적 관계는 잘 이해하지 못합니다. 따라서 그들은 자주 왕래하는 좁은 지역을 벗어나면 쉽게 방향감각을 잃습니다. 우리는 이미 앞장에서 아이들의 세계를 살펴보았습니다. 그렇다면 이처럼 공간적 개념을 형성하는 데 어려움을 겪는 사람들은 방향감각에서 어떤 문제를 겪을까요?

로버트 에드거튼은 IQ가 55에서 69 사이에 있는 사람들이 익숙한 동네를 벗어났을 때 어떤 혼란을 겪을 수 있는지를 다음의 사례를 통해 보여줍니다. 환자인 메리는 헌신적인 조력자인 키티의 도움을 받는다면 정상적인 생활이 가능하다는 진단을 받고 지체장애인 병원에서 퇴원했습니다. 어느 날 메리와 키티와 에드거튼은 차를 타고 메리 어머니의 집을 찾아가고 있었습니다. 에드거튼은 다음과 같이 말했습니다.

키티는 운전을 하고 메리는 방향을 가르쳐주고 있었습니다. 그런데 메리가 중간에 완전히 길을 잃게 되었습니다. 그녀는 도무지 집을 찾을 방법도 없었고 자신의 혼란한 상태를 설명할 재간도 없었습니다. 결국 연구자(에드거튼 본인)는 전화번호부에서 집주소를 찾기로 결정하고 도로의 위치를 확인했습니다. 그들은 숫자를 식별하기 어려웠던 탓에 처음에는 엉뚱한 길로 차를 운전했습니다. 그들이 어느 큰 레스토랑을 지나칠 때 메리가 손으로 그곳을 가리켰습니다.

마침내 연구자는 자신들이 엉뚱한 길로 가고 있다는 것을 깨달았고 그들은 차를 돌렸습니다. 메리 또한 재빨리 자신들이 잘못된 길로 가고 있는 것이 분명하다고 지적했는데 그 이유를 다음과 같이 말했습니다. "저기에 또 그 레스토랑이 보여. 아까 우리가 잘못된 길로 들었을 때도 봤단 말이야." 그녀는 두 차례 각각 다른 방향에서 그 레스토랑을 지나쳤다는 것을 전혀 알지 못했고 이 사실을 도저히 이해할 수 없었습니다.[11]

공간적 능력은 일상생활에서는 필수적이지만, 공간적 지식은 단어와 이미지로 상징적 표현을 하는 수준에서는 필수적이지 않습니다. 많은 동물들이 인간보다 훨씬 더 뛰어난 공간적 기술을 지니고 있습니다. 대륙을 이동하는 새들이 그 대표적인 사례라고 할 수 있습니다. 그렇다면 인간에게 공간적 능력과 공간적 지식은 어떤 관계일까요? 그것들은 서로에게 어떤 영향을 미칠까요? 공간적 능력은 공간적 지식에 선행합니다. 정신세계는 지각적 경험과 운동감각적 경험을 통해 정제됩니다. 공간적 지식은 공간적 능력을 강화합니다. 공간적 능력은 뛰어난 운동능력부터 대양항해나 우주비행 같은 문화적 성취에 이르기까지 다양합니다.

운동선수의 훈련과정 중에는 뛰어난 성적을 올리는 데 필요한 동작을 상상하도록 도와주는 단계가 있습니다. 가령 멀리뛰기를 시도하기 전에 선수에게 잠시 숨을 고르면서 그가 해야 하는 것을 마음속으로 연습하도록 돕는 것입니다. 축구코치는 단어와 그림을 사용해 팀원들에게 이상적인 공간적 행동 패턴을 지도합니다.[12] 시각장애인들, 특히 선천적으로 시력을 타고나지 못한 사람들은 움직임에서 극심한 제약을 받습니다. 하지만 시력의 결핍을 보완하기 위해 그들의 청각과 촉각은 고도로 발달됩니다. 그들이 정신을 이용해 공간적 개념을 형성하면 공간적 능력은 더욱 강화됩니다. 이를테면, 점자 지도는 시각장애인 아이들이 중요한 랜드마크의 상대적 위치를 마음속에 그릴 수 있도록 도와주지요. 선천적으로 시력을 잃은 소년들은 점자 지도를 통해 경로를 따라가는 법을 배우고 심지어 우회로를 찾아내는 문제를 해결하기도 합니다.[13] 일부 시각장애인들은 태양을 활용해 길을 찾을 수 있는 것처럼 보이기도 합니다. 행동의 과정을 말로 표현하는 것은 시각장애인들이 공간적 딜레마를 해결하기 위해 사용하는 또 다른 방법입니다.[14]

인간은 본능적인 방향감각을 타고나는 것은 아니지만 훈련을 통해 낯선 지역에서도 길을 잃지 않는 능력을 예리하게 발달시킬 수 있습니다. 드 실바는 자동 방향감각을 지닌 듯한 12세 소년의 사례를 들려주었습니다. 그 소년은 방향을 찾기 위해 의식적인 노력을 기울이지 않는데도 낯선 도시에서 결코 길을 잃는 적이 없습니다. 그런 능력은 어린 시절의 훈련에서 비롯된 것 같습니다. 소년의 어머니는 아이에게 보다 더 일상적으로 사용하는 오른쪽 왼쪽보다는 기본방향으로 가르쳤습니다. 그녀는 "서랍 북쪽에 있는 솔을 가져다줄 수 있니?" 혹은 "현관 동쪽에 있는 의자에 가서 앉으렴"이라고 말했습니다. 결국 소년은 어머니 덕분에 상대적으로 오랜 시간 동안 복잡한 길에서 돌아다닐 수 있고

굳이 집중하지 않아도 방향감을 잃지 않는 특별한 능력을 지니게 되었던 것이죠.[15]

좁은 의미에서 공간적 기술은 우리의 신체를 통해 획득할 수 있습니다. 여기서 의미는 민첩성의 의미에 가깝습니다. 반면 넓은 의미에서 공간적 기술은 우리가 장소와의 관계에서 느끼는 자유의 정도, 우리가 움직이는 속도와 범위에서 명확히 드러납니다. 훈련받은 탐험가는 지도와 나침반만 있으면 그 지역에 대한 개인적인 경험에 의존하지 않고도 낯선 지역을 가로질러 이동할 수 있습니다. 기술적 지식을 갖추면 인간도 새처럼 대륙을 횡단할 수 있으며 실제로 짧은 기간 동안 지구의 중력장을 벗어날 수도 있습니다. 인간에게 기술과 지식은 서로 밀접하게 연관되어 있으니까요.

인간은 집단에 따라 공간적 기술과 공간적 지식에서 광범위한 차이를 보입니다. 필리핀 남부 민다나오섬의 타사다이족 같은 소규모의 원시 집단은 숲속의 작은 동굴에 거주하면서 좀처럼 자신들의 거주지를 벗어나려 하지 않습니다. 불과 65킬로미터 이내에 바다와 호수가 있는데도 그들의 언어에는 그런 지리적 특색을 나타내는 단어가 없습니다.[16] 이와는 정반대로 아주 먼 거리를 횡단하는 능력과 정교한 천문학적 구전 지식과 지리적 지식을 발전시키는 능력은 고도의 문명을 꽃피운 민족들의 특징적인 성취로 손꼽힙니다. 실제로 그런 지식과 능력은 물리적 환경 전반에 걸친 그들의 지배력을 나타내는 또 다른 징표이기도 합니다. 하지만 이런 사실만으로 대규모로 통합된 사회들이 느슨하게 조직된 소규모의 집단들보다 훨씬 더 뛰어난 공간적 지식을 지닌다고 단정할 수는 없습니다. 그만큼 많은 예외들이 존재하기 때문입니다.

예를 들면, 소작농과 자작농들은 복잡한 사회적 관계를 발전시켰을 수도 있습니다. 그리고 큰 마을에서 살았을 수도 있고 충분한 식량을 공급하며 살았을 수 있습니다. 그들의 물질문화는 원시 사냥꾼과 낚시꾼들보다 훨씬 더 정교합니다. 하지만 원시적인 사냥꾼들의 공간적 기술과 공간적 지식은 장소에 구속되어 정착생활을 하는 농경민들보다 훨씬 더 뛰어날 수 있습니다. 사냥꾼들의 기술은 단순히 드넓은 땅에서 짐승의 흔적, 웅덩이, 서식지를 찾아내는 것에 국한되지는 않습니다. 비록 이러한 능력에 대한 증거들이 매우 많더라도 말입니다. 공간적 지식은 지형에 대한 상세한 정보들을 뛰어넘어 하늘의 기준점들로 확장되며 그것은 지도 위에 추상적 기호들로 표시될 수 있습니다.

시베리아의 일부 원시적인 수렵집단들은 천문학 지식을 갖고 있습니다. 야쿠트족은 망원경이 없으면 볼 수 없는 플레이아데스 성단(황소자리의 산개성단)의 별들을 육안으로 식별할 수 있습니다. 그들은 별들의 수에 관심을 보입니다. 그들은 플레이아데스 성단에는 많은 별들이 있지만 오직 일곱 개의 큰 별들만 보인다고 말합니다. 그 외 부랴트족과 시베리아 북동부의 원주민들은 장거리 사냥에 나설 때 밤에는 북극성을, 낮에는 태양을 이용합니다.[17]

왜 에스키모인들은
유독 공간적 지식이 뛰어날까

지도를 그리는 것은 공간적 관계를 개념화할 수 있는 능력을 보여주는 확실한 증거입니다. 굳이 장소들의 전반적인 공간적 관계를 그리려 하지 않고도 추측항법(천체관측의 도움 없이 배나 항공기의 위치를 결정하는 방법)과 오랜 경험에 의존해 길을 찾을 수 있습니다. 만약 공간적 관계에 대한 개념화 시도가 이루어진다면 그 결과는 물질적 매체(돌, 나무, 종이 같은 유형의 매체)에 기록되기보다는 정신적 자산으로 남을지 모릅니다. 그럼 지도는 어떤 경우에 필요할까요? 아마도 가장 일반적인 경우는 지리적 정보를 다른 사람들에게 효율적으로 전달해야 할 때일 겁니다. 누군가 야영지나 연못으로 가는 길을 알려달라고 요청할 때 가장 시간이 많이 걸리는 방법은 그곳까지 직접 그 사람을 데려다주는 것입니다. 그렇게 하는 대신에 목적지로 가는 경로와 그곳 지형의 특징을 말로 설명할 수도 있는데 이 방법은 항상 어렵게 느껴집니다. 왜냐하면 언어는 동시적인 공간적 관계의 묘사보다는 사건의 서술에 더 적합한 수단이기 때문입니다.

모래나 진흙 혹은 눈 위에 후다닥 그린 스케치 맵(sketch map, 지형 등의 형상이나 위치 관계를 개략적으로 나타낸 약식 지도)은 그 지역의 특징을 보여줄 수 있는 가장 간단하고 확실한 방법입니다. 지도 제작 능력은 부분적으로는 원시적인 지도제작자의 추상화와 상징화 능력뿐만 아니라 지도를 보는 사람의 비교능력도 전제로 하는

데, 왜 그러냐 하면 그 사람은 구불구불한 선들과 다양한 점들이 실제 지형에서 어디를 표시하는지 알아야 하기 때문입니다. 이런 종류의 스케치 맵은 인간의 거주지들과 움직임의 방향을 나타내기 위한 통행로들, 하천이나 호수 같은 자연적 특징들을 묘사할 것입니다. 이 지도들은 대체로 수명이 짧았습니다. 하지만 일부는 나무껍질, 가죽, 나무에 새겨져 한 민족의 물질문화의 일부로 보존되기도 했습니다. 그런 지도들은 매우 정교해서 어떤 경우에는 필요 이상으로 많은 정보를 주기도 합니다. 그 지도들은 공동의 지리적 지식을 지도의 형태로 간직하려는 욕구를 나타내는 것이라고 할 수 있습니다.

시베리아 북동부의 아라디르 삼각주를 그린 추크치족의 지도를 살펴볼까요. 그 지도들은 목판 위에 순록의 피로 매우 솜씨 좋게 그려져 있습니다. 그 속에서 사람들은 구불구불한 강줄기, 강가의 초목, 여울, 사냥 장소들을 쉽게 찾을 수 있습니다. "많은 섬들로 이루어진 복잡한 삼각주가 충실하게 재현되어 있습니다. 두 개의 평행선은 강가를 나타내고…… 강가의 많은 붉은색 반점들은 확실히 언덕을 나타냅니다. 지도 속 그림들은 사냥과 낚시 장면들로 활기가 넘칩니다. 한쪽 구석에는 세 개의 오두막이 있고 고기잡이 그물이 강 한가운데에 펼쳐져 있으며 무리를 지어 수영하는 순록들의 모습도 보입니다."[18] 추크치족의 지도들은 전반적인 측면에서 볼 때 1900년경에 러시아 수산청에서 제작한 동일한 지역의 지도와 비교해볼 만합니다.

시베리아의 원시 수렵인들은 공간을 개념화하는 방법과 세부적인 지식을 지도의 상징적인 언어로 표현하는 방법을 터득했던 겁니다. 반면에 글을 모르는 러시아 소작농들은 그들이 살고 있는 작은 세계의 바깥에 대해서는 공간적 관계를 제대로 이해하지 못했습니다. 그들은 지도를 그려야 할 이유도 없었고, 지도를 그려보라는 요구를 받았을 때도 그들의 실력은 원시 수렵인들보다 뒤떨어졌습니다. 그렇다면 문화적, 사회적, 물질적 환경의 어떤 요소들이 한 민족의 공간적 기술과 공간적 지식에 영향을 미치는 것일까요? 어떤 조건들에서 한 민족은 그들의 환경을 경험하고 그 핵심을 말과 지도로 표현하고자 할 정도로 환경을 인식하게 되는 것일까요?

존 베리는 그 해답을 찾기 위해 아직 문자를 사용하지 않는 두 집단인 시에라리온의 템네족과 북극 캐나다의 에스키모족을 연구했습니다.[19] 에스키모족의 공간적 지식은 템네족보다 훨씬 뛰어납니다. 에스키모인들은 서구 기술자들의 수준에 필적할 만큼 광범위한 공간적-기하학적 어휘를 지니고 있으며 그것을 바탕으로 그들의 세계를 명확하게 표현합니다. 그에 반해 템네족은 공간적-기하학적 어휘가 부족합니다. 또 에스키모인들은 동석(凍石. 장식품 등을 만드는 데 쓰이는 감촉이 비누 같고 부드러운 돌) 조각품으로 유명한데 최근에는 스텐실과 판목날염(나무로 된 문양판을 이용해 염색하는 방식)으로 만든 작품으로 명성을 떨치고 있습니다. 반면 템네족은 그림이나 조각품, 장식물 등을 거의 만들지 않습니다. 또 에스키모인들은 우수한 기능공들입니다. 미국의 인류학자 에드먼드 카펜터에 따르면, 에스키모인들은 엔진과 시계를 비롯한 모든 기계류를 분해하고 재조립하면서 무척이나 즐거워한다고 합니다. "나는 기계를 수리하기 위해 북극까지 찾아온 미국의 정비공들이 절망하며 포기했던 그 기계를 그들 에스키모인들이 고치는 모습을 보았습니다."[20] 하지만 템네족은 특별한 기계적 소질을 전혀 보이질 않습니다. 마지막으로, 에스키모인들은 굉장히 다재다능한 여행자들입니다. 그들은 지도를 만들고 사용합니다. 하지만 템네족 농부들에게는 그런 기술이 부족합니다.

왜 이런 차이가 발생하는 것일까요? 두 부족의 물리적 환경은 현저하게 다릅니다. 템네족이 사는 지역은 관목과 다른 식물들로 뒤덮여 있어 풍부한 시각적 자극을 제공합니다. 색채 또한 선명합니다. 나무와 풀들은 연녹색에서 진녹색까지 다양한 색채를 띠며 이 초록색을 배경으로 온갖 열매들, 딸기류, 꽃들이 붉은빛과 노란빛을 뿜어냅니다. 반면 에스키모족의 환경은 음산합니다. 여름에는 이끼와 지의류 식물이 대지를 온통 회갈색으로 물들이고 겨울에는 눈과 얼음이 세상을 하얀색으로 뒤덮습니다. 안개가 끼거나 눈보라라도 몰아치면 땅과 바다, 하늘은 전혀 구분이 되질 않습니다. 이처럼 열악하고 그만큼 단조롭게 표현되는 환경에서 에스키모인들은 생존을 위해 지각적 기술과 공간적 기술을 갈고 닦았습니다. 덕분에 모든 주요한 지형지물들이 짙은 안개와 거센 눈보라 속에 잠겨 보이지 않아도 에스키모인들은 지형 간의 관계, 눈과 얼음에 생긴 균열의 형태, 공기의 특징(신선한지 혹은 소금기가 있는지), 바람의 방향 등을 관찰하면서 길을 찾을 수 있습니다. 짙은 안개 속에서 북극의 항해사는 육지에 부딪히는 파도 소리를 듣고 바람의 변화를 확인하면서 바다에서 자신의 위치를 파악합니다.[21] 자연은 적대적이고 불가사의할지 모르지만, 인간은 생존을 위해 필요하다면 이처럼 자연에서 의미를 찾아내고 자연을 이해하는 법을 배웁니다.

사회는 공간적 기술의 발달에 상당한 영향을 미칩니다. 템네족은 대부분 벼농사를 지으며 마을에 거주합니다. 그들의 사회는 경직되어 있고 권위적입니다. 남자들은 여자들을 통제하고 혼인법을 위반하면 가혹한 처벌이 내려집니다. 또한 젖을 뗀 아이들은 엄격하게 훈육합니다. 정규교육은 비밀결사체가 담당하고요. 젊은이들은 숲속에서 수개월에 걸쳐 전통적인 기술과 역할을 배우며 그 이후에는 입회식을 치릅니다. 안전을 위해서는 집단의 방식을 따라야 합니다. 자연과 맞서면서 자연 속에서 생계를 꾸려나가는 것이 바로 이 결속력 강한 집단이기 때문입니다. 자연은 한없이 자비롭기 때문에 어느 정도 노력하면 충분히 생계를 꾸려나갈 수 있습니다. 템네족은 혼자 고립되는 경우가 드뭅니다. 그곳에서는 낯설고 황폐한 공간에서 농부가 스스로 길을 찾아야 하는 상황은 거의 일어나지 않는다는 뜻이죠. 그는 의식적으로 공간을 조직해야 할 필요가 없는데, 그가 움직이는 공간은 그의 일상생활의 일부이자 사실상 그의 장소나 마찬가지이기 때문입니다.

템네족은 그들만의 공간을 지니고 있고, 그들의 공간을 알고 있으며, 체계적으로 구조화되어 있지 않은 공간으로 인해 곤란을 겪는 일이 거의 없습니다. 반면 북극 캐나다의 에스키모 사회는 전혀 다릅니다. 에스키모인들은 수렵인들이며 가족 단위의 야영지에서 거주합니다. 여자들은 맘껏 자유를 누리고 그들의 아이들을 한결같이 자상하게 대합니다. 에스키모인들은 드넓은 땅에서 혼자 일하거나 가까운 친척들과 함께 일합니다. 그들의 도전은 거칠고 변덕스러운 환경에서 비롯됩니다. 에스키모인들 개개인은 자연을 극복하기 위해 조직화된 사회의 힘에 의지하지 않습니다. 대신 그들은 개인의 재능과 의지에 의존합니다. 템네족 농부들과 비교하면 에스키모인들은 개인주의적이고 모험심이 강합니다. 그들은 아이들에게 이런 개성을 발휘하도록 독려하며 아이들 또한 생존을 위해서는 자립심이 요구됩니다. 에스키모인들은 사람이 살기 힘든 환경에 적응해왔고 그런 환경에서 다소나마 편안함을 느낍니다. 하지만 그런 환경이 아직 온전한 장소가 된 것은 아닙니다. 그들은 여전히 체계적으로 조직되지 않은 공간에 대처해야 하며 성공적으로 대처하기 위해 꾸준히 필요한 기술과 지식을 개발해 왔습니다.[22]

태평양의 섬주민들,
뛰어난 공간적 능력의 보유자들

이제 또 다른 공간적 능력인 항해술에 대해 살펴볼까요. 나침반과 해도(海圖, 바다의 상태를 자세히 적어넣은 항해용 지도)를 이용해 대양을 횡단하는 것은 유럽과 중국 문명이 이룬 고도의 기술적인 성과입니다. 태평양 섬주민들의 항해술과 지리적 지식도 나름대로 꽤 인상적입니다. 지리적 지식은 사람들이 거주하는 지역적 환경에 대해 거의 개념화되지 않는 익숙함을 의미합니다. 사람들은 자신의 동네에 대해 잘 알고 있습니다. 또한 지리적 지식은 사람들이 거의 방문한 적이 없는 장소들 간의 공간적 관계에 대한 의식적이고 이론적인 이해를 의미합니다. 태평양 섬주민들은 이처럼 보다 추상적 유형의 지리적 이해에서 뛰어난 면모를 보입니다. 이런 뛰어남을 보여주는 사례로 18세기 영국의 탐험가 제임스 쿡 선장에게 소시에테 제도(Society Islands, 남태평양에 있는 프랑스령 폴리네시아에 딸린 제도)에 대해 알려준 인물인 투파이아Tupaia를 들 수 있습니다. 그는 동쪽의 마르키즈에서 서쪽의 피지에 이르는 그 지역을 잘 알고 있었습니다. 그 지역은 너비가 대서양이나 미국에 버금갈 정도로 넓은 범위에 걸쳐 있었습니다. 투파이아는 인데버호를 타고 쿡 선장과 함께 바타비아(Batavia, 자카르타의 네덜란드 식민지 때의 이름)까지 갔습니다. 그의 고향에서 9,600킬로미터 이상 떨어진 곳에서 배가 우회하고 있음에도 불구하고 "그는 타히티에 도달할 때까지 절대 당황하지 않았다"라고 존 레인홀드 포스터가 감탄하며 말했습니다.[23] 투파이아가 훌륭하게 보여준 이 광활한 지리적 지평은 전 세계의 그 어떤 민족도 따라가지 못합니다. 원시적인 부족들은 장소에 구속되기 때문에 그들의 지리적 지식은 자신들의 근거지를 벗어나면 급격하게 신화처럼 치부되는데, 투파이아의 사례는 그런 그들의 이미지를 상쇄해주는 하나의 명백한 사실입니다.

그렇다면 어떤 조건들 때문에 태평양 섬주민들은 이런 뛰어난 공간적 기술을 발전시킬 수 있었던 것일까요? 그것은 에스키모인들에게서 공간적 기술이 발달했던 조건들과 비슷합니다. 에스키모인들은 생존을 위해서 방대한 지역의 땅과 바다에 대해 잘 알아야 합니다. 왜냐하면 좁은 지역에서 얻을 수 있는 식량만으로는 충분하지 않기 때문이죠. 태평양 섬주민들 또한 그들의 작은 섬보다 훨씬 더 넓은 세계를 탐험해야 합니다. 하지만 그들의 경우 결코 그들의 섬과 인근 바다에서 구할 수 있는 식량이 부족하기 때문만은 아닙니다. 그들이 머나먼 여행에 나서는 이유는 아주 미묘해서 섬주민 자신들도 완전히 알진 못합니다. 풀루와트 원주민들은 자신들은 특별한 종류의 담배를 구하기 위해 200에서 250킬로미터를 여행한다고 주장합니다. 하지만 그들은 담배를 실은 배가 올 때까지 잠시 기다리기만 하면 됩니다. 오히려 그들이 그렇게 멀리 떨어진 섬들을 찾아가게 되면 식량 공급지가 늘어나기도 하지만 그런 교류를 통해 오랜 유대를 돈독히 다지고 새로운 관계를 맺기도 하고 생각과 의견을 나눌 수도 있습니다. 풀루와트족 같은 작은 공동체는 이처럼 멀리 떨어져 있는 훨씬 더 큰 세계의 지원이 없었다면 현재의 문화 수준을 이루지 못했을 겁니다. 더 넓은 사회적 정치적 연결망을 구축하면 소규모 공동체들은 지적 시야도 넓어지고 상품과 배우자 선택의 범위도 확장됩니다. 자연재해, 특히 태풍에도 더 효과적으로 대처할 수 있게 되고요.[24]

에스키모인들과 마찬가지로 풀루와트인들도 자연을 자신들의 미덕과 기술을 발휘하는 무대로 여깁니다. 에스키모인들은 눈과 빙판 위에서 사냥하는 기술에 능통하고, 태평양 섬사람들은 미지의 바다에서 항해하는 기술에 능통합니다. 두 집단의 안전과 성공은 개인의 기술과 지식에 좌우됩니다. 날씨와 조류의 변화가 작은 배에 즉시 영향을 미치는 바다의 세계에서 결단력은 생존에 필요한 중요한 가치입니다. 그래서 젊은 섬사람들은 호기심을 갖도록 교육받습니다. 에스키모 아이들과 마찬가지로 풀루와트 아이들도 맘껏 하고 싶은 대로 하며 많은 자유를 누립니다. 소년들은 6세에서 7세 정도 되면 어른들을 따라 장거리 카누 여행에 나섭니다. 감수성 예민한 나이에 그들은 항해에 대한 구전 지식을 배우고 바다와 하늘을 마음껏 경험합니다.[25]

섬 항해는 개인적인 학습 방식을 공식적인 개념적 지식과 결합합니다. 섬사람이 바다와 항해에 대해 알고 있는 많은 것들은 의식적인 노력 없이도 터득하게 됩니다. 모든 사람들이 섬에서 인정받는 항해사가 되는 것은 아니지만 거의 모든 섬사람들이 대양을 횡단해본 경험이 있습니다. 섬사람은 배가 파도를 헤치고 나갈 때, 조류와 날씨의 변화로 항로를 바꿀 때 배에서 감지되는 느낌을 알게 됩니다. 또한 그는 바닷물 색깔의 미묘한 변화로 암초를 감지하는 법을 배우고 하늘을 보는 법도 배웁니다. 인정받는 항해사의 지식은 평범한 섬사람들의 지식보다 더 구체적이며 더 의식적인 노력을 통해 얻습니다. 그럼에도 오랜 항해 과정에서 그가 내려야 하는 결정들은 철저하고 신중한 계산보다는 과거의 요긴한 경험을 토대로 합니다. 항해사는 예리한 눈을 가져야 하지만 다른 감각들도 예민하게 훈련시켜야 합니다. 이따금 그는 다른 종류의 신호에 집중하기 위해 의도적으로 시각적 단서를 배제하기도 합니다. 이 방법은 별들을 볼 수 없거나 방향에 대한 단서를 제공하는 파도의 형태를 배에서 육안으로 파악하기 어려운 경우에 필요합니다. 파도에 의지해 배를 조종하는 것은 눈으로 보는 것이 아닌 배의 움직임을 따릅니다. 소시에테 제도의 항해사 테와케는 "이따금 카누의 갑판 위에 세운 오두막에서 쉬곤 했는데, 그곳에 누운 채 정신을 집중해서 파도를 헤치고 나아가는 배가 상하좌우로 요동치는 움직임을 분석하면 더 쉽게 조타수가 올바른 방향으로 키를 돌릴 수 있게끔 인도할 수 있었다"라고 말합니다.[26]

섬 항해는 또한 정식으로 가르치고 배울 수 있는 일련의 세부적인 지식이기도 합니다. 풀루와트 환상 산호도(중앙에 해수 호수가 있는 고리 모양의 산호섬)에서의 교육은 육지에서 시작됩니다. 선임 항해사가 방대한 양의 구체적인 지식을 학생들에게 가르치면 학생들은 카누 하우스에 모여 앉아 모랫바닥에 깔아둔 매트 위에 자갈들로 작은 도형을 만듭니다. "자갈은 대체로 별을 나타내지만 그것들은 또한 섬을 표시하고 카누가 섬들을 이리저리 지날 때 섬이 어떻게 움직이는지 표시하기 위해서도 사용됩니다."[27] 그러면 공간적 관계를 가르치기 위해 도식적 도형을 사용한 사례를 살펴볼까요. 그 수업은 "선생님의 지목을 받은 학생이 바다의 한 섬에서 출발해 왕복 가능한 거리라고 여겨지는 인근의 다른 모든 섬들을 다녀오는 동안에 그가 모든 별들을 줄줄 말하게 되면 끝

에타크: 공간적 데이터를 조직하기 위한 체계

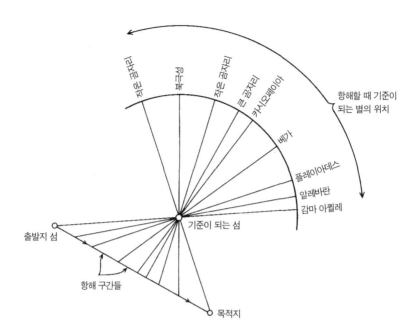

그림 11 에타크: 공간적 데이터를 조직하기 위한 체계. 이 도식은 공간을 개념화하는 풀루와트인들의 정교함을 보여줍니다. "에타크의 역할은 새로운 기본 정보를 만들어내는 것이 아니라 항해한 거리를 쉽고 편하게 표현하고 이해할 수 있도록 속도, 시간, 지리, 천문에 관한 항해사의 지식에 통합할 수 있는 틀을 제공하는 것입니다. 또한 그것은 항해사들에게 항해의 과정 전반에 걸쳐 가장 중요한 이런 핵심적인 변수들에 관심을 집중하도록 돕기도 합니다."(T. Gladwin). Thomas Gladwin, *East is a Big Bird*(Cambridge: Harvard University Press, 1970), opposite page 184. 하버드 대학교 출판부의 허가를 받아 게재합니다.

납니다."[28] 결국 학생들이 배우는 것은 온갖 별들, 섬들, 암초들의 이름과 그것들에 대한 장황한 설명이 아닌, 그것들의 세부적인 형태입니다(그림 11). 토머스 글래드윈은 이렇게 말합니다. "우리가 도로의 지도에서 우리의 위치를 파악하는 것처럼 풀루와트

태평양에 대한 투파이아의 이미지

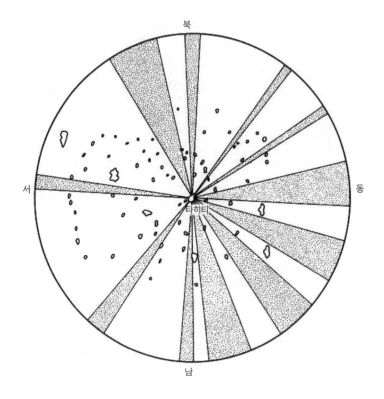

그림 12 태평양에 대한 투파이아의 이미지. 폴리네시아 항해사들에게 태평양은 많은 주요한 섬들이 여기저기 점처럼 찍혀 있는 모습입니다. 근거지(타히티)에서 바깥쪽으로 바라보면 그저 대양 표면의 극히 일부(어둡게 표시된 부분)만 섬들이 없이 텅 비어 있습니다. Michael Levison, R. Gerard Ward, and John W. Webb, *The Settlement of Polynesia*(Minneapolis: University of Minnesota, 1973), page 63. Figure 37 "Tuapia's map and island screens." 미네소타 대학교 출판부의 허가를 받아 게재합니다.

사람들은 바다 위에서 자신과 자신의 섬을 그려낸다." 대양은 두
려움을 일으키는 광활한 미지의 바다가 아니라 수많은 섬들을 연

결하는 해로망입니다(그림 12).[29] 폴리네시아와 미크로네시아의 항해사들은 공간을 항로와 장소라는 친숙한 세계로 변모시킴으로써 그곳을 정복했습니다. 모든 사람들은 일정한 형태가 없는 공간을 구체적인 지리로 바꾸는 역할을 맡습니다. 태평양의 섬사람들은 그들의 광활한 지리적 지평에 대해 자부심을 가질 만한 자격이 있습니다.

10

깊은 의미를 주는 장소가
꼭 시각적으로
특출한 것은 아니다

장소는 다양하게 정의될 수 있습니다. 그 중 하나가 장소는, 무엇이 됐든 우리의 주의를 끄는 안정적인 대상이라는 것입니다. 우리는 마치 파노라마처럼 펼쳐지는 광경을 보다가 어떤 흥미로운 지점에서 시선을 멈춥니다. 순간의 그 정지는 우리 시야에 크게 다가오는 특정 장소에 대한 이미지를 만들어낼 만큼 충분한 시간입니다. 물론 그 정지가 너무 순간적이어서 우리가 특정한 대상에 집중을 했는지조차 자각하지 못할 수도 있습니다. 우리는 그저 전반적인 풍경만을 보았다고 믿으니까요. 그렇지만 정지는 분명 있었습니다. 어떤 풍경 전체를 한꺼번에 보는 것은 가능하지 않습니다. 우리 눈은 끊임없이 시선 둘 곳(쉴 곳)을 찾기 때문입니다. 세심하게 랜드마크를 찾을 수도 있고, 관심을 두지 않을 수 없을 만큼 풍광이 빼어난 지평선 위의 풍경을 찾을 수도 있습니다. 지평선 위로 솟아오른 유명한 봉우리를 바라보고 감탄할 때 그것은 우리 의식 속에서는 너무도 거대해 보입니다. 그래서 정작 실제 그 풍경을 카메라로 찍은 사진에 실망하는 경우도 있습니다. 거인을 기대했는데 난쟁이가 나타난 셈이라고 할까요.

지평선 위로 높이 솟은 봉우리는 확실히 눈에 확 들어옵니다. 그것은 기념물이자 공공장소로 지정되고 기록될 수 있을 겁니다. 미국의 경우도 초창기에 명승지로 인정받은 곳들은 인상적인 존재감을 갖춘 곳들이었습니다. 협곡, 천연 교량, 옐로스톤 국립공원의 간헐온천 같은 것들은 엄청난 위용을 자랑합니다. 그런데 별다른 이목을 끌지 못하는 일반적인 자연경관이 관광객을 끌어들일 만큼 중요한 장소가 되기도 합니다. 이를테면 미시시피강의 발원지는 사실 눈길을 끌 만한 곳은 아닙니다. 그저 그 지역에 있는 흔한 호수나 연못과 별반 다르지 않은 자그마한 물줄기에 불과합니다. 단지 과학자들만이 상세하게 측정한 뒤 어느 웅덩이가 발원지인지 알아냅니다. 일단 어떤 특정한 물길이 미시시피강의 발원지로 인정받게 되고 그 주변이 공원으로 지정되면 그곳은 사람들이 방문하고 사진을 찍고 싶어 하는 장소가 됩니다. 이런 점에서 과학자들은 확실하게 권력을 행사하는 것처럼 보입니다. 그들이 공식적으로 하나의 물길을 콕 집어 가리키는 것으로 하나의 장소를 만들어낼 수 있으니까요.

장소로서의 지위를 잃지 않는 것들

특정한 개인과 집단에 깊은 의미를 주는 많은 장소들이 시각적으로 특출한 경우는 거의 없습니다. 그것들은 본능적으로 알게 되는 것이지 눈과 두뇌의 식견을 통해서 알게 되는 것은 아니기 때문입니다. 문학작품은 그러한 장소들에서 우리가 겪은 친밀한 경험들을 잘 포착해서 보여줍니다. 물론 미국에서 가장 아찔한 산악풍경이 잘 보존되어 있는 그랜드티턴 국립공원 같은 곳의 풍광이라면 굳이 문학작품의 도움이 필요하지는 않겠지요. 순전히 그 규모만으로도 저절로 광고가 되니까요. 그렇지만 문학작품은 미드웨스턴 타운, 미시시피 시골 카운티, 인근 대도시 또는 애팔래치아의 구덩이처럼, 딱히 눈에 띄지는 않지만 사람들의 관심을 끄는 곳들을 조명할 수 있습니다.

문학은 다른 경우라면 우리가 알아차리지 못했을 경험의 영역에 관심을 둡니다. 조각품의 경우에는 그 물리적 존재만으로도 장소감을 불러일으킬 만한 힘이 있습니다(그림 13). 그 자체로는 사용할 수 없지만 한 점의 무생물이 세상의 관심을 얻는 사례가 되는 것입니다. 미국의 시인 월러스 스티븐스는 자신의 시에서 언덕 위에 놓아둔 항아리 조각품 한 점으로 "어수선한 황무지가 그 언덕을 에워싸게 한다"고 말했습니다. 이때 항아리는 지배력을 행사한 것입니다. "황무지는 항아리 위로 솟아올라 주변으로 마구 뻗어나갔다. 이제는 더 이상 황량하지 않게 되었다."[1] 인간이라는 존재는 느낌과 의도를 가지고 있기 때문에 세상을 호령할 수 있습니다. 랭거는 예술작품이 이 일을 할 수 있다고 말합니다. 예술 형식이 인간의 감정을 상징하기 때문입니다.[2] 한 점의 조각상은 인간성을 구현한 것처럼 보이기도 하고 그 자체로 세계의 중심처럼 보이기도 합니다. 조각상 하나는 우리 인지 영역의

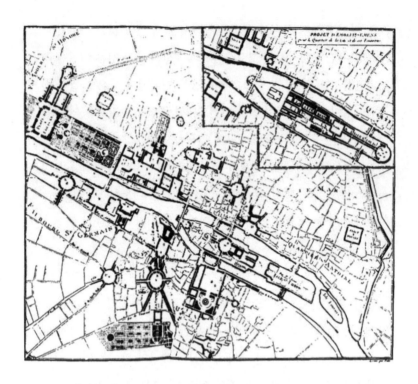

그림 13 시각적으로 뚜렷한 공공 상징물인 광장에는 건축가들이 창조할 수 있는 특징이 담겨 있습니다. 루이 15세 시대에 파리 도시계획에 선정된 M. 파트의 설계도에서 왕립광장은 큰 중요성을 가졌습니다. 각 광장마다 한복판에 왕의 조각 동상이 세워져 있고 도로들은 방사형으로 뻗어나갑니다.

대상이지만 자기만의 공간을 창조하는 것처럼 보이기도 합니다.

물론 언덕 위의 항아리 조각품 하나는 단지 공간을 점유하고 있는 것뿐이지 지배하고 있지는 않다면서 별 의미를 부여하지 않을 수도 있습니다. 어떤 사람들에게 감탄을 불러일으키는 사물이 다른 사람들에게는 인정받지 못할 수도 있으니까요. 문화는 사람들의 인식에 영향을 미칩니다. 그럼에도 영겁의 시간이 흐르는 동안에도 특정 문화의 지지를 받으면서 장소로서의 지위를 잃지 않은 천연적이며 인공적인 사물들이 있습니다. 혹시 어떤 거대한 경관이 창조하는 그 자체의 세계가 확장될 수도 또는 지나가는 관심사로 축소될 수는 있겠지만 그 정체성을 완전히 잃지는 않은 것입니다. 그 한 예가 오스트레일리아 심장부에 있는 거대한 바위인 에어즈 록(Ayers Rock, 표고 868m 둘레 약 8.8킬로미터의 바위)입니다. 이 바위는 과거 원주민들의 신화적 영역과 인지적 영역을 지배했지만 그 어마어마한 위용에 이끌려 방문하는 현대 오스트레일리아인들에게도 하나의 장소로 남아 있습니다(그림 14A). 스톤헨지(Stonehenge, 잉글랜드 솔즈베리 근교에 있는 고대의 거석) 또한 또 다른 건축적 사례입니다. 고대에 그것을 최초로 건설한 이들에 비해 현대의 영국 관광객들에게는 그곳이 갖는 장소로서의 의미가 훨씬 약하게 다가올 겁니다. 세월은 돌들의 침식과 함께 그에 대한 공포심도 야기했지만 그럼에도 스톤헨지는 여전히 중요한 장소로 남아 있습니다(그림 14B).[3]

그렇다면, 하나의 기념비적인 건축물이 특정 문화의 가치를 초월하는 것이 가능할까요? 이에 대해선 다음과 같은 대답이 가능합니다. 스톤헨지 같은 거대한 유적은 일반적이면서도 특별한 의미를 담고 있다고 말입니다. 특별한 의미는 세월이 흐르면서 그의미가 변하지만 일반적인 의미는 살아남습니다. 세인트루이스의 현대적인 구조물인 게이트웨이 아치Gateway Arch는 어떤가요? 이 구조물은 미국 역사를 뛰어넘는 하늘의 둥근 지붕과 문이라는 일반적인 의미를 담고 있지만, 다른 한편으론 미국 역사에서 특

오래가는 장소들(명승지 또는 유적)

A. 에어즈 록

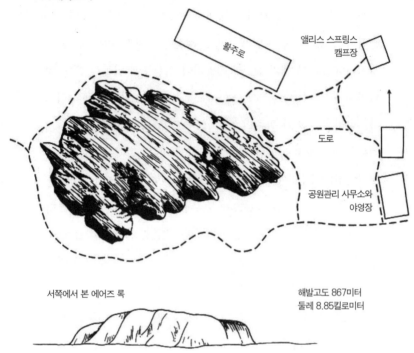

활주로

앨리스 스프링스
캠프장

도로

공원관리 사무소와
야영장

서쪽에서 본 에어즈 록

해발고도 867미터
둘레 8.85킬로미터

B. 동쪽에서 본 스톤헨지 삼석탑

높이 5-6.7미터

그림 14 오래가는 장소들: 오스트레일리아 심장부에 있는 에어즈 록과 잉글랜드 남부 중심에 있는 스톤헨지

별한 시기, 즉 서부 개척시대에 서부 정착지의 관문이라는 특수한 의미도 담고 있습니다. 세계적으로도 드문 오래 지속되는 장소들은 인간에게 말을 걸어옵니다. 그러나 대다수 기념비적인 건축물들은 그 문화의 모체가 쇠락한 뒤엔 버텨내지 못합니다. 더욱이 특수하고 상징적인 사물일수록 오래 살아남을 가능성이 적습니다. 대영제국의 제국주의가 종말을 맞자 이집트에 있던 빅토리아 여왕의 동상들은 더 이상 세상을 호령하지 못하고 길거리의 통행만 방해하는 존재가 되었습니다. 세월의 흐름 속에서 대다수의 공공 상징물들이 장소로서의 지위를 잃고 그저 공간만 채우고 있는 사례지요.

조각품이 느낌을 형상화한 것이라면, 잘 지어진 건축물은 보고 만질 수 있는 온전한 기능적인 영역에 해당됩니다. 랭거는 이렇게 말했습니다. "건축가는 문화의 이미지를 창조한다. 이 이미지는 물리적으로 실재하는 인간의 환경인데, 이 환경은 문화를 구성하는 특유의 리드미컬하고 기능적인 패턴들을 표현한다."[4] 이 패턴들은 개인적이고 사회적인 삶의 리듬입니다. 또한 유동적이며 너무 복잡하다 보니 세세히 밝히고 그에 부합하는 설계를 하는 건 거의 불가능합니다. 그래서 건축가는 문화의 리듬을 직관적으로, 즉 무언의 이해를 하면서 그 리듬에 상징적인 형태를 부여하려고 노력합니다. 집 한 채는 상대적으로 단순한 건축물입니다. 그렇지만 그것이 장소가 될 수 있는 이유들은 여럿 있습니다. 먼저 집은 안식처를 제공합니다. 또 그 공간들의 위계는 사회적 요구에 부응합니다. 또한 집은 보살핌의 영역이며, 추억과 꿈의 저장소입니다. 성공적인 건축은 "자아와 짝을 이루는 세계의 외관을 창조하는 것"[5]이라고 했습니다. 개인적 자아에게 세계는 집입니다. 집단적인 자아에게는 사원, 시청 또는 도심이 그 세계가 되겠지요.

눈에 띄는 경계, 눈에 보이지 않는 경계

예술과 건축은 둘 다 가시성을 추구합니다. 그런 까닭에 분위기, 느낌, 기능적인 삶의 리듬 등에 감각적인 형태를 부여하려는 시도를 합니다. 물론 대다수 장소들은 그처럼 신중한 의도에서라기보다는 주로 실용적인 요구에 부응하느라 만들어졌습니다. 그렇다면 그 지역 주민은 물론 외부인들에게도 받아들여지는 가시성은 어떻게 획득될까요? 먼저 새로운 지역이 세워지는 과정을 한번 생각해 볼까요. 그곳에는 개발되지 않은 황무지가, 다시 말해 구분되지 않은 공간이 있습니다. 일단 숲을 개척해서 빈터로 만들어서 집 몇 채를 세웁니다. 그러면 그 즉시 차별화가 이뤄집니다. 한쪽에 야생이 있다면, 다른 한쪽에는 작고 취약하고 인간이 만든 세계가 있는 것이죠. 농부들은 자신들의 장소를 정확히 인식하고 있습니다. 스스로 만들었고 또 야생 자연의 침입에 맞서 지켜야 할 곳이니까요. 단순한 행인이나 방문자도 그 들판과 가옥들을 경계가 분명한 장소로 받아들이는데 그가 숲에서 개간지로 나오면 이 사실은 더 분명해집니다.

개간지가 지속적으로 확장되면서 숲은 점점 사라져 갑니다. 이렇게 하여 풍경 전체가 인간화가 됩니다. 어떤 마을에 속한 들판은 인근 마을의 들판에 바짝 붙게 됩니다. 이렇게 되면 촌락의 경계도 더 이상 가시적으로 명확하지 않습니다. 더 이상 식별할 수 있는 빈터 언저리에 극적인 의미를 부여하는 일도 사라졌습니다. 이제부터는 온전한 상태로 남아 있는 장소를 유지하기 위해 의례가 필요해졌습니다. 로마 공화정 시대에 한 집안의 가장은 자신의 땅을 직접 걸어 다니면서 찬가를 부르고 희생제물을 앞세워 경계를 확인하면서 토지를 지켰습니다. 영국에서는 교구의 경계를 참관하여 검사하는 오랜 전통이 있었습니다. 즉 교구 목사가 교구 주변을 돌면서 막대기로 표시를 하는 것입니다. 네덜란드에는 안데렌이라는 굉장히 뿌리 깊은 공동체 마을이 있습니다. 그리 오래지 않은 1949년에도 마을의 연장자들과 십대 젊은이들은 마을의 경계 표지를 순찰하는 연례행사를 이어왔습니다. 연장자들은 그 경계 표지가 있는 정확한 장소를 잊지 말라는 뜻에서 그곳에서 젊은이들의 따귀를 때렸다고 합니다.[6]

무심한 방문객들의 눈에는 풍경 안에서 촌락이 차지하고 있는 마을의 경계가 분명치 않아 보일 겁니다. 그렇지만 들판이 앞치마처럼 둘러싸고 있는 촌락은 그 자체로 분명한 경계입니다. 사실 지역 주민들의 장소감이 공간에서 차지하는 거주지의 물리적 범위만으로 고양되는 것은 아닙니다. 다른 거주지들, 그리고 그들과 경쟁관계에 있는 존재에 대한 인식도 그들의 유일무이함과 정체성이라는 감정을 고취시킵니다. 프랑스의 로렌, 부르고뉴,

샹파뉴, 피카르디 등지에 있는 촌락들과 같은 프랑스 마을들은 한복판에 서 있는 교회를 중심으로 민가들이 퍼져 있는 형태입니다. 농부들은 겨울밤에 그리고 주일과 장날에 서로 친분을 나누었습니다. 또한 추수 때와 포도 수확기에도 함께 작업했습니다. 그래서 무심한 구경꾼이라면 그 마을이 하나의 장소, 즉 이웃 공동체들에 대해 자신들의 정체성을 자각하고 있는 통일된 공동체라는 결론을 내릴지도 모르겠습니다. 비단 이 생각이 아주 틀렸다고는 할 수 없겠지만, 사실상 그 마을은 분리되어 있습니다. 이기주의와 논쟁적인 자부심이 거주지뿐만 아니라 각 민가 사이에도 존재했습니다. 이 현상에 대해 프랑스 사회학자 모리스 알박스는 이렇게 쓰고 있습니다.

"그건 마치 한 마을이 이따금 이웃 마을을 무시하고, 시기하며, 증오심마저 보이는 것과 같다. 그래서 어떤 집이 이웃들과 서로 도울 생각을 하기는커녕 서로 시기하고 질투하는 일이 비일비재하다. 공공의 이익을 위해 함께 힘을 합치려는 자연스러운 경향 같은 건 없다."[7]

이기주의와 시기심은 바람직하지 않은 특성입니다만, 사람들은 자신은 물론 집과 지역까지 포함된 자신과 관련된 것들에 대한 자의식을 더욱 키울 뿐입니다.

시골 지역에서 장소에 대한 인식은 규모에 따라 어떻게 변하는가 하는 문제는 윌리엄 스키너의 전통적인 중국 사회에 대한 연구(그림 15)에서 보다 선명하게 밝혀줍니다. 스키너는 "중국의 농부가 자급자족적인 세계에 산다고 말할 수 있다면 그 세계는 그

상이한 규모에 따른 장소의 인식

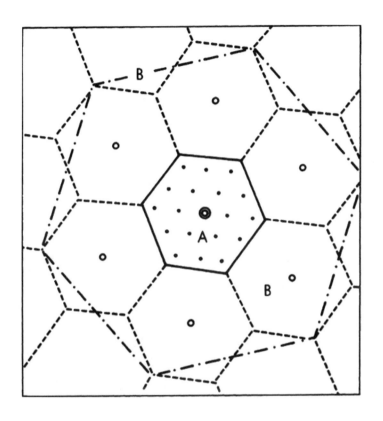

- ● 마을(촌락)

- ○ 시장이 서는 도시들

} 분명하게 경계가 있는 장소들

A. 시장 구역: 분명한 경계는 없지만 다른 지역과 구별되는 장소
B. 시장 지역: 개념적인 장소

그림 15 상이한 규모의 장소들을 인식하기. 촌락과 시장이 서는 도시들은 분명한 경계가 없는 시장 구역과 시장 지역에 비해 뚜렷하게 경계가 있는 장소들입니다. 시장 구역이나 지역을 장소로 인식하는 것은 단순한 관광객이 볼 수 있는 것 이상을 보는 것입니다.

가 속한 촌락이 아니라 일반적인 시장 공동체"[8]라고 보았습니다. 당시 일반적인 시장 공동체의 규모는 51.8제곱킬로미터쯤 됩니다. 그 안에 대략 7-8천 명의 주민들이 20여 개의 마을에 분포되어 살았습니다. 보통의 농부는 외지인들보다 같은 마을 사람들을 훨씬 더 자주 봅니다. 그가 속한 마을은 그에게는 기본적인 장소입니다. 그렇지만 나이가 40-50세 정도 되면 그는 지역 장터를 수천 번은 방문했을 것이고 그곳 찻집에서 자기 마을에서 멀리 떨어진 다른 마을에서 온 농부들과도 교류했을 터입니다. 중년에 들어선 촌부라면 시장에서 일하는 사람들이나 그곳을 방문한 많은 사람들과 가벼운 목례 정도는 나눌 수 있는 사이가 되었겠지요.[9] 이처럼 그는 자기가 속한 마을 공동체보다 훨씬 넓은 사회적 세계를 알고 있습니다. 그렇다면 그는 이처럼 보다 넓은 세계를 경계가 지어진 지역으로 인식했을까요? 즉 다른 비슷한 단위들과 구분되는 별도의 특성을 가진 장소로 말입니다.

집촌의 경계는 확연히 보입니다. 이에 반해 일반적인 상업 환경의 바깥쪽은 특별히 주목할 만한 물리적 풍경이 아닙니다. 대개 전통적인 중국의 시골에서 시장 구역이라 하면 긴밀하게 조직된 하나의 기능적인 단위를 말합니다. 시장 구역의 자급자족도가 높았다는 것은 저울과 도량형은 물론 심지어 언어까지도 인접한 다른 시장 공동체들과 눈에 띄게 다르다는 사실로 알 수 있습니다. 그런데 그 지역 사람들은 이 사실을 알까요? 그 지역의 엘리트층이라면 아마 인식하고 있었을 겁니다. 지주들은 이웃마을뿐 아니라 서책 같은 자신들의 특별한 욕구를 충족시킬 수 있는,

규모와 기능을 갖춘 더 수준 높은 지역을 방문하니까요. 더 수준 높은 장소에서 볼 때, 그는 다른 여러 시장 구역들 가운데 자기네 구역의 위치를 분명히 인식할 수 있었을 겁니다. 평균적인 시장 구역들은 많은 행위들에 의해 하나로 통합됩니다. 그 가운데 유독 두드러지는 한 가지가 바로 사원에 모신 신의 세속적 영역을 규정해주는 종교적 행렬입니다. 그 행렬은 경계가 있는 공간인 시장 구역에 극적인 의미를 부여하는 효력을 지녔습니다. 그것은 "연례적으로 공동체의 영토 범위를 재확인하며, 도심을 중심으로 형성된 구조를 상징적으로 강화하는" 일이었습니다.[10]

내 동네, 우리 동네,
그리고 가난한 동네와 부자 동네

밀집되어 있는 마을은 풍경 안에서는 확연히 드러납니다. 시골 동네에 가보면 가옥은 물론 경작지 위로 솟아 있는 나무의 윤곽 등이 보입니다. 이에 비해 도시의 각 동네는 시각적으로 그다지 두드러지지 않습니다. 대규모 시가지에서는 각 동네가 작은 부분에 불과하며, 한 동네가 어디서 끝나는지, 또 다른 동네가 어디서 시작되는지 명확히 구분하기도 어렵습니다. 도시를 조망하는 도시계획 설계자라면 각 지역의 고유한 물리적, 사회경제적 특성을 구분할 것입니다. 그는 그곳들을 지구 또는 동네neighborhood로 칭하기로 하고 애초에 존재하지 않았던 이름도 붙일 것입니다. 그에게 이들 지역들은 지적인 개념으로서의 장소들이니까요. 그렇다면 그런 지역에 사는 사람들은 어떤 인식을 갖고 있을까요? 그들은 자신들이 사는 구역의 집들이 비슷하게 지어졌고 사람들 대다수도 비슷한 사회경제적 계급에 속한다는 것을 알까요? 이에 대한 답은 물론 꼭 그렇지만은 않다는 것입니다. 주민들은 당장의 필요와는 거리가 먼 개념들을 굳이 품고 지낼 이유가 없는 거죠.

허버트 갠즈가 진행한 보스턴의 웨스트엔드West End 지역 연구는 도시계획 전문가가 보는 〈동네〉라는 개념의 좋은 예를 보여줍니다. 오래된 노동자 계급 지구인 이곳은 슬럼가로 지정돼 1958년부터 1960년 사이에 연방정부의 재개발 사업의 일환으로 철거되었습니다. 이곳을 보존하자는 목소리는 그 지역 주민들의 호응을 쉽게 얻지 못했습니다. 웨스트엔드 사람들은 결코 동네라는 말을 쓰지 않았는데 그들에게는 이곳이 물리적, 사회적 독립체라는 인식이 거의 없었기 때문입니다. 그들의 관심사는 기본적으로 본인들의 집이 있는 거리와 자주 들르는 상점들에만 국한되어 있었으니까요.[11] 이러한 극단의 지역적 편협성을 알게 된 정치가들은 지구 전체가 아니라 개별적인 거리 위주로 개선사업을 시행하겠다고 약속했습니다. 그들 정치가들은 즉각적인 경험에 한정된 유권자들의 작은 세계를 넘어 보다 높은 의식을 고양시키려는 노력을 하지 않았습니다. 그러다가 웨스트엔드 전체가 철거될 위험에 직면하고 나서야 사태의 심각성을 깨달은 사람들은 깜짝 놀랐습니다. 그런데 지구 전체가 철거되는 와중에도 자기네 거리는 그 사태를 모면할 거라고 생각하는 사람들도 있었습니다. 웨스트엔드 보존운동에 참여했던 지역민들은 소수의 지식인과 예술가들이었습니다. 그곳 주민들과는 달리 이 사람들은 〈우리 동네〉라는 개념을 가지고 있었습니다. 이에 대해 갠즈는 이렇게 설명합니다.

"비록 그들은 또래집단 내에서 활발하게 목소리를 냈지만 그들의 경력과 창조적인 관심사는 오히려 그들을 또래집단과 심리적으로 분리시켰습니다. …… 결과적으로 그들은 웨스트엔드와의 강력한 상징적인 공감대를 발전시켰지요. 부분적으로는 그들의 재능과 주변성에 기인한 것도 있었지만 그들은 동네라는 개념으로서 웨스트엔드 전체를 받아들일 수 있는 데까지 발전시킬 수 있었습니다."[12]

한 사람이 살고 있는 거리는 그 사람에게는 친밀한 경험을 할 수 있는 곳입니다. 그리고 보다 넓은 단위, 즉 동네는 하나의 개념입니다. 그 지역의 길모퉁이에 대해 한 개인이 갖는 감정은 시간이 흐른다고 해서 동네 전체를 포괄할 정도까지 저절로 확장되지는 않습니다. 개념들이 경험에 기대고 있지만 그렇다고 반드시 경험의 결과인 것만은 아니기 때문입니다. 처음에 이 개념은 질문에 의해 불려나와 선명해지면서 구체화되는가 싶더니 이윽고 더욱 추상적인 방향으로 흘러가 버립니다. 그 질문과 대답은 다음과 같은 방식으로 진행됩니다.

질문: 〈나의〉 동네는 무엇이라고 생각하며, 무엇으로 구성되었다고 보나요?

대답: 나의 동네는, 내가 사는 곳이며 내가 물건을 사러 가는 곳입니다. 나는 모두가 저마다 자신의 동네를 갖고 있다고 생각합니다.

질문: 그렇다면, 〈우리〉 동네란 무엇인가요?
대답: 나와 같은 부류, 말하자면 이탈리아계와 아일랜드계가 뒤섞인 노동자 계급 지역에서 아일랜드 사람들이 모여 사는 지역을 말합니다.

질문: 그럼, 〈동네〉란 무엇인가요?
대답: 이탈리아-아일랜드계 노동자 계급 지역처럼, 막연하지만 인접한 지역과는 다르다고 인식하고 있는 물리적 사회적 단위를 동네라고 합니다.

보다 큰 단위는 정신적 노력을 통해 가시성을 획득합니다. 그리하여 동네 전체가 하나의 장소가 됩니다. 하지만 이는 개념적인 장소라서 우리의 감정을 수반하지는 않습니다. 그런데 이웃에 경쟁자가 생기거나 실제로든 혹은 상상으로든 이웃으로부터 위협을 받는다고 느낄 때, 특정한 부분에 한정되던 직접적인 경험들이 드러나면서 그것에서 추론된 감정이 전체 동네에 드리워지기 시작합니다. 그리하여 어떤 사람이 길모퉁이에 대해 품었던 따스한 감정은 더욱 넓은 범위까지 아우를 만큼 커져갑니다. 도시 재개발 같은 외부 사건으로 지역 주민들은 더 큰 단위를 볼 수 있게 되는데 그 단위에 강한 지역색, 시각적인 특징, 그리고 분명한 경계들이 더해진다면 주민들은 더욱더 생생하게 현실을 인식할 수 있을 것입니다. 집과 거리는 그 자체로는 장소감을 만들어내지 않습니다. 그러나 그것들이 구별이 될 만큼 특징이 뚜렷하다면 이러한 특성은 그곳 주민들이 보다 큰 장소의식을 발전시키는 데 큰 기여를 할 것입니다.

노동자 계급과 빈곤층은 자신들이 직접 설계한 집이나 동네에 살지 않습니다. 그들은 부유층이 떠나면서 버린 주택으로 이사 오거나 정부 보조금으로 지은 주택에 입주하기도 합니다. 둘 다 물리적 구조가 그 거주자들의 이상을 반영하지는 않는 경우입니다. 그들의 감정은, 혹시 그런 게 있다면, 친밀함과 마찬가지로 느리게 발전합니다. 반면 부유한 사람들은 그들 자신이 설계하고 디자인한 환경을 점유할 수 있습니다. 그들의 꿈은 신속하게 집과 잔디밭으로 실현될 수 있습니다. 처음부터 풍족한 사람들은 비슷한 부류에 둘러싸여 자신들만의 장소에서 살 수 있고 그들 또한 이 사실을 잘 알고 있습니다. 부자 동네는 애초부터 거주자들과 외부인들의 눈에 잘 띕니다. 그곳의 건축물은 자신들만의 특성을 드러내 보일 가능성도 높고, 부지는 담장에 둘러싸여 있고, 정문엔 경비원이 지키고 있을 수 있습니다.

보스턴의 비콘힐Beacon Hill은 오래된 동네로 유명합니다. 이 동네는 미국 독립 후 몇 십 년에 걸쳐 보스턴 부유층이 꿈꾸던 교외 주택지로 출발했습니다. 이제는 오래된 역사에 파묻혀 있는 동네이지만 한때는 으리으리한 고급주택 지역이었습니다. 비콘힐의 고급스러운 장소감과 특출한 가시성은 다음과 같은 요인들이 조합된 결과입니다. 먼저 건축적 차별성입니다. 이곳의 주택들은 인접한 지역의 건물들과 구별되는 특유의 양식을 지니고 있습니다. 또 하나는, 시간입니다. 시간은 비콘힐 주민들에게 풍성한 추억을 선사했습니다. 세 번째는 중요한 행사들과 사람들입니다. 그로 인해 이 동네는 더욱 빛을 발합니다. 주민들과 동네는 설탕 몇 컵 빌리는 것이 아니라 사교적인 방문과 사적인 식사초대를 주고받는 것 같은 강한 유대감으로 묶여 있습니다. 주민들은 그 장소의 전통에 자긍심을 갖습니다. 그들에게는 사람들의 관심을 끌 동네 유산을 소개하는 우아한 소책자를 제작할 만한 교육 수준과 시간적 여유가 있습니다. 이에 더해 비콘힐의 가시성을 드높이는 것은 공공의식입니다. 이를테면 크리스마스 시즌에 그곳 각 가정에서는 촛불을 장식하는데 이 장면을 보러 많은 관광객들이 몰려오기도 합니다. 이와 같이 그 장소의 정체성을 강화하는 비공식적인 방법들은 비콘힐협회 같은 공식적인 조직의 노력으로 보강됩니다. 비콘힐협회는 그 구역에 바람직하지 않은 사람들과 업체는 받아들이지 않겠다는 취지로 세워진 단체입니다.[13]

한 구역의 명성이 그곳 거주자들보다는 외부 집단의 선전에 더 좌우되는 경우도 있습니다. 심지어 가치의 명확한 표현을 천직으로 삼는 예술가들이 많이 사는 그리니치 빌리지 특유의 보헤미안 이미지도 외부 미디어와 부동산 중개인들의 홍보에 적잖은 덕을 본 경우입니다.[14] 슬럼가와 빈민굴은 상당수 북미 대도시들에서 볼 수 있는 특징적인 장소들입니다. 개중에는 중산층이 보기에도 너무 독특해서 아예 관광객들의 관심을 끄는 경우도 있습니다. 그래서 냉방시설이 갖춰진 버스를 탄 소도시 시민들은 마치 흥미진진한 엿보기 쇼라도 관람하는 것처럼 시카고의 빈민촌을 지나갑니다. 유대인 타운Jew Town, 검둥이 마을Nigger Town, 뒷마당Back of the Yard 등과 같은 경멸적인 이름들은 그 지역 주민들을 두려워하는 외부인들이 붙인 것입니다. 처음에 그곳 사람들은 자신들이 더 큰 지역의 일원임을 자각하지 못했을 수 있습니다. 그들은 단지 그 도시에서 더 가난한 곳의 한 구역에 살고 있는 거라고만 생각했을 수 있습니다. 그런데 외부의 메시지가 흘러들어온 겁니다. 그 지역민들은 자신들이 소위 〈뒷마당〉, 즉 모종의 분명한 특성을 띤 채 외부인들이 들어오기를 꺼리는 경계가 지어진 지역에 살고 있다는 점을 슬슬 알아채기 시작합니다. 전체로서의 뒷마당은 그곳 거주민들에게는 어두운 현실이 됩니다. 그것은 무기력과 분노 그리고 장소에 대한 자각과 정치적 행동의 가능성이 혼재하는 그곳 주민들의 자존심과 결합된 현실입니다.

도시가 권력과 자긍심을 획득하는 방법

도시는 하나의 장소이며, 무엇보다 〈의미의 중심〉입니다. 도시에는 가시성 높은 상징물들이 많습니다. 그런데 보다 중요한 점은 도시 자체가 하나의 상징물이라는 것입니다. 도시는 다음과 같은 것을 상징합니다. 첫째, 전통적인 도시는 지상과 지옥에 내재한 혼돈의 힘과 대조되는 초월적이며 인공적인 질서를 상징했습니다. 고대 도시들이 그 기념비적인 웅장함에 부여하려 했던 것도 초월적 질서였습니다. 고대인들은 거대한 벽과 웅장한 문들로 성스러운 공간의 경계를 표시했습니다. 그 같은 방어시설은 적은 물론 악마와 망자의 혼으로부터 사람들을 지켰습니다. 중세 유럽에서 사제들은 소위 혼돈의 위협인 악마와 질병 그리고 죽음을 물리칠 수 있도록 성벽을 높게 쌓았습니다.[15] 둘째, 도시는 이상적인 인류 공동체를 상징했습니다. 셰익스피어는 이렇게 말했습니다.

"도시란 무엇인가? 사람들이란? 그렇다, 사람들이 도시다."
(「코리올라누스Coriolanus」 3막 1장).

도시는 의례와 축제의 규모와 권위를 통해 권력과 명성을 획득함으로써 관심을 집중시킵니다. 본디 오래된 수도들은 큰 중요성을 갖는 의례의 중심지로 출발했습니다. 성스러운 공연을 의례로 정착시키는 데에는 화려한 건축적 배경이 필요했습니다. 그리하여 의례의 중심지는 세속적인 대중과 그들의 활동을 끌어모았습니다. 그러다가 경제적 기능이 크게 증가하면서 도시의 종교적 정체성도 점점 밑으로 가라앉기에 이릅니다. 하지만 극적인 과장과 과시에 대한 감정은 세속적 영역으로 가지를 친 종교의식과 마찬가지로 여전히 살아남았습니다. 지금보다 훨씬 선명한 색채를 띠던 중세 유럽의 대성당과 교회에서는 한 해를 마무리하는 기념행사들이 그 중심 역할을 했습니다. 세속적인 행사들도 종교적 행사들 못지않게 보여주는 것에 치중하게 됩니다. 중세 런던에서 군중은 왕실 행차뿐 아니라 그보다 신분이 낮은 고위층을 보려고도 모여들었습니다. 심지어 죄수의 이송 행렬이 지나는 거리조차 축제 분위기를 방불케 할 정도였다고 합니다.[16]

사람들을 끌어들이고 넓은 건물과 거리를 무대로 삼았던 공적인 행사가 줄어들면서 근대 도시가 가시성이라는 부분에서 타격을 입었다는 것은 거의 말할 필요조차 없는 사실입니다. 물론 도시는 사적인 행사나 생일 파티, 고등학교 졸업식, 농구 시합 같은 준準 공공 드라마를 공연하기 위한 숱한 무대들의 정교한 복합체이기도 했고 지금도 그렇습니다. 하지만 이것들은 도심 한복판에서 얼마간 떨어진 곳에서 종종 벌어지는 지엽적인 행사들에 불과합니다. 아닌 게 아니라 공공건물의 초석을 놓거나, 광장에 나무를 심거나, 교회당을 헌당하는 것 같은 의식들은 오늘날의 바쁘고 회의적인 시민들에게는 갈수록 의미를 잃어가는 구시대의 공허한 행동이 되어가는 것 같습니다. 19세기와 20세기 초까지만 해도 미국의 도시 주민들에게는 그러한 행사에 대한 느낌이 조금은 남아 있었습니다. 얼마간의 대중 축제 형식을 띤 도시 행사에 대한 감정 같은 것이라고 할까요. 미니애폴리스를 한번 볼까요. 1896년, 처음으로 시의 경계에 스티브스 대령의 집이 세워지는데 바퀴에 실은 건물을 원래 그 집이 있던 장소인 헤네핀 다리에서 미네하하 공원까지 끌고 가는데 무려 1만 명이나 되는 학생들이 릴레이 팀을 짰다고 합니다. 그 일은 지역 전체를 들썩였던 행사였습니다. 사람들은 길가에 도열해서 그 광경을 구경했습니다. 오늘날 같으면 이런 일에 세련된 미니애폴리스 사람들이 흥분할까요? 또 다른 예도 한번 보겠습니다. 1929년에 이 도시에 포셰이 타워Foshay Tower가 완공되었는데 당시 건축주는 개장식에 미국 48개 주의 주지사들을 초청하는 것이 좋겠다고 생각했답니다. 그런데 1972년에 미니애폴리스에서 가장 높은 IDS 빌딩이 완성되면서 도시의 랜드마크로 등극했지만 당시에는 뭐 특별히 대대적인 행사는 없었습니다.

한 도시가 같은 자리를 오랫동안 지키고 있다고 해서 저절로 역사가 되는 건 아닙니다. 과거의 사건들이 역사책이나 기념비적 건축물, 공연, 전통의 일부로 인정받은 엄숙하고 흥겨운 축제 등을 통해 기념되지 않는다면 현재에 영향을 미치지 못합니다. 오래된 도시는 후대의 시민들이 대대로 그곳에 대한 그들의 이미지를 유지하고 재창조할 수 있는 사실들이 담긴 풍성한 창고를 보유하고 있습니다. 자신들의 과거에 자긍심을 갖는 시민들은 부드러운 목소리로 숭고히 고향을 받드는 일에 착수합니다. 그런데 북미의 변방 지역에 새로 세워진 도시들은 신망 높은 과거를 갖고 있지 못합니다. 그것으로 사업을 벌일 만한, 시 지도자들이 땅땅거릴 만큼 자부심 충만한 과거가 없습니다.[17] 공격적이고 요란한 선전은 원래 인상적인 이미지를 만드는 하나의 기법이었는데 예전만큼은 아니더라도 지금도 여전히 사용되고 있습니다. 그 도시의 찬양자들에게 도시의 과거나 문화를 치켜세울 만한 것이 별로 없다고 칩시다. 그러면 그들은 추상적이고 기하학적인 우수성, 이를테면 〈가장 중심인〉, 〈가장 큰〉, 〈가장 빠른〉, 또는 〈가장 높은〉 같은 표현을 강조하는 쪽으로 기울게 됩니다. 어느새 이런 공격적인 선전은 미국의 전통이 되어버렸고 현란한 팝아트 형식으로 실행되었습니다. 잔 모리스는 테네시주의 한 도시에 관한 글에서 이렇게 묻고 있습니다.

"당신은 채터누가(Chattanooga, 테네시강에 인접한 도시로 남북전쟁 당시 격전지)에 세계에서 〈가장 큰〉 주일학교가 있다는 것을 알고 있습니까? 그곳이 세계 전자산업의 〈중심지〉라는 것은요? 또 1인당 세계에서 〈가장 많은〉 교회가 있다는 것은요? 세계에서 〈가장 가파른〉 케이블 철도가 룩아웃산을 달려 미국에서 〈가장 높은〉 곳에 있는 기차역까지 간다는 것은 알고 계시나요? 추추 레스토랑이 세계에서 〈가장 큰〉 식당이라는 것은요? 채터누가에서 미국의 마구를 제작하고 있다는 것은요? 또 당신은 일곱 개 주를 한꺼번에 볼 수 있는 남부 〈최장의〉 경치를 채터누가에서 감상할 수 있는 것도 알고 계시나요? 〈메이드 인 채터누가〉라는 말은 지역 가게에서는 〈크나큰〉 자랑거리지요. 즉 〈아침의 아들들 가운데 가장 명석하고 뛰어난 이들〉이 그곳에서 만들어낸 것이라는 의미를 담고 있으니까요."[18]

그리스 도시국가와 근대 민족국가, 모두가 자신들만의 정체성을 갖는 구체적인 장소다

개인이든 집단이든, 자기감sense of self은 힘의 행사에서 성장합니다. 도시는 독립된 정치적 단위, 다시 말해 〈도시국가〉로서 최대의 가시성을 획득할 수 있었을 것입니다. 이런 배경에서 그리스의 도시국가들을 먼저 살펴볼까 합니다.

그리스 도시국가들이 생생한 개성을 갖는 데 이바지한 몇몇 요인들이 있는데, 그 첫 번째가 바로 작은 규모입니다. 아테네인들이 점령하고 있던 아티카Attica의 경우도 도보로 이틀이면 그 끝까지 도달할 만큼 작았습니다. 스파르타는 정복을 통해 성장한 도시인데 대다수 국가들은 스파르타보다 크지 않았습니다.[19] 그리스의 도시국가는 추상적인 독립체가 아니었습니다. 시민이라면 그 점을 직접 확인할 수 있었습니다. 비록 그 시민이 자기 나라의 끝에서 끝까지 직접 걸어가 보지 않았다 하더라도 적어도 자신이 충성을 바쳐야 한다고 생각하는 국가의 물리적 한계는 알 수 있었다는 얘기입니다. 맑은 날이면 고지 너머로 자신의 나라와 경쟁관계에 있는 다른 국가들이 보였을 테니까요. 도시의 자기감을 고양시키는 또 다른 요인은 적은 인구입니다. 그곳에서 사람들은 서로 다 알고 지냈습니다. 물론 사회의 의사소통이 광범위하고 활발하게 이뤄진다고 해서 꼭 공적인 비즈니스로 이어지는 것은 아닙니다. 그런데 그리스인들은 성인이라면 관직이든 국방이든 국가가 기능하는 데 온전히 참여해야 한다고 믿었습니다. 그들에게는 공무와 영예가 대개는 자취를 남기지 않고 흔적도 없이 사라지는 개인적 삶보다 훨씬 값진 것이었습니다.

도시국가들 간의 경쟁은 애국적인 열정에 불을 지폈으며 각 국가만의 개성에 대한 인식을 고취시켰습니다. 그들 사이의 경쟁은 전쟁이나 체육경기 형식을 띠었습니다. 전쟁은 보다 약한 이웃의 영토를 손에 넣기 위해서, 그리고 그들을 지배하기 위해 벌입니다. 체육경기는 제우스 신에게 경의를 표하는 의미로 올림피아에서 4년마다 치렀습니다. 그 경기는 사람들의 마음에 극도의 국가주의를 불타오르게 했습니다. 도시들은 전장에서 이긴 것보다 올림픽에서 승리한 것을 더 큰 자랑으로 삼을 정도였습니다. 그리고 좀 더 조용하게 자랑할 거리들도 있었습니다. 아테네는 자신들의 정치제도에 자부심을 가졌습니다. 아테네의 장군 페리클레스는 "우리 정부의 형태는 다른 경쟁자들의 제도에 비할 바가 아니다. 우리는 이웃들을 모방하지 않았다. 하지만 그들에겐 귀감이 되고 있지 않은가"[20]라고 말했을 정도입니다. 스파르타는 비非직업군인, 즉 시민군을 자랑스러워했습니다. 따라서 다른 도시국가들과는 달리 방어를 위한 물리적 장벽을 따로 세울 필요가 없었습니다.

고대 그리스의 여러 도시국가에서 비합법적 수단으로 지배자가 된 참주들은 수도의 정체성을 고취시켰습니다. 고대 그리스에서 참주들의 출현은 국가의 질서를 재확립하려는 긴박한 필요성에 대한 부응이기도 했습니다. 독재자가 자신의 위상을 공고히 하는 데는 당연히 대중의 지지가 필요했을 겁니다. 그에겐 이를 위한 두 가지 검증된 방책이 있었는데 그 하나가 해외 원정입니다. 외국과의 전쟁은 애국심을 고취시킴과 동시에 국민에게는 정치적 굴종 상태를 잊게 해줍니다. 또 다른 방편은 신전 건설을 포함한 대규모 공적 사업과 예술에 대한 지원에 국고를 후하게 푸는 것입니다. 웅장한 예술품은 애국적 열정을 끌어모으고 그 감

정을 배출할 통로를 제공했습니다.[21]

도시국가는 구성원들 대다수가 서로 알고 지낼 만큼 크기가 작았습니다. 하지만 근대 민족국가는 그것을 경험하기에는 지나치게 규모가 큽니다. 따라서 거대 민족국가가 단지 정치적 이념이 아니라 국민들이 깊은 애착심을 느낄 수 있는 〈구체적인 장소〉처럼 보이게 하려면 상징적인 방안이 필요했습니다. 국가가 국민에게 최고의 충성을 요한다는 믿음은 근대적 열정의 산물입니다. 17세기 말에 이르면 전 세계에서 점점 더 많은 사람들이 그런 생각을 갖기 시작합니다. 한편으로는 보편주의의 이상을, 다른 한편으로는 지역주의를 끌어내면서도 민족국가는 당시 세계에서 가장 지배적인 정치 단위가 되었습니다. 사실 근대국가가 되려면 직접 경험과 친밀한 지식에 근거한 지역적 애착심은 극복되어야 했습니다. 이런 배경에서 독일의 민족주의 주창자인 에른스트 모리츠 아른트(Ernst Moritz Arndt, 1769-1860년)는 이렇게 썼습니다.

독일의 조국(아버지의 땅)은 어디인가?
슈바벤인가? 프로이센 땅인가?
포도가 자라는 라인강인가?
갈매기들이 스치듯 나는 발트해의 소금물인가?
오 그건 아니다! 독일의 조국이라면
더 위대하고 더 장대한 곳이어야 한다![22]

일단 자신들만의 마을, 도시 또는 지역과 맺어진 감정은 보다 큰 정치 단위로 옮겨가야 했습니다. 민족국가는 그 어느 한 부분만 아니라 최대치의 가시성을 달성해 냈습니다. 어떻게 이것이 가능했을까요? 그 한 방법이 국가를 종교적 숭배의 대상으로 만들었던 것이고 그 생각은 지금이라고 다르지 않습니다. 1792년 6월에 프랑스 입법의회는 다음과 같은 법령을 공표했습니다.

"모든 코뮌(11세기부터 13세기에 프랑스에서 발달한 도시 자치 단체)에는 조국에 바치는 제단이 세워져야 할 것이며 그 위에는 다음과 같은 권리선언이 새겨져야 할 것이다. '시민은 조국을 위해 태어나고, 살고, 죽는다'"[23]

사람들은 애국적 열정으로 "우리의 신성한 땅을 보존해야만 한다"고 말합니다. 사실상 그들이 하는 말은 "교회와 마찬가지로 꼭 지켜져야 할 우리의 땅"이라는 뜻과 같은 것입니다. 대지 위의 들판과 시궁창은 평범하고 아무런 관계도 없는 시시한 것들입니다.[24] 따라서 성스러운 나라라는 관념을 현실화하려면 직접적으로 경험할 수 있는 성스러운 장소들이 만들어져야 합니다. 미국의 경우 이런 곳들은 교회와 성당이 아닙니다. 미국이라면 필라델피아에 있는 독립기념관이나 렉싱턴의 리 장군 묘지, 뉴욕의 그랜트 장군 묘지, 그리고 워싱턴에 있는 위풍당당한 기념물 등이 그런 장소가 될 것입니다.[25]

역사책은 민족국가를 장소로, 실제로는 인물로 탈바꿈시키는 데 기여했습니다. 애국주의 문학은 이른바 〈민족의 의지와 운명〉이라는 식의 의인화된 표현으로 가득합니다. 19세기는 이러한 역사책을 통한 이미지 구축이 활발하게 이뤄진 시대였습니다. 칼턴

헤이즈의 분석에 따르면, 대체로 초창기에 역사는 지역의 역사였으며 "왕들의 연대기, 전사들 또는 성인들의 전기, 신이 인간을 다루는 과정에 대한 철학적 논고 같은 세계 또는 종교적 역사가 주를 이루었지, 보통 이야기하는 민족의 역사는 거의 없었습니다. 그런데 19세기 동안에는 그 범위나 의미에서 민족적이라 하지 않을 역사 서술은 거의 없었습니다."[26]

학교에서 보는 지도책이나 역사책에 나와 있는 지도들을 보면 민족국가들이 뚜렷한 경계를 지닌 하나의 단위처럼 보입니다. 소축척지도(현지의 길이를 축소하여 지도상에 나타낸 비율이 높은 지도)는 사람들로 하여금 자기 나라를 자급자족하는 별개의 독립체로 여기게 합니다. 길게 늘어선 언덕들이나 강줄기처럼, 한 국가의 주권이 미치는 가시적인 경계는 〈장소로서의 국가〉라는 인식을 뒷받침합니다. 그런데 하늘에서 보면 산이나 강은 단지 물리적인 지리를 구성하는 하나의 요소에 불과하며 담장이나 초소 같은 인공적인 표시물은 눈에 잘 띄지도 않습니다. 항공사진들은 역사책에서는 별로 쓸모가 없습니다. 수직적 시각을 보여주는 지도들은 또 다른 문제입니다. 지도 제작은 분명히 정치적 목적 아래에서 행해질 수 있습니다. 지도책에서 세계 국가들은 서로 충돌하는 색깔들의 모자이크처럼 보입니다. 분홍색 캐나다가 버터색의 미국 위쪽으로 훨씬 넓게 퍼져 있습니다. 즉 한 나라가 어디에서 끝나고 다른 나라가 어디에서 시작되는지는 물론이거니와 뚜렷하게 구분되는 정체성에도 일말의 의심을 품게 하지 않습니다.

요컨대, 깊이 사랑받는 장소들은 우리 자신에게든 타인에게든 반드시 가시적이지만은 않다는 것입니다. 장소들은 다양한 수단을 통해 가시화될 수 있습니다. 다른 장소들과의 경쟁이나 갈등, 시각적 뚜렷함, 예술, 건축물, 축제와 의식을 환기하는 힘 등이 그런 역할을 하겠지요. 이렇듯 한 장소의 정체성은 삶에 대한 개인 또는 집단의 열망, 요구, 기능상의 변화를 어떻게 극적으로 만드는가에 따라 생생한 현실이 됩니다.

11

신화적 공간은
인간의 욕구에 상상력이
반응한 것이다

신화는 종종 현실과 대비되곤 합니다. 신화는 정확한 지식이 부재할 때 성행합니다. 그래서 과거에 서구인들은 축복받은 자들의 섬, 파라다이스, 북서항로, 남방대륙이 존재한다고 믿었습니다. 물론 지금은 더 이상 그런 것들의 존재를 믿지 않습니다. 하지만 신화는 과거의 유물이 아닙니다. 왜냐하면 인간의 이해력은 여전히 제한되어 있으니까요. 오늘날 정치적 신화는 잡초만큼이나 흔합니다. 반면 지리적 신화는 사실이지만 근거가 부족합니다. 지금 우리는 16세기 이전 우리 선조가 알고 있던 것에 비해 지구의 물리적인 특성들에 대해 훨씬 더 많이 알고 있습니다. 하지만 지식은 축적되는 것입니다. 그것은 대백과사전과 지리학 서적들 속에 깊이 새겨져 있습니다. 개인이자 특정한 사회의 구성원으로서 우리가 지니는 지식은 그저 삶의 관심사에 따라 매우 제한적이고 선택적이며 편향적일 뿐입니다.

신화는 감각적 증거를 통해 쉽게 진위를 파악하거나 입증할 수 있는 그런 믿음이 아닙니다. 북서항로가 실제 존재하는지, 파라

다이스가 에티오피아에 진짜 있는지라는 질문은 제기조차 되지 않았습니다. 오히려 그런 장소들은 존재하는 것으로 가정되었는데, 문제는 그 장소들을 찾는 것이었습니다. 유럽인들은 한때 북서항로와 지상낙원 같은 장소들이 실제로 존재한다는 믿음에 끈질기게 집착했습니다. 거듭되는 실패에도 불구하고 탐험가들은 그곳들을 찾기 위한 노력을 중단하지 않았죠. 그런 장소들은 반드시 존재해야만 했는데, 바로 그것들이 복잡한 신념체제의 핵심 요소이기 때문입니다. 지상낙원이라는 개념을 포기하면 세계를 바라보는 전체적인 방식에 위협이 가해질 수밖에 없습니다.[1]

신화적 공간은 크게 두 종류로 구분될 수 있습니다. 우선 첫 번째 신화적 공간은 경험적으로 알려진 것을 둘러싸고 있는, 불완전한 지식의 불분명한 영역입니다. 이것은 〈실용적인 공간〉을 형성합니다. 두 번째 신화적 공간은 사람들이 수행하는 실질적인 활동에 기반이 되는 토착화된 가치들의 개념인 세계관의 공간적 요소입니다. 이 두 종류의 공간은 문자가 없는 전통사회의 경우에는 학자들에 의해 잘 기술되었고 현대세계에서도 존속되고 있습니다. 이 공간들이 존속되는 이유는 집단들뿐만 아니라 개인들에게도 항상 애매하게 알려진 것들과 알려지지 않은 것들의 영역이 존재할 것이고, 또한 사람들 중 일부는 항상 자연에서 인간의 장소를 총체적으로 이해하려고 하기 때문입니다.

두 종류의 신화적 공간

첫 번째 종류의 신화적 공간은 직접적인 경험을 통해 얻은 익숙하고 일상적인 공간들이 개념적으로 확장된 것입니다. 산이나 바다 너머에 무엇이 있을지 궁금할 때 우리는 상상력을 동원해 현실과 거의 혹은 전혀 관계가 없는 신화적 지리를 구성합니다. 환상의 세계는 빈약한 지식과 엄청난 동경을 토대로 만들어집니다. 그런 스토리들은 자주 언급되었으니 여기서 굳이 반복할 필요는 없을 듯합니다. 그리 잘 알려지지 않은 현상은 실질적인 활동의 현장을 둘러싼 불분명한 신화적 공간으로, 우리는 그것에 의식적으로 주의를 기울이지는 않지만 그것은 우리의 방향감각과 우리가 세계 속에서 안전하게 지낸다는 인식을 위해 필요합니다.

서재에서 개와 함께 놀고 있는 한 남자를 생각해 볼까요. 그는 자신 앞에 있는 대상을 바라보며 소리와 다른 감각적 단서들을 통해 주위의 보이지 않는 부분들을 인식합니다. 그는 자신이 지각하지 못하는 것들도 어렴풋이 인식합니다. 이를테면 그가 기대고 있지 않은 의자의 등받이와 시야에서 벗어난 책들이 꽂혀 있는 책장이 그런 것들에 해당합니다. 하지만 그의 세계는 서재의 벽에서 끝나지 않습니다. 서재 너머로는 집 안의 다른 곳들과 도시의 거리들, 그 도시의 랜드마크들, 전국에 산재한 다른 도시들이 계속해서 이어집니다. 그 모든 것들은 그를 중심으로 나침반형 격자 속에 대충 배치되어 있습니다. 물론 그는 개와 함께 놀고 있기 때문에 이런 원거리 기준점들에 주의를 기울이지 않죠.

하지만 이런 광범위한 암묵적 지식은 그의 편안한 기분에 필수적이며 그 지식은 그의 작은 활동 무대로 초점이 맞춰집니다. 그는 요청을 받으면 인식의 범위를 초월한 광범위한 영역을 마음에 그릴 수 있습니다. 또 그는 암묵적 지식이라는 거대한 창고의 일부분을 명확하게 표현할 수 있습니다. 그는 창문을 가리키며 "그래, 저기 엘름가가 남북으로 뻗어 있어"라고 말할 것입니다. 그리고 벽을 가리키며 "뉴욕은 저기에 있는 것 같은데. 그럼 뉴올리언스는 내 오른쪽에 있을 거야"라고 말할 수도 있습니다. 사실적인 오류는 지각되지 않는 영역에서 많이 일어납니다. 이런 지각되지 않는 영역은 인간이 더 이상 단순화할 수 없는 신화적 공간이자 알려진 것들을 둘러싸고 있는 불분명한 환경입니다. 여기서 말하는 알려진 것들이란, 인간에게 알려진 것들에 대한 확신을 주는 것들을 말합니다.[2]

문화적 집단의 차원에서, 우리는 미크로네시아의 현실적인 풀루와트인들에게는 그들의 공간을 채우기 위해 전설적인 섬들이 필요했다는 것을 살펴보았습니다. 풀루와트인들은 뛰어난 뱃사람이자 항해사였습니다. 그들의 지리적 지식은 환상 산호도와 인근 해역을 훨씬 벗어나 대양의 드넓은 영역까지 확장됩니다. 또한 실용적인 종족인 그들은 의식과 금기의 효력이 떨어진다고 여겨지면 선뜻 그것들을 포기합니다. 항해하는 법을 배우는 것은 이미 기억력에 상당한 부담이 됩니다. 그래서 그곳 섬사람들은 쓸모없는 지식은 기꺼이 버리는 듯하지만 그럼에도 멀리 있는 전설적인 장소로 가는 경로는 여전히 가르치고 있습니다.[3]

인간의 보편적 특성을 연구하는 문화인류학자인 어빙 할로웰은 이렇게 적고 있습니다.

"아마도 자신의 세계를 공간화하는 인간의 가장 두드러진 특징은 그것이 결코 행위와 지각적 경험이라는 실용적인 수준에 국한되지 않는다는 사실일 것이다."[4]

할로웰은 한 가지 사례로 캐나다의 위니펙 호수 동쪽 베렌스 강 주변에 사는 매니토바의 솔토 인디언의 공간적 체계를 들었습니다. 그들이 직접적인 경험을 통해 알고 있는 지형은 기본적으로 겨울철의 사냥터와 여름철의 낚시터로 제한됩니다. 이런 환경이 어우러져 하나의 작은 세계를 구성하지요. 솔토 인디언은 그 세계를 아주 자세히 알고 있습니다. 하지만 그 작은 세계를 벗어나면 지형에 대한 그들의 지식은 애매하고 부정확해집니다. 특정 사냥터에서 주로 사냥을 하는 인디언은 다른 인디언이 사냥하는 지역의 지리는 잘 모릅니다. 그렇다 해도 모든 인디언들은 가본 적이 있든 없든 간에 그들의 근거지에서 아주 멀리 떨어져 있는 큰 호수와 강의 위치는 대강 알고 있을 겁니다. 직접적인 경험이 가능한 작은 세계는 상징적인 수단을 통해 간접적으로 알려진 훨씬 더 넓은 지역들에 둘러싸여 있습니다.[5]

또 다른 전 세계적인 현상을 살펴보자면, 현대 서구사회에서 같은 동네에 사는 사람들은 그들의 지역은 잘 알고 있지만 이웃이 사는 지역은 잘 모르는 것 같습니다. 하지만 아마 두 집단 모두 자신들의 동네가 속한 훨씬 더 큰 지역(지방이나 국가)에 관한 막연한 지식(신화)은 알고 있을 겁니다. 이 막연한 지역에 대한 지식이 쓸모없는 것은 아닙니다. 비록 부정확하고 환상에 젖어 있지만 그것은 인간의 경험 세계에 대한 현실감각에 필수적입니다. 사실은 의미를 지니기 위해 맥락을 필요로 하며, 맥락은 예외 없이 모호하고 신화적으로 변하기 마련이니까요.

두 번째 신화적 공간은 세계관이나 우주론의 한 요소로서 기능합니다. 이 공간은 첫 번째 종류의 신화적 공간보다 더 잘 표현되고 더 의식적으로 유지됩니다. 세계관은 환경을 이해하기 위한 사람들의 어느 정도 체계적인 시도라고 할 수 있습니다. 인간이 살기에 적합해지려면 자연과 사회는 질서가 유지되고 조화로운 관계가 수립되어야 합니다. 그래서 모든 사람들은 각자의 환경에서 질서정연하고 적합하다는 인식을 느끼고자 하지만, 일관된 우주론적 체계를 정교하게 만드는 과정에서 모두가 그것을 추구하는 것은 아닙니다. 대체로 복잡한 우주론은 대규모의 안정적인 정착형 사회와 연관됩니다. 그런 우주론은 자연에서의 인간의 장소에 대한 질문에 해답을 찾으려고 노력합니다.[6] 왜냐하면 실용적인 활동들이 일관된 세계 체계 속에서 각각의 역할과 장소를 지닌다고 인식되지 않으면 그 활동들은 독단적인 것으로 보이며 따라서 신들과 자연의 정령들을 화나게 할지도 모르니까요.

인간의 신체, 지구, 그리고 우주

인간은 지구와 우주와 어떻게 연관될까요? 이에 대해 우리는 두

가지 유형의 대답, 즉 세계 전역에 알려진 두 가지 도식에 대해 검토해야 합니다. 우선 첫 번째 도식에서 인간의 신체는 〈우주의 표상〉으로 인식됩니다. 두 번째 도식에서는 인간이 기본방위와 수직축으로 이루어진 우주의 구조에서 〈중심〉이 됩니다. 여기서 우리는 공간을 조직하기 위한 두 가지 시도를 하는데, 이는 마음속에 있는 어떤 제한된 목적이 아닌 우주에서 안정감을 얻기 위해서입니다. 우주는 이질적이지 않습니다. 우주는 인간의 운명에 영향을 미치거나 그 운명을 결정하지만 인간의 요구와 계획에도 반응합니다.

인간의 신체는 우리가 아주 친밀하게 잘 알고 있는 물질적 우주의 일부입니다. 또한 세계를 경험하기 위한 조건일 뿐만 아니라 우리가 늘 관찰할 수 있는 속성을 지닌 접근 가능한 대상이기도 합니다. 인간의 신체는 계층적으로 조직된 도식입니다. 그것에는 감정이 실린 생리적 기능과 친밀한 사회적 경험의 결과로 생겨난 가치들이 주입되어 있습니다. 따라서 인간이 직관적으로 알려진 신체의 통일성을 토대로 다면적인 자연을 통합하려는 시도를 해왔다는 것이 그리 놀랍지는 않습니다. 인간의 해부학적 구조와 지구의 지형적 형상 간의 유사성에 대한 인식은 널리 퍼져 있습니다. 서아프리카의 도곤족은 바위를 뼈로, 흙을 위의 내부로, 적토를 피로, 강가의 흰 자갈을 발가락으로 간주합니다.[7] 또 북아메리카의 어떤 원주민들은 지구를 뼈와 살, 머리카락으로 만들어진 지각 있는 존재로 생각합니다. 중국에서 유행하는 민담에서는 지구를 우주적 존재로 여깁니다. 산은 몸이고 바위는 뼈이며, 물은 혈관을 따라 흐르는 피이고, 나무와 풀은 머리카락이며, 구름과 안개는 숨쉴 때 나오는 입김(생명의 정수를 가시적으로 보여주는 우주의 호흡 혹은 구름의 호흡)으로 보는 것이죠.[8] 한편 중세 유럽에서는 인간의 신체를 소우주로 여기는 것이 보편적인 관념이었습니다. 혈관이 인간의 신체에 퍼져 있는 것처럼 수로水路도 지구의 몸에 퍼져 있다고 본 것이죠. 이런 견해는 15세기 영국의 인쇄업자이자 출판업자인 윌리엄 캑스턴의 『세계의 거울The Mirrour of the World』에 나타나는데 그 책은 13세기의 자료를 번역한 것입니다.[9] 엘리자베스 여왕 시대에 왕궁에서 일하는 신하이자 모험가였던 월터 롤리 경은 그런 원리를 되풀이하면서 인간의 호흡은 공기와 비슷하고, 인간의 체온은 지구의 땅속 온기와 유사하다는 의견까지 덧붙였죠.[10] 이런 방식의 추론은 18세기 런던왕립학회의 주목을 받기도 했습니다.[11]

지구는 인간 신체의 확장판입니다. 이런 개념 덕분에 전통적 사상으로 지구를 이해하기가 한결 쉬워집니다. 하지만 소우주 이론은 단지 지구뿐만 아니라 별들과 행성들까지 인간의 신체와 관련시킵니다. 바르칸과 카시러에 따르면, 점성술은 처음부터 소우주에 기반을 두었습니다. 인간은 별들의 우주에서 결정적이며 핵심적인 존재입니다.[12] 인간은 자신 안에 별들의 체계 전체의 정수를 담고 있습니다. 점성술과 인간의 신체를 결합하는 것은 우주의 다양한 물질들을 통합할 필요성과 평행한 완전체를 추구하는 과정에서 비롯됩니다. 인간의 신체는 두 개의 우주계 속에 새겨질 수 있는데, 고대 그리스의 천문학자인 프톨레마이오스와 로마의 점성술사인 마닐리우스 같은 그리스-이집트 학파의 점성술사들이 강조한 황도대(태양을 도는 주요 행성들의 행로)와 그보다 훨씬 이전에 점성술에 능통했던 칼데아인들이 강조한 행성계(항성과 그 둘레를 공전하는 행성으로 이루어진 계)가 그 두 가지에 해당됩니다. 바르칸의 견해에 따르면, "각 우주계는 개체들을 통제하는 나름의 고유한 힘을 지니고 있으며 인간 신체의 각 부위들과 연계를 이루고 있습니다. 황도 12궁(천구상에서 황도가 통과하는 12개의 별자리)은 태어날 때부터 존재하며 인간 신체의 해부학적 속성들의 영구적이고 불변하는 본질을 지배합니다. 한편 행성들은 우주에서 일어나는 위치의 변동에 따라 우리 신체 내의 일상적인 변화를 좌우합니다."[13]

사람은 일을 해야만 합니다. 즉 생계를 위해 들판에서 노동을 해야 합니다. 농업은 날씨와 계절의 영향을 받으며, 날씨와 계절은 다시 별들의 영향을 받습니다. 중세 기독교의 도상학에서 황도 12궁은 달과 태양의 추이에 따라 변하는 계절적 현상과 관련됩니다. 따라서 별들의 형태는 매우 중요한 농업의 주기와 연관됩니다. 예를 들면 다음과 같습니다.

물병자리: 강우나 강물의 범람(1월)
양자리: 가축의 번식기(3월)
처녀자리: 추수의 여왕(8월)

인간과 그들이 매달 행하는 노동은 별자리와 연관되어 인간의 직업을 만들어 내기도 합니다. 이를테면 다음과 같습니다.

　　6월 게자리: 풀을 베는 사람

　　7월 사자자리: 건초를 긁어모으는 사람

　　8월 처녀자리: 추수하는 사람[14]

　인간의 신체를 우주의 표상으로 여기는 이 도식은 개별적인 인간의 성격과 운명을 설명한다고 알려져 있습니다. 중세 기독교인들은 별들의 시간과 공간이 대지의 수확량과 인간 노동의 시기에도 영향을 미친다고 생각했습니다. 하지만 소우주 및 대우주의 도식은 지구 표면에 어떤 뚜렷한 공간적 구조를 강제하지는 않습니다. 그렇다면 자연에서 인간의 장소는 무엇일까요? 거대한 공간적 요소를 담고 있는 그 대답은 앞에서도 언급했고 이제 보다 구체적으로 살펴보려고 하는 두 번째 도식에 있습니다. 그 두 번째 도식은 기본방위에 의해 정의되는 세계의 중심에 인간을 둡니다. 이 개념은 호모 미크로코스무스(homo microcosmus, 소우주로서의 인간) 개념만큼 널리 알려져 있습니다. 기본방위를 토대로 설정된 공간적 틀은 신세계 우주론에서 두드러집니다. 또한 그것은 구세계에서는 이집트에서 인도, 중국에서 동남아시아에 이르는 광범위한 지역에서 잘 발달되어 있습니다. 또한 이처럼 고도로 발달된 문명의 중심지들을 벗어나 아시아 내륙과 시베리아 평원의 단순한 국가들에서도 나타납니다. 정향형 공간(oriented space, 기본방위로 이루어진 우주의 중심에 인간을 두는 것)의 개념은 아마도 지중해 연안의 아프리카에서 시작해 사막을 가로질러 서아프리카 공동체들의 우주론적 사상에 영향을 미쳤을 겁니다. 그래서 서남아프리카의 부시맨들은 정향형 공간이라는 개념에 익숙합니다.[15]

솔토 인디언, 중국인, 유럽인들의 신화적 공간

정향형 신화적 공간은 문화에 따라 세부적인 사항에서는 큰 차이를 보이지만 공통되는 보편적인 특징들을 지니고 있습니다. 그 중 하나가 인간중심주의로, 그것은 명백하게 인간을 우주의 중심에 둡니다. 아메리카 남서부에 거주하는 푸에블로 인디언들의 견해는 널리 알려져 있는데요. 그들에게 "지구는 우주의 중심이자 주요 대상입니다. 태양, 달, 별, 은하수는 지구의 부속물이고요. 그것들의 기능은 지구를 인류가 거주할 수 있는 환경으로 만드는 것입니다."[16] 정향형 신화적 공간은 다른 일반적인 특징들도 지닙니다. 그것은 자연과 사회의 힘을 공간적 틀 안의 중요한 지점들이나 장소들에 연계하면서 그 힘을 체계화합니다. 또한 우주의 구성 요소들을 분류하고 그것들 사이에 존재하는 상호 영향력을 제시하면서 우주를 이해하려고 합니다. 게다가 인간을 공간에 귀속시키며 따라서 사실상 공간을 장소로 전환시킵니다. 또 정향형 신화적 공간은 거의 무한하게 나누어질 수 있습니다. 다시 말해, 알려진 세계뿐만 아니라 일개 거주지 같은 그 세계의 가장 작은 부분까지 우주의 표상이 됩니다.

정향형 공간적 틀의 공통적인 특징뿐만 아니라 개별적인 특징도 매우 다른 세 가지 경우, 즉 솔토 인디언, 중국인, 유럽인을 각각 살펴보면서 설명할 수 있습니다. 캐나다 매니토바의 솔토 인디언들은 사냥과 낚시 위주의 단순한 경제를 이루며 살고 있습니다. 실제적인 활동에서 그들은 오직 자연의 특성에만 의존해 방향을 탐지하며 잘 알려진 지형지물들을 이용해 길을 찾습니다. 그들은 지역의 지형지물들 이외에도 주요 호수와 강, 북아메리카 정착지들의 대략적인 위치와 이름까지 알고 있습니다. 앞서 우리가 살펴보았던 이런 지식은 직접적으로 어떤 실질적인 가치를 지니지는 않습니다. 그 지식의 용도는 지각할 수 있는 대상에 맥락을 부여하는 것입니다. 솔토 인디언들은 이런 맥락의 영역을 넘어 북극성, 태양의 진로, 동서남북 사방에서 불어오는 바람의 근원지로 자신들의 위치를 파악합니다. 이것들은 신화적 영역의 기준점들로, 그 영역의 중심에 인디언들이 살고 있습니다. 동서남북 각각의 방위에서 불어오는 바람은 솔토 인디언의 우주에서 두드러지게 나타납니다. 그것은 의인화된 존재들로 각각 기본방위의 기준점과 동일시됩니다. 방향은 공간에서의 이동경로라기보다 본질적으로 장소이자 근원지입니다. 공간에 대한 개념은 주요한 장소들의 위치라는 개념에 종속됩니다. 인디언들은 동쪽을 바람의 근원지이자 태양이 떠오르는 장소로 간주하며 서쪽을 태양이 지는 장소로 여깁니다. 남쪽은 죽은 자들의 영혼이 여행하는 장소이자 여름철의 새들이 떠나오는 장소이고요.[17] 그들에게 기본방위는 그저 대략적으로만 알려져 있습니다. 솔토 인디언들은 먼 길을 떠나는 여행을 할 때 별들의 위치를 이용하지 않기 때문에 그것들에 대한 정확한 지식은 아무 쓸모도 없습니다. 신화적 영역을 구축하는 것은 지적 욕구와 심리적 욕구를 충족시킵니다. 그것은 외양을 보호하고 사건을 설명합니다. 인디언들은 바람의 근원지를 가령 여행자들에게서 들어서 알고 있는 캐나다의 허드슨만Hudson Bay 같은 실제적인 실체를 지닌 것으로 간주할까요? 네, 그런 것처럼 보입니다. 어빙 할로웰은 다음과 같이 말하고 있습니다.

저 멀리 남쪽에…… 죽은 자들의 땅이 있다. 죽은 자들의 혼령을 그곳까지 인도하는 길이 있는데, 몇몇 사람들은 죽은 자들의 땅에 갔다가 되돌아왔다고 알려져 있다. 그들은 그곳까지 가는 여정과 그곳에서 본 것들에 대해 이야기했다. 나는 예전에 내 통역사가 나이든 한 원주민에게 내가 남쪽에서 왔고 미국이 그 방향에 있다고 말했던 것을 기억한다. 나이 많은 그 원주민은 지혜롭게 살며 웃으며 아무 말도 하지 않았다.[18]

중국은 오래된 문명입니다. 인구 규모, 경제력, 물질적인 성취에서 중국인들과 솔토 인디언들은 현격한 차이가 납니다. 하지만 그들의 신화적 공간은 공통점을 지니고 있습니다. 다른 민족들과 마찬가지로 중국인들도 경험적 지식의 세계를 지니고 있으며 그 너머로 모호한 사실들과 예리하게 새겨진 전설을 둘러싸고 있는 영역이 이어져 있습니다. 마야족, 호피족, 테와족, 오글라라 수족을 비롯한 많은 북아메리카 원주민 부족들과 마찬가지로 중국인들도 인간을 네 개의 기본방위로 이어지는 공간의 중심에 두는데, 각각의 방위는 색깔이나 때로는 동물과 연계됩니다(그림 16). 인간은 세계에 대한 자신의 경험에 질서를 부여하고자 합니다. 따라서 그처럼 질서를 이룬 세계가 인간을 중심으로 돌아가는 것은 그리 놀랍지 않습니다. 중국인들의 세계관은 지극히 인간중심적입니다. 한왕조 시대의 기와 디자인을 살펴볼까요. 기와는 중국인들의 우주를 축소해 놓은 것입니다. 대지가 직사각형에 경계가 있는 것처럼 기와도 거의 유사한 형태를 지닙니다. 기와의 네 방향에는 각각 동물을 상징하는 모형들이 자리를 잡고 있습니다. 동쪽 가장자리에는 청룡이 있는데, 그것은 식물의 색깔과 나무의 기운을 나타냅니다. 떠오르는 태양의 방향을 차지하고 있는 청룡은 봄을 상징하기도 합니다. 남쪽에는 태양이 정점에 달한 여름과 불의 상징인 주작이 있습니다. 서쪽에는 "쇠의 기운을 지닌 가을을 나타내는 백호가 있는데 그것은 무기, 전쟁, 처형, 추수, 풍성한 결실과 황혼의 고요, 추억과 회한, 돌이킬 수 없는 과거의 실수를 상징합니다."[19] 북쪽에는 겨울의 어둠이 있는데, 모든 새로운 시작은 여기에서 일어납니다. 북쪽은 현무, 검은색, 물과 관련되어 있습니다. 이 우주의 중심에는 황토 위에 사는 인간이 있습니다. 한왕조 시대의 기와에 인간은 그려져 있지 않지만 장수와 행복이라는 글자에서 그들의 지극히 인간적인 욕망이 드러나 있습니다.

유럽에서도 고대부터 기본방위의 공간적 좌표가 존재했지만

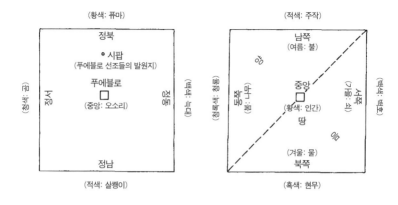

A. 푸에블로 인디언의 세계관

B. 중국인들의 전통적인 세계관

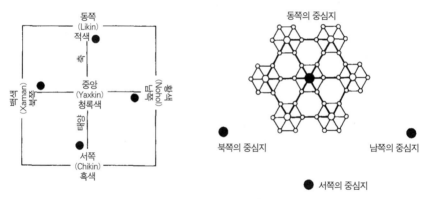

C. 고대 마야인의 세계관:
서기 600-900년의 사분 모델

D. 고대 마야 저지대의 공간적 구조(지역의 중심지에서
외딴 촌락까지): 서기 1930년의 육각형 모델

그림 16 신화적-개념적 공간. 아메리카 인디언들의 세계관(A, C)과 중국인들의 세계관(B)은 공간적 구조가 기본방위를 향하고 있다는 점에서 유사합니다. 고대 마야 문명의 공간적 구조는 그들의 이상적인 세계관(D)을 반영하고 있습니다. C와 D의 출처: Joyce Marcus, "Territorial organization of the Lowland Classic Maya," *Science*, vol. 180, 1973, figures 2 and 8. 조이스 마커스와 미국과학진흥협회의 허가를 받아 게재합니다. 저작권은 미국과학진흥협회에 있습니다.

우주의 구조에서 그 역할은 중앙아메리카와 중국 같은 고도로 발달된 문화의 중심지들에 비하면 큰 비중을 차지하지는 않았습니다.[20] 중국인들이 기본방위의 공간적 틀을 사용해 자연의 구성 요소들을 조직했던 반면 고대 그리스인들은 행성의 신들을 사용했습니다. 중국에서는 각 방위에 색깔, 동물, 원소가 결부되었습니다. 반면 그리스에서는 각 행성의 신에 색깔, 식물, 모음 글자, 금속, 돌이 결부되었습니다.[21] 공간적 틀과 연계된 우주론은 그런 연계가 없는 우주론에 비해 더 정적인 경향을 보였습니다. 중국의 자연 신령들과 신들에게는 그리스 신들의 역동성과 난폭성이 보이지 않습니다. 서구문화는 기본방위에 근거한 구체적인 우주론적 체계를 구축하지는 않았지만 그럼에도 불구하고 이런 기본방위는 다양한 종류의 상징적 공간을 개념화하고 구성하는 과정에서 반복적으로 등장했습니다(그림 17). 고대 그리스에서 동쪽과 서쪽 방위는 많은 상징적 의미를 지녔습니다. 동쪽은 빛, 흰색, 하늘, 위를 의미했고 서쪽은 어둠, 땅, 아래를 암시했습니다. 이런 이유에서 대다수의 후기 도리스 양식(고대 그리스 건축 양식) 사원들은 동쪽을 향하고 있습니다.[22]

중세 초기의 우주는 그리스와 그리스 이전 사상의 영향을 반영합니다. 세비야의 이시도루스(Isidore, 서기 560-636년)의 저술에서 우리는 우주가 네 부분으로 나누어진다는 개념을 발견합니다. 이시도루스는 동쪽이 봄, 공기, 습기와 뜨거움의 특성과 연관되고, 서쪽은 가을, 땅, 건조함, 차가움과 연관되며, 북쪽이 겨울, 물, 차가움, 습기와 연관되고, 남쪽이 여름, 불, 건조함, 뜨거움과 연

프톨레마이오스의 우주

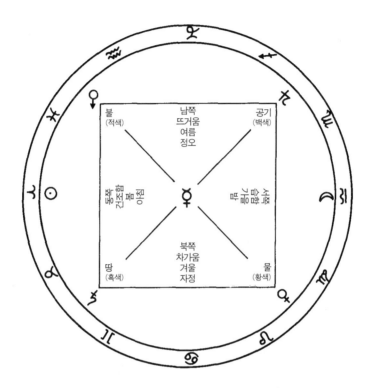

그림 17 프톨레마이오스의 우주. 아메리카 인디언들과 중국인들의 세계관(그림 9)과 달리 프톨레마이오스의 우주는 기본방위의 개념을 황도 12궁, 태양과 달, 행성들 같은 천체들보다 하위에 놓습니다. Karl A. Nowotny, *Beitrage zur Geschichte des Weltbildes*(Vienna: Ferdinand Berger & Sons, 1970), p. 26. Ferdinand Berger & Sons의 허가를 받아 게재합니다.

관련된다고 생각했습니다.[23] 그는 네 개의 기본방위에서 비롯되는 네 개의 주요한 바람도 인식하고 있었습니다.[24] 네 개의 방위는 확실히 중세시대에 공간에 질서를 부여하기 위한 주요한 원리였습니다.

기독교는 고대 이교도들의 많은 상징과 의식들을 그들의 세계 관에 수용했습니다. 태양은 그리스도를 나타내는 자연적 상징들 가운데 하나였습니다. 성경에는 "그리스도께서 너에게 비추이시 리라"(에베소서 5장 14절)와 "치료하는 광선을 비추는 공의로운 해 가" 하나님의 날에 "떠오르리니"(말라기서 4장 2절) 같은 구절이 있 습니다. 기독교에서 한 주는 일요일에 시작되고 교회 초기에 기 독교인들은 새벽에 부활한 그리스도를 찬양했습니다. 건축에서 교회의 방향은 오래전부터 태양의 경로에 민감했습니다.[25] 기독 교적 우주에서 동쪽을 우위에 두는 것은 중세의 원형지도들(세계 지도)에서 명확히 드러납니다. 그 지도들에서 동쪽은 맨 위에 표 시됩니다. 그곳에 그리스도의 머리가 그려져 있을지도 모릅니다. 그의 발은 해가 지는 위치이자 서쪽인 맨 아래 가장자리에 나타 납니다. 또 그의 오른손은 유럽 위를 맴돌고 왼손은 아프리카 위 를 맴돕니다. 지도에서 예루살렘은 그리스도의 배꼽이자 세계의 중심입니다.[26]

신화적 공간은 결국 인간의 지적 구조물이다

지금까지 우리는 두 개의 공간적 도식을 살펴보았습니다. 하나는 인간의 신체를 소우주로 간주합니다. 다른 하나는 인간을 기본방 위로 질서가 정립된 우주의 중심에 둡니다. 두 도식은 모두 어떻 게 환경이 인간, 인간의 성격, 인간의 활동, 인간의 제도에 영향을 미치느냐는 질문을 내포하고 있습니다. 점성술에서 그 영향은 이따금 물리적인 것으로 간주되기도 합니다. 무엇보다 천체는 조수와 날씨에 영향을 미치는 것으로 보일 수 있는데, 그렇다면 인간의 운명에도 영향을 미칠 수 있지 않을까요? 더 미묘하고 신비로운 관계는 인간과 별들의 공감관계입니다. 중국의 우주론적 질서에서 같은 부류에 속한 사물은 상호 간에 서로 영향을 미칩니다. 하지만 그 과정은 기계적 인과관계가 아닌 공명의 과정입니다. 예를 들면 동쪽, 나무, 녹색, 바람, 봄의 범주는 서로 연관되어 있습니다. 한 현상에서 변화가 일어나면 다른 모든 범주들도 다중반향 같은 과정을 통해 영향을 받게 될 겁니다. 황제는 봄에 녹색 옷을 입어야 하는데, 그렇게 하지 않으면 자칫 계절의 규칙성이 무너질 수 있기 때문입니다. 이 개념은 여기서 인간의 행동이 어떻게 자연에 영향을 미칠 수 있는지를 강조하지만 그 반대의 경우도 일어날 수 있다고 믿습니다. 자연 또한 인간에게 영향을 미칩니다. 예를 들면, "자연에서 음의 기운이 상승하면 사람들의 음의 기운도 올라가면서 수동적, 부정적, 파괴적 행동이 일어날 수 있습니다."[27] 환경의 영향은 솔토 인디언들의 우주론적 질서에서 명확하게 인식되고 있습니다. 따라서 바람은 마땅히 분류되어 공간에 배치되어야 할 자연의 힘일 뿐만 아니라 인간이 사는 중앙의 대지와 충돌을 일으키는 활동적인 힘이기도 합니다. 북풍은 인간에게 그 어떤 자비도 베풀지 않을 것이라고 선언합니다. 반면 남풍은 인간에게 호의를 베풀고자 합니다. 북풍이 남풍과 대결해 이기지 못한다는 사실은 항상 여름이 돌아오리라는 것을 의미합니다.

　그리스의 천문학자들은 하늘을 여러 구역들로 분할했습니다. 이런 분할은 기원전 6세기 지구의 대지에도 적용되었습니다. 지구에 적용된 5개의 위도대 중에서 인간은 두 곳의 온난지대에서만 거주할 수 있었습니다. 그리스의 지리학은 처음부터 천문학적 요소가 강했습니다. 기후는 천문학적 요소에 의해 결정되었습니다. 기후의 고대 의미는 〈하늘의 기울기〉였습니다. 프톨레마이오스 시대에 클리마타(klimata, 기후)라는 단어는 지구의 위도, 즉 태양의 고도에 의해 결정될 수 있는 척도를 가리켰습니다.[28] 태양이라는 천체는 지구와 지구의 거주민에게 엄청난 영향을 미쳤습니다. 따라서 사람들의 기질과 능력은 그들이 거주하는 위도대에 따라 차이가 났습니다. 추운 지역(북쪽)과 따뜻한 지역(남쪽)은 사람들의 성격에서 대조적인 양상을 보였습니다.

　기원전 5세기 이후로 서구의 사상은 환경결정론이라는 주제를 탐구해 왔습니다.[29] 현대의 지리학자들이 환경결정론에 대해 많은 반론을 제기했지만 그럼에도 일부는 민간에 전파되어 널리 수용되고 있습니다. 민간에 전해져 내려오는 지혜에 따르면, 각 국가들은 남쪽과 북쪽으로 나누어질 수 있습니다. 북쪽 사람들은 강인하고 부지런한 반면, 남쪽 사람들은 느긋하고 예술적인 경향을 보입니다. 유럽도 남쪽과 북쪽으로 구분될 수 있습니다. 각 지역은 그에 따른 고유한 성격을 지닌다고 주장할 수 있습니다. 유럽 내에서 영국, 프랑스, 독일, 이탈리아 같은 국가들은 현저한 위도의 차이를 보입니다. 자신의 나라에 대한 약간의 지식이라도 있는 사람들은 국가를 양분한 후에 각각의 지역을 사실과 환상이 마구 뒤섞인 언어로 어렵지 않게 비교하고 대조할 수 있습니다. 국가는 사실적 지리와 신화적 지리를 지니고 있습니다. 그 둘을 구분하는 것이 항상 쉬운 것은 아닙니다. 게다가 어느 것이 더 중요하다고 말하기도 쉽지 않습니다. 왜냐하면 사람들의 행동방식은 현실에 대한 이해에 따라 결정되며 그 이해는 결코 완전하지 못해서 결국 신화로 물들여져 있기 때문입니다.

그리스인들은 태양을 위도에 따른 지구의 기후대가 만들어지는 원인으로 인식했습니다. 서구의 사상가들은 북쪽과 남쪽, 추운 국가들과 더운 국가들 간의 차이를 강조했습니다. 하지만 다른 많은 민족들과 마찬가지로 그리스인들도 태양을 생명의 근원으로 인식했습니다. 시간이 흐르면서 태양과, 하늘을 가로지르는 태양의 일상적인 경로에 관한 수많은 전설들이 생겨났습니다. 동쪽과 서쪽도 극명하게 구별되었습니다. 태양이 뜨는 장소인 동쪽은 빛과 하늘과 연계되었습니다. 태양이 지는 장소인 서쪽은 어둠과 땅과 연계되었고요. 오른쪽은 동쪽과 태양과 동일시되었고, 왼쪽은 안개 낀 서쪽(일리아드)과 동일시되었습니다. 피타고라스 학파의 사상가들은 오른쪽과 제한된 것을, 왼쪽과 무제한의 악을 연결했습니다.[30] 축복받은 자들의 섬과 이후 중세의 극락도는 서쪽에 위치했습니다. 그곳은 사람들이 힘들이지 않고 살아가는 목가적인 장소였습니다. 하지만 그런 장소들도 죽은 영웅들이 그곳으로 간 이후로는 죽음을 의미했습니다. 태양이 동쪽에서 서쪽으로 이동하는 것처럼 문화도 마찬가지였습니다. 버클리 주교는

"제국의 진로는 서쪽으로 향한다"라고 적었지만 그는 베르길리우스의 「아이네이스Aeneid」에서 이미 엿볼 수 있는 개념을 발전시킨 것뿐입니다.[31]

이런 사상의 전통은 현대에도 살아남았을까요? 미국의 공간에 대한 구전 지식에서 중심지에 대한 신화와 기본방위에 대한 신화를 식별할 수 있을까요? 대체로 기본방위는 현대세계에서는 상징적인 메시지를 거의 혹은 전혀 전달하지 못합니다. 그것은 단지 지역을 구별하기 위한 편리한 수단으로 사용될 수 있을 뿐입니다. 예를 들면 오스트레일리아는 서부오스트레일리아와 북부특별지구, 남부오스트레일리아로 구분됩니다. 대륙 동쪽의 오래된 지역들은 다른 이름으로 알려져 있고요. 서부, 북부, 남부는 단지 명칭일 뿐 그 이상의 의미를 지니지는 않습니다. 마찬가지로 미국에서도 도시의 거리들은 아무 의미 없이 그저 방향을 나타내는 단어들로 이름이 정해집니다. 미니애폴리스에서 〈남쪽 24번가24th Street South〉라는 주소는 거주자가 태양과 더 가까운 곳에 산다는 것을 의미하지는 않습니다. 하지만 미국은 전반적으로 북부와 남부, 동부와 서부로 구분됩니다. 오스트레일리아에서 방향을 나타내는 단어들이 사용되는 방식과 달리 미국에서 지역 명칭은 중앙정부가 공표하지 않습니다. 신화적 공간의 지역들처럼 미국 지역의 이름과 의미는 한 민족의 성장하는 설화와 문학의 일부로서 시간의 흐름에 따라 얻어집니다.[32]

전통사회의 신화적 공간에서 기본방위는 삶과 죽음을 관장하는 천문학적 이벤트 및 계절과 결부되어 있습니다. 미국의 공간은 우주 드라마를 상영하기 위해 마련된 무대가 아닙니다. 하지만 지역을 배경으로 한 소설과 문학에서 드러나는 것처럼 물리적 환경, 특히 기후는 남부, 북동부, 서부 같은 지역들에 강한 개성을 부여하는 데 큰 역할을 합니다.[33] 전통사회의 신화적 공간에서는 중심부나 가운데 장소middle place라는 개념이 중요합니다. 중심부나 심장부heartland라는 개념은 미국의 공간에서도 중요합니다.[34] 하지만 이동은 미국 역사에서 또 다른 핵심적인 주제입니다. 서부가 강력한 매력을 지닌 이상향으로 부각되고 사람들이 서부로 이동하면서 중심이라는 개념이 주는 균형감각에 왜곡이 일어납니다. 그로 인해 〈중부의 주들Middle States〉이라는 용어는 오래가지 못합니다. 미국의 심장부는 중부의 주들이 아닌 중서부로 알려져 있습니다.

신화적 공간은 일종의 지적 구조물입니다. 그것은 굉장히 정교할 수 있습니다. 또 신화적 공간은 기본적인 인간의 욕구에 대해 감정과 상상력이 반응한 것이기도 합니다. 그것은 배제와 모순의 논리를 무시한다는 점에서 실용적이고 과학적으로 고안된 공간들과는 다릅니다. 논리적으로, 하나의 우주는 단 하나의 중심만을 지닐 수 있습니다. 하지만 신화적 사고에서 우주는 비록 하나의 중심이 다른 모든 것들을 지배할지라도 많은 중심들을 지닐 수 있습니다.[35] 논리적으로 전체는 부분들로 이루어지며 각 부분은 고유한 위치, 구조, 기능을 지닙니다. 부분은 전체가 기능하는 데 필수적일 수 있지만 그렇다고 부분이 전체의 축소판, 요약판인 것은 아닙니다. 신화적 사고에서 부분은 전체를 상징할 수 있고 또한 풍부한 잠재력을 지니고 있습니다. 푸에블로 인디언들이 보는 우주의 한계는 멀리 있는 산들이지만 그 산들도 키바(kiva, 푸에블로 인디언의 종교의식을 위한 건물)와 개인 가옥들을 둘러싸고 있는 울타리입니다. 앞서 살펴보았던 것처럼 중국에서는 기와 한 장에 중국인들의 우주론에 담긴 질서와 의미가 축약되어 있습니다. 그 안에 묘사된 신화적 공간은 그 기와가 속한 가옥에서, 그 가옥이 속한 도시에서, 그 도시가 속한 제국에서 반복적으로 나타납니다.

작은 것은 큰 것을 반영합니다. 작은 것들은 인간의 모든 감각에 접근할 수 있습니다. 작은 영역 안에 있는 한정된 메시지는 쉽게 인식하고 이해할 수 있습니다. 가옥, 사원, 도시 같은 건축적 공간은 자연적 특성이 결여하고 있는 명료함을 담고 있는 소우주입니다. 건축은, 개별적으로든 총체적으로든, 말로 표현할 수 있는 경험뿐만 아니라 내면 깊이 느껴지는 경험까지 분명하게 표현하는 유형의 세계를 창조해 자신의 인식을 고양하려는 인간의 노력을 지속시킵니다.

12

공간은 시간을 품는다

지금까지 우리는 공간과 장소에 대해 논의하면서 시간을 명시적으로 언급하지 않았습니다. 하지만 시간은 움직임, 노력, 자유, 목표, 접근성의 개념 모두에 내포되어 있습니다. 이 장의 목적은 바로 시간을 공간과 확실하게 연관 짓는 것입니다.

　공간과 시간의 경험은 대체로 잠재의식적입니다. 우리는 움직일 수 있기 때문에 공간에 대한 감각을 지니며, 생물학적 존재로서 긴장과 이완의 반복적 양상을 경험하기 때문에 시간에 대한 감각을 지닙니다. 우리에게 공간에 대한 감각을 주는 움직임은 그 자체로 긴장 해소가 됩니다. 우리는 팔다리를 뻗을 때 공간과 시간을 동시에 경험하는데 공간은 신체적 구속에서 벗어난 자유의 영역이고, 시간은 이완 이후에 찾아오는 긴장의 지속입니다. 우리가 공간적 범주와 시간적 범주를 쉽게 혼동하는 경향은 언어에서 명확하게 드러납니다. 길이는 일반적으로 시간의 단위로 사용됩니다. 건축 공간은 인간의 감정 리듬을 반영할 수 있을 듯하다는 이유로 얼어붙은 음악, 즉 〈공간화된 시간spatialized time〉이라고 불려왔습니다. 반대로 시간의 흐름은 길이로 묘사됩니다. 심지어 랭거의 견해에 따르면, 바쁜 시간busy time 혹은 즐거운 시간exciting time을 보내라는 말보다 심리적으로 더 정확한 비유적 표현으로 사람들이 알찬 시간big time을 보내라고 말할 때면 시간은 용량volume이기도 합니다.[1] 현대사회에서 일상생활은 공간과 시간을 동일한 경험의 분리된 차원이자 상호 치환이 가능한 척도로 인식하도록 요구합니다. 우리는 주차공간이 있는지, 약속 시간에 늦지는 않을지 생각하면서 사무실에서 주차장까지의 거리를 시간으로 추산할 때조차 더 많은 시간을 약속에 할애하고자 합니다.

사람들은 저마다 공간과 시간에 대해 다르게 인식하며, 따라서 시공간적 세계를 형성하는 방식에서도 차이를 보입니다. 만약 사람들에게 명확하게 공간을 표현하는 감각이 없다면 과연 그들이 명확하게 시간을 표현하는 감각은 지닐 수 있을까요? 공간은 현재에 존재합니다. 그렇다면 공간은 어떻게 시간적 차원을 획득할까요? 환경이 그 자체로 시공간적 세계의 형성에 영향을 미칠 수 있을 가능성에 대해 생각해 보세요. 자연환경은 지표면에 따라 현저한 차이를 보이며 문화집단들은 환경을 인식하고 질서정연하게 만드는 방식에서 차이를 나타냅니다. 하지만 장소를 불문하고 사람들은 하늘과 땅이라는 두 가지 유형의 공간을 구분합니다. 다만 콩고의 피그미족은 지극히 예외적인 경우입니다.[2] 그들은 울창한 숲에 둘러싸여 살기 때문에 하늘과 땅의 구분을 인지하지 못합니다. 하늘은 그들에게 좀처럼 보이지 않습니다. 다른 많은 사회에서 순환하는 시간의 척도가 되는 태양, 달, 별들을 그곳에서는 거의 볼 수가 없습니다. 온갖 식물들이 모든 주요한 지형지물들을 가려버리니까요. 피그미족은 또한 높은 곳에 올라가 눈 앞에 펼쳐진 공간을 살펴볼 수도 없습니다. 그들은 지평선을 바라볼 수도 없습니다. 그곳에서 벌어지는 사건이 나중에 그들에게 영향을 미칠 수 있는데도요. 또 피그미족은 자신들이 있는 곳에서 다소 거리를 두고 떨어져 있는 어떤 물건의 크기를 보고 자신과 그 물건 사이의 거리를 추산하는 방법을 배우지도 못했습니다. 일반적으로 작게 보이면 자신과 그 대상과의 거리는 꽤 떨어져 있는 겁니다. 하지만 피그미족은 멀리 있는 들소를 아예 아주 작은 동물로 여기는 경향이 있습니다. 둘 사이에 거리가 있다는 건 생각조차 못하는 것이지요. 길이와 다르게 거리는 순수한 공간적 개념이 아닙니다. 말하자면, 거리는 시간을 내포합니다.

주관적 공간, 객관적 공간, 그리고 그 사이의 경계지점

울창한 숲이 우거진 환경에서 거리는 무엇을 의미할까요? 청각적 단서들이 거리에 대한 감각을 주긴 하지만 소리는 눈으로 볼 수 있는 것보다 더 작은 세계를 보여줍니다. 더욱이 시각적 공간이 하나의 대상이나 일련의 대상들에 집중되고 구조화되는 경향을 나타내는 반면, 청각적 공간은 집중하는 정도가 덜합니다. 숲에서 나는 소리는 정확히 어디에서 나는지 그 위치를 파악하기 어렵습니다. 그런 소리는 조성된 공간적 체계가 아닌 일종의 분위기를 형성합니다. 열대우림 지역에 사는 주민들에게 공간은 총체적인 구조 없이 장소들로 이루어진 촘촘한 그물망입니다. 시간도 마찬가지입니다. 계절적 변화가 미미한 수준에 그치기 때문에 숲에 사는 주민들은 빠르게 반복되는 일주기(하루를 주기로 하여 나타나는 생물 활동이나 이동의 변화 현상)를 지배하는 시간의 척도와 개념을 습득하지 못합니다. 피그미족이 알고 있는 기간은 제한적입니다. 그들은 많은 식물과 동물들에 대해서는 상세한 지식을 갖고 있지만 성장의 단계로서 그들의 삶에 대해서는 거의 주의를 기울이지 않습니다. 인지된 거리와 마찬가지로 시간도 그들에게는 피상적인 것이지요. 그들은 가계의 과거에도 미래에도 많은 관심을 두지 않습니다.

반면, 미국 서남부의 호피 인디언들은 스텝 기후의 고원지대에 살고 있습니다. 대기가 맑고 건조한 덕분에 그들은 아주 먼 거리까지 바라볼 수 있습니다. 그들이 살고 있는 곳은 전경이 시원하게 펼쳐져 있고, 열대우림 주민들이 사는 자궁처럼 에워싸인 숲속 환경과는 정반대로 주요한 지형지물들이 뚜렷하게 드러납니다. 그렇다면 호피 인디언들의 세계에서 공간과 시간은 어떻게 인식되고 통합될까요? 미국의 언어학자 벤저민 워프에 의하면, 호피 인디언들은 현실의 두 영역을 인식한다고 합니다. 바로 발현된(객관적인) 현실과 발현될(주관적인) 현실입니다.[3] 발현된 현실은 역사적, 물리적 우주에 속합니다. 이것은 감각을 통해 접할 수 있는 과거와 현재의 모든 것들을 포함하지만 우리가 미래라고 부르는 모든 것들은 제외합니다. 반면 발현될 혹은 주관적인 현실은 미래이며 정신적 범주에 속합니다. 이것은 기대와 희망의 영역에 속합니다. 그것은 조만간 발현될 예정이지만 아직 완전히 작용하고 있는 것은 아닙니다. 공간은 객관적인 형태와 주관적인 형태를 모두 지닙니다. 주관적인 공간은 정신적 영역에 속합니다. 그것은 사물의 핵심과 경험의 내면을 나타내며 천장과 지하를 가리키는 수직축에 의해 상징됩니다. 반면 객관적인 공간은 각각의 주관적인 축에서 퍼져나오며 본질적으로 네 개의 기본 방위를 향하는 수평면입니다. 태양의 움직임과 진자운동 같은 계절의 변화로 대표되는 순환적 시간은 객관적 공간에 위치합니다. 호피 인디언 같은 농경민들에게 일년 내내 변하는 일출과 일몰의 지점을 주위의 지평선 위에 표시하는 것은 중요한 일입니다.

거리는 객관적인 영역에 속합니다. 호피 인디언들은 거리에서 시간을 분리하지 않습니다. 따라서 그들에게 동시성의 문제는 비현실적인 문제입니다. 그들은 자신들의 마을에서 일어난 사건들이 동시에 멀리 떨어진 다른 마을에서도 일어났는지 묻지 않습니다. 멀리 떨어진 마을에서 일어난 사건은 나중에서야 여기서 알 수 있습니다. 거리가 멀수록 그곳에서 일어난 무언가를 알게 되기까지 시간은 더 많이 흐르고 거기서 일어난 사건은 더 불확실해집니다. 따라서 거리는 객관적인 영역에 속한다고 해도 그 범위가 제한되는 것이죠. 객관적인 지평선이 관찰자로부터 먼 거리까지 뻗어가면 세부적인 사항들을 알 수 없는 지점에까지 이르게 됩니다. 이것이 바로 객관적인 영역과 주관적인 영역 사이의 경

호피 인디언의 공간과 시간: 주관적인 영역과 객관적인 영역

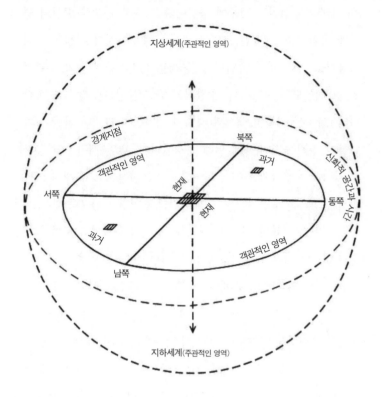

지상세계(주관적인 영역)

경계지점

객관적인 영역

서쪽

북쪽

과거

현재

현재

동쪽

신화적 공간과 시간

과거

남쪽

객관적인 영역

지하세계(주관적인 영역)

그림 18 호피 인디언의 공간과 시간: 주관적인 영역과 객관적인 영역. 객관적인 영역은 기본방위의 좌표 안에 속한 수평적 공간이지만 멀리 떨어진 가장자리에서는 수직축으로 표시되는 주관적인 영역 안으로 합쳐집니다.

계지점입니다. 즉 그것은 시간을 초월한 과거이자 신화 속에 나오는 나라입니다(그림 18).

많은 전설들과 동화들이 "옛날 옛적에 아주 먼 곳에"라는 말로 시작됩니다. 먼 장소와 먼 과거를 연계하는 것은 호피 인디언들이 다른 민족들과 공유하는 사고방식입니다. 이런 연계는 경험을 통해 유지됩니다. 호피 인디언들이 말하는 것처럼 멀리 떨어진 마을에서 일어나는 사건은 시간이 지난 후에야 이곳에서 내가 알 수 있습니다. "옛날 옛적"은 황금기에 해당됩니다.[4] 고대는 아직 신들이 대지를 활보하고 사람들이 문화의 영웅이자 전달자이며 질병과 노령이 알려지지 않았던 시기로 이상화되어 있습니다. 황금기는 세속적인 시간의 경험과 동떨어져 신비에 가려져 있습니다. 세속적인 시간은 제약을 가합니다. 그것은 기대와 충족, 노력과 휴식이 교차되는 양상으로 느껴집니다. 세속적인 시간은 짧고 관찰이 가능한 자연의 주기성과 일치합니다. 신화적 세계의 창조자들과 영웅들은 대체로 인간의 시간 경험에 해당되는 이런 일반적인 주기의 시간 경험을 초월합니다. 그들은 시간을 초월한 과거에 살고 있었습니다.

초시간성은 멀리 떨어진 장소들의 또 다른 특성입니다. 도교의 구전 지식에 따르면, 시간을 초월한 낙원은 세상에 알려진 모든 인간의 거주지로부터 아주 멀리 떨어진 곳에 위치합니다.[5] 유럽인들도 멀리 떨어져 접근할 수 없는 장소에 시간을 초월한 축복받은 자들의 섬, 에덴, 유토피아가 있다고 상상합니다.[6] 유럽인들이 해외로 대탐험에 나서면서 세계 구석구석에서 이민족과 이국적인 문화들을 발견했을 때 그들은 이민족을 낭만적으로 묘사하고 또한 시간의 부담과 침식을 초월한 존재로 표현하는 경향을 보였습니다. 이민족들에게 역사가 없다는 믿음은 현대 민족지학자들의 사고에까지도 영향을 미칩니다. 과거의 시대를 나타내는 문서기록과 유적이 없기 때문에 이런 믿음이 조장되었을지도 모릅니다. 한편 다른 사람들과 마찬가지로 민족지학자들도 단순히 멀리 떨어진 것들과 시간을 초월한 것들을 연계하려고 했을지도 모릅니다. 집에서 최대한 멀리 떨어진 곳으로 가고자 하는 휴양객들의 공통된 욕구도 많은 것을 시사합니다. 멀리 떨어진 휴양지들은 시간의 부담에서 벗어나 있습니다. 호피 인디언들의 표현에 따르면, 그곳은 객관적인 영역과 주관적인 영역 사이의 경계 지점에 있습니다. 익숙한 집에서 보자면 휴양지들은 거의 〈신화적 장소〉라고 할 수 있습니다.

밖을 바라볼 때 우리는 미래를 보고, 안을 바라볼 땐 과거를 회상한다

만약 공간이 방향이나 특별한 관점을 지니고 있다면 그 공간은 역사적인 곳이 됩니다. 지도는 반역사적이고, 풍경화는 역사적입니다. 지도는 그 시선이 평행하고 무한대로 확장되기 때문에 신의 세계관이라 할 수 있습니다. 직각의 지도 투영법은 고대 그리스 시대로 거슬러 올라갑니다. 반면 대상들을 시선이 집중된 초점에 따라 배치하는 풍경화는 세계를 바라보는 인간의 방식에 훨씬 더 가깝습니다. 하지만 이 방식은 15세기에야 비로소 유럽에서 등장했습니다. 그 이후로 공간의 동시성을 시간상의 사건, 즉 돌이킬 수 없는 사건들의 연속으로 변환시킨 풍경화가 점차 유행하게 되었습니다.[7] 원근법으로 풍경을 보는 것은 공간뿐만 아니라 시간까지 재정렬하는 중요한 변화를 전제로 합니다. 르네상스 이후로 유럽에서 시간은 서서히 반복적이고 순환적인 성격을 상실하면서 점점 더 방향적인 성격을 지니게 되었습니다. 흔들리는 진자나 순환하는 궤도로 여겨지는 시간의 이미지는 화살로 여겨지는 시간의 이미지에 밀려난 거죠. 공간과 시간은 인간을 중심에 두면서 주관성을 얻었습니다. 물론 공간과 시간은 항상 개별 인간의 감정과 요구에 맞추도록 구성되었습니다. 하지만 유럽에서 이런 사실은 역사의 어느 한 시기에 의식의 표면 가까이 부상했고 예술로 표출되었습니다. 지난 100년 동안 사진은 원근법적 시각을 강화하고 대중화했습니다. 이제 누구라도 단순한 상자 모양 같은 카메라만 있으면 시간이 거리와 융합되는 이미지를 만들어낼 수 있습니다.

이처럼 풍경화나 풍경사진의 영향을 받아 우리는 시각적 요소들을 극적인 시공간적 구조로 구조화하는 법을 배웁니다. 우리는 시골의 풍경을 바라볼 때 거의 무의식적으로 그곳의 이런저런 요소들을 멀리 떨어진 지평선 너머로 사라지는 도로 주위에 위치하도록 배치합니다. 그리고 거의 무의식적으로 자신이 그 도로를 따라 여행한다고 상상합니다. 그 도로가 한 점에 모이는 경계는 지평선으로 향하는 화살과 같은데 그것이 우리의 목적지이자 미래입니다. 지평선은 미래의 공통된 이미지입니다. 정치인들의 동상은 높은 받침대 위에 세워지고 조각가들은 그 동상이 멀리 지평선을 응시하는 모습으로 표현합니다.

개방된 공간은 그 자체로 희망적인 시간의 이미지입니다.[8] 개방된 공간은 원뿔의 형태로 되어 있습니다. 즉 그곳은 사람이 서 있는 지점에서부터 하늘과 땅을 가르는 드넓은 지평선까지 펼쳐져 있습니다. 많은 미국의 주택들은 대형 유리 한 장으로 된 커다란 전망창을 갖고 있습니다. 손님은 초대받은 집에 들어서자마자 곧장 전망창으로 걸어가 집 밖으로 환히 펼쳐진 전망을 보며 감탄합니다. 집주인은 이에 대해 특별히 불쾌해 하지 않을 거고요. 무엇보다 손님은 전망에 감탄하고 그 전망은 광활한 조망과 미래의 약속을 동시에 의미하기 때문입니다. 반면 전통적인 동양의 가옥은 전망창을 갖추고 있지 않습니다. 방들은 안쪽을 향하며 안뜰을 마주 보고 있고 거주자들이 볼 수 있는 광활한 자연은 오직 머리 위로 펼쳐진 하늘뿐입니다. 이곳에서는 개방된 수평의 공간이 아닌 수직축이 희망의 상징입니다.

도로와 도로의 파수꾼인 나무들은 소실점(회화나 설계도 등에서 투시하여 물체의 연장선을 그었을 때 선과 선이 만나는 점)으로 모입니다. 그것은 우리가 여행하게 될 길입니다. 모든 원근법적 풍경화나 풍경사진은 우리에게 공간을 통해 흐르는 시간을 보게 합니다. 멀리 보이는 경치가 반드시 미래 시간이라는 개념을 불러일으킬 필요는 없습니다. 그런 경치는 우리가 힐끔 되돌아본 적 있는 것일 수도 있고 사라지는 도로는 우리가 이미 걸었던 길일 수 있습니다. 과거와 미래는 모두 멀리 보이는 경치에 의해 떠올려질 수 있습니다. 15세기에 사람들은 원근법적 화법의 규칙에 숙달했고 풍경화는 멀리 보이는 경치를 묘사하기 시작했습니다. 18세기에는 풍경에서 배경이 되는 사물들이 굉장히 중요해지면서 전경에 있는 사물들보다 더 세심하게 다루어지는 경향을 나타냈습니다. 18세기 유미주의는 사람의 정신이 휴식을 취하고 과거와 미래 혹은 영원에서 개인적인 의미를 찾을 수 있도록 시선을 외부로 돌려 멀리 보이는 경치를 향하도록 요구했습니다.⁹ 개인의 현재 시야에서 멀리 떨어진 대상들로 상징되는 시간은 관찰될 수 있습니다. 여기에 영국의 시인 존 다이어의 시 「그롱거 언덕Grongar Hill」(1726년)을 사례로 소개하고자 합니다. "전망을 바라보라, 그러면 그것은 우리를 속일지도 모르는 미래를 드러낸다"고 시인은 말합니다.

저 울타리는 얼마나 가깝고 작게 보이는가!
눈 앞에 펼쳐진 저 초원을 보라!
생각하건대 한 걸음에 저 냇물을 건널 수 있으리라,
멀리 떨어진 위험한 것들이 아주 작게 보이니
그렇게 우리는 미래의 모습을 착각하노라.
희망이라는 현혹의 유리를 통해 보면
그대가 유유히 똑바로 정상에 오를 때
대기의 색깔로 뒤덮여
근처를 여행하는 사람들에게
대기는 건조하고 거무스레하고 거칠어 보인다.

18세기 중엽 영국을 대표하는 시인 토머스 그레이는 멀리 보이는 경관에서 과거를 보았습니다. 「이튼 칼리지를 멀리서 바라보며 부르는 찬가Ode on a Distant Prospect of Eton College」(1747년)에서 시인은 아쉬운 마음으로 이렇게 젊은 시절을 회상했습니다.

아, 행복한 언덕이여, 아, 시원한 그늘이여,

아, 마냥 좋았던 들판이여,

한때 경솔했던 내 어린 시절이 방황했던 곳에서,

아직 고통스러워하는 이방인이여!

우리가 어떤 전망을 바라보고 있을 때 우리의 정신은 자유로이 배회합니다. 우리가 정신적으로 공간을 향해 움직일 때 우리는 시간상으로도 앞이나 뒤로 움직입니다. 공간에서의 물리적 움직임은 유사한 시간적 환상을 일으킬 수 있습니다. 여행안내서가 우리에게 과거나 미래로 들어오라고 제안할 때 그것의 의도는 역사적 장소나 미래의 장소(주택이나 도시)를 방문하라는 것입니다. 우리는 과거에 건설되었거나 상상의 나래를 펼쳐 미래의 양식으로 조성된 환경 속으로 들어오라는 초대를 받습니다. 심지어 일반인조차 건물들의 연식을 대략 알 수 있습니다. 일반인도 빅토리아 시대의 대저택과 동시대의 랜치 하우스(ranch house, 폭은 별로 넓지 않은데 옆으로 길쭉하고 지붕의 물매가 뜬 단층집), 구도시와 신도시 간의 차이를 알고 있습니다. 여행객이 구도시에 들어오면 그는 마치 시간을 되돌린 듯한 기분을 느낍니다. 자연경관은 그 어떤 인공물보다 훨씬 더 긴 과거를 지닙니다. 일반인들은 자연환경의 나이에 둔감할지도 모르지만 탐험가들이나 지리학자들은 암반이 형성된 것에서 시간을 판독할 수 있습니다. 그들은 유적들의 시간적 깊이에도 익숙해져 있습니다. 19세기 중반 이후 약 70년 동안 유럽의 탐험가들은 아프리카에서 나일강의 원류와 아시아 내륙에서 고대문명의 흔적을 탐사했습니다. 그들의 탐사 여행기는 미래가 아닌 과거로의 모험 여행이라는 인상을 줍니다. 왜 그럴까요? 한 가지 이유는 아프리카와 아시아 대륙의 고대에 관한 일반적인 믿음 때문일 겁니다. 대중적이고 과학적인 연구를 통해 이 방대한 두 대륙은 인류와 문명의 요람으로 밝혀졌습니다. 아프리카는 노아의 대홍수 이전의 대륙이었고 아프리카인들은 아담 이전의 인류였습니다.[10] 아시아는 소멸한 문화들의 박물관이었고요. 이런 장소들을 탐험하는 것은 방문객들에게 머나먼 과거를 상기시키는 역사적인 도시나 박물관을 방문하는 것과 같았습니다.

지질학적 고대와 인간의 유적은 시간적 깊이에 대한 감각의 형성에 도움이 됐지만 다른 심리적 기질들과 충동들이 영향을 미치는 듯했습니다. 어쩌면 그것들은 이렇게 묘사될 수도 있습니다. 즉 우리는 밖을 바라볼 때 현재나 미래를 바라보고, 안을 들여다볼 때(자기성찰을 할 때) 과거를 회상한다고요. 고립된 경관인 내륙은 19세기 영국의 낭만주의 시인 워즈워스에게는 안개에 싸인 고대로부터 비롯되는 자연의 시간 이미지였고 동시에 인간의 시간에서 기억되는 과거 이미지였습니다.[11] 내륙, 근원, 중앙 혹은 중심 같은 탐험의 신비를 상징하는 단어들은 모두 시초와 과거의 시간이라는 개념을 전달합니다. 발원지를 찾아 강을 거슬러 올라가는 것은 상징적으로 자기 삶의 시초로 돌아가는 것인데, 나일강의 경우에는 인류의 탄생지로 돌아가는 것이죠. 중앙은 기원origin을 의미하기도 하며 시발점과 시초를 의미하기도 합니다. 따라서 탐험가들에게 있어 탐험은 미개척지로 진출하는 것이지만, 그들은 한때 알려졌다가 이후 오랫동안 잊혀져 있었던 지역인 대륙의 심장부로 진입하여 고대의 뿌리로 회귀하는 경험을 하게 됩니다. 아프리카와 아시아와 더불어 오스트레일리아의 중심부도 깊은 상상 속에서 고대의 먼지 속에 묻혀 있습니다.[12] 오스트레일리아의 중심부로 들어가는 것은 시간을 거슬러 올라가는 것입니다. 북아메리카는 어떤가요? 미국인들은 유럽의 오랜 건축적 유산을 인정해야 했습니다. 하지만 그들은 아메리카 대륙의 지질학적 나이에 대해 자랑할 수 있었고 또 실제로 그렇게 했습니다.[13] 일부 여행객들은 황량한 서부에서 워낙 돋보이는 지질학적 유적들을 보며 유럽의 건축적 유물들에 담긴 인간의 의도와 심미적 가치를 추측했습니다. 이런 세월의 단서들에도 불구하고 북아메리카의 중심부를 향해 서부로 이동한 유럽의 이주민들은 확실히 자신들이 과거로 돌진하고 있다고 느끼지 못했습니다. 오히려 그들은 자신들이 미개척지로, 그리고 아마도 광활한 미래로 이동하고 있다고 느꼈을 겁니다.

목적 있는 행동을 할 때
공간과 시간은 의식의 표면 위로 부상한다

공간은 시인의 생각 속에서, 탐험의 신비 속에서, 이주의 드라마 속에서 시간적 의미를 지닙니다. 공간은 또한 개인의 일상적인 경험 속에서도 시간적 의미를 지닙니다. 언어는 그 자체로 사람과 공간과 시간 사이의 긴밀한 연관성을 드러냅니다. 나(우리)는 여기 있고, 여기는 현재입니다. 당신(그들)은 거기 있고, 거기는 또한 그때이며, 그때는 과거나 미래의 시간을 나타냅니다. "그때 무슨 일이 일어날까요?" 여기서 말하는 그때는 미래입니다. "이건 그때 더 쌌는데." 여기서 말하는 그때는 과거입니다. 독일어 단어 Einst는 한때, 옛날 옛적에, (미래의) 언젠가를 의미합니다. 인칭대명사들은 공간 지시사들(이곳, 저곳, 여기, 저기)뿐만 아니라 지금과 그때 같은 시간 부사들과도 연계됩니다. 여기는 저기를 암시하고, 지금은 그때를 암시합니다. 하지만 암시하다imply 는 자체적인 의미가 약한 동사입니다. 여기는 저기를 수반하지 않고 지금도 그때를 수반하지 않습니다. 프랑스 시인 토머스 머튼이 말했던 것처럼, 삶은 너무 차가워서 저기와 연관된다고 해도 여기가 저절로 따뜻해지는 것은 아닙니다. 은둔자의 삶은 그만큼 차갑습니다. "그것은 뚜렷한 의미가 없는 삶으로, 결정할 것이 거의 없고, 거래가 거의 혹은 아예 없고, 전달될 소포가 전혀 없는 낮은 의미의 삶입니다."[14]

목적이 있는 활동에서 공간과 시간은 생각하는 활동적인 자아를 지향하게 됩니다. 인간의 활동은 대부분 목적이 있지 않은가요? 객관적 차원에서는 그렇습니다. 이를 닦고 회사에 출근하는 활동은 목적과 수단의 관점에서 확실하게 이해될 수 있습니다. 주관적 차원에서는 복잡한 반복적 활동조차 습관이 되는데 그런 활동은 본래의 의도적 구조(그 활동을 달성하기 위한 수단과 목적을 마음에 그리는 것)가 상실됩니다. 그 본래의 의도적 구조가 되살아나는 경우는 우리가 일상적인 활동에 대해 되돌아볼 때뿐입니다. 물론 우리가 새로운 계획을 세울 때 공간과 시간은 의식의 표면으로 부상하고 목적과 연계됩니다.

아침에 출근하고 저녁에 퇴근하는 일상에 대해 한번 생각해 볼까요. 사람들은 이런 순환에 너무 익숙해진 탓에 거의 생각 없이 그런 생활을 반복합니다. 사람들은 일상을 기념하지 않습니다. 회사에서 일하는 것은 사실상 거의 흥미롭지 않습니다. 그것은 단지 또 다른 하루일 뿐이지요. 하지만 일종의 의식이 이런 반복적인 왕복운동을 둘러싸고 있습니다. 회사에 출근하는 것은 짧은 모험입니다. 직장인들은 회사로 출발을 합니다. 하루하루가 새로운 날입니다. 아침이면 회사는 그들의 미래 앞에 놓여 있습니다. 회사로 향하는 움직임은 앞으로 나아가는 움직임입니다. 회사의 업무는 대체로 지루할지 모르지만 행동을 예측할 수 없는 낯선 사람들을 만날 수 있다는 것만으로도 새로운 경험을 할 가능성이 항상 존재합니다. 불확실성과 놀랄 가능성은 미래의 특징이며 미래에 대한 감각에 도움이 됩니다. 일과를 마치면 직장인들은 외투를 입고 귀가를 준비합니다. 이제 집은 도착할 때까지 시간이 걸린다는 점에서 그의 미래에 있지만 그는 집으로 돌아가는 여정이 시간상으로 앞으로 나아가는 움직임이라고 느끼지는 않을 겁니다. 그는 공간을 되돌리고 시간을 거슬러 집이라는 익숙한 안식처로 돌아갑니다. 익숙함은 과거의 특징입니다. 집은 과거의 이미지를 제시합니다. 더욱이 이상적인 의미에서 집은 개인의 삶에서 중앙에 놓여 있고 중앙은 앞에서 살펴본 대로 기원과 그 시초를 내포합니다.

시간과 공간은 사람이 적극적으로 계획을 실행할 때 방향성을 지닙니다. 계획은 목표를 갖습니다. 목표는 공간적일 뿐만 아니라 시간적인 용어이기도 합니다. 유럽의 이주민들은 명확한 목표를 지니고 있었는데 그것은 바로 신세계에 정착한다는 것이었습니다. 신세계는 대서양 너머에 있는 장소입니다. 그곳은 유럽과 현재의 공간을 공유합니다. 하지만 이주민들에게 손짓하며 부르는 미래는 바로 신세계입니다. 계획은 방향적 공간에 시간적 차원을 더하는 신대륙으로의 이주처럼 그렇게 거창할 필요는 없습니다. 예를 들면, 다음번 가족의 휴가를 위해 새로운 휴양지를 결정하는 것처럼 어떤 목표를 구상하는 노력이라면 그것이 무엇이든 시공간적 구조를 이끌어냅니다. 습관은 목표의식과 간절한 노력에 대한 감각을 무디게 하면서 계획을 약화시킵니다. 이런 의식은 자칫 머튼이 은둔자에 대해 말했던 것처럼 "결정할 것이 거의 없는 낮은 의미의 삶" 같은 차가운 삶을 영위함으로써 소멸될 수 있습니다.

음악은 방향성을 지닌 시간과 공간에 대한 개인의 인식을 무력화할 수 있습니다. 신체의 움직임과 동시에 발생하는 리듬감 있는 소리는 개인의 의도적인 행동, 역사적 공간과 시간을 거쳐 어떤 목표로 향하는 움직임에 대한 감각을 없앱니다. 의도적으로 A에서 B까지 걷는 것은 그동안 아주 많은 걸음을 걸어온 만큼 앞으로 훨씬 더 많은 길을 가야 한다는 느낌으로 인식됩니다. 음악을 듣는 등의 행위로 환경에 변화를 주더라도 객관적 차원에서는 여전히 신중하게 A에서 B까지 걷습니다. 하지만 주관적 차원에서 공간과 시간은 리듬감 있는 소리의 영향으로 방향적 추진력을 상실합니다. 매번 내딛는 발걸음은 더 이상 목적지로 향하는 좁은 길을 따라 이동하는 움직임이 아닙니다. 오히려 그것은 개방되고 무차별적인 공간으로 나아가는 것입니다. 정확하게 위치한 목표지점에 대한 생각은 타당성을 상실합니다.

일반적으로 사람은 앞으로 걸어갈 때만 편안함과 자연스러움을 느낍니다. 뒤로 걷는 것은 어색하게 느껴지며 심지어 발에 걸려 넘어질 만한 것이 없을 때조차도 불안해합니다. 항상 음악이나 박자가 동반되는 춤은 역사적 시간과 방향적 공간을 극적으로 무력화합니다. 사람들은 춤을 출 때 앞과 좌우, 심지어 뒤로도 무난하게 움직입니다. 사람들은 음악과 춤을 통해 목표지향적 삶의 욕구로부터 해방되며 잠시나마 어윈 스트라우스가 현재의 방향성 없는 공간이라고 지칭했던 곳에서 살 수 있습니다.[15] 군인들은 군가에 맞춰 행군하면서 단지 피로함뿐만 아니라 죽음이 기다리는 목표지점인 전쟁터마저 잊는 경향이 있습니다. 현대사회에서 사무실과 쇼핑센터에서 틀어놓는 음악소리와 십대들을 위해 라디오에서 송출되는 쿵쾅대며 진동하는 소리는 사람들이 대부분 매력적이지 않고 의미 없다고 여기는 목표와 연계된 시공간적 구조를 잊고 싶어 한다는 것을 암시합니다.

역사적 시간과 방향적 공간은 단일한 경험의 양상들입니다. 의도는 "여기는 현재이다", "거기는 그때이다"라는 시공간적 구조를 창출합니다. 나는 이 구조에 대해 나름대로 생각하면서 여기가 A 지점이고 거기가 B 지점이라고 말할 수 있습니다. 두 지점 사이의 거리는 얼마나 될까요? 공간상으로 거기에 있는 지점이자 내 미래인 B 마을이 내 목표라는 것을 인식하면 내가 그곳에서 얼마나 멀리 떨어져 있는가라는 실질적인 문제가 생겨납니다. 그 대답은 흔히 시간의 단위로 주어집니다. B 마을은 두 밤 혹은 이틀 정도 떨어진 거리에 있습니다. 그곳은 자동차로 30분이면 도착하는 거리에 있습니다. 여기서 거기는 거리와 시간 사이의 또 다른 관계입니다. 시간이 거리의 척도입니다. 측정의 목적을 위해 시간은 미래를 가리키는 화살로 여겨지지 않습니다. 오히려 시간은 진자운동처럼 반복적인 것으로 인식되며 관찰이 가능한 자연의 주기성뿐만 아니라 내적 생물학적 리듬까지 측정합니다.

거리를 측정하는 데 있어 시간이 다양한 용도로 사용되는 이유는 시간의 단위가 노력에 대한 명확한 감각을 전달하기 때문입니다. 목표에 도달하기 위해 얼마나 많은 노력이 필요한지, 어떤 에너지원이 필요한지 말해주는 것이 거리의 문제에 대한 유용한 대답입니다. 다음 목표는 창던지기나 화살쏘기입니다. 그것은 100걸음 떨어져 있습니다. 이런 유형의 대답은 직접적인 경험에 호소합니다. 우리는 창던지기의 거리를 상상할 수 있을 뿐만 아니라 직접 창을 던지는 노력을 통해 그 거리를 느낄 수도 있습니다. 한 걸음은 눈으로 볼 수 있는 동시에 근육으로 느낄 수 있습니다. 걸음과 창던지기는 어떻게 시간과 연관될까요? 걸음은 노력과 휴식, 긴장과 이완의 생물학적 순환으로 느껴지기 때문에 시간의 단위입니다. 100걸음은 우리가 익히 알고 있는 생물학적 리듬의 100단위를 의미합니다. 우리가 잘 알고 있는 또 다른 생물학적 리듬은 불면과 수면의 순환입니다. 거리는 수면이나 낮으로 나타낼 수도 있습니다. 앞서 언급했던 것처럼 걸음은 가시적인 단위이자 체감할 수 있는 노력입니다. 마찬가지로 불면과 수면의 주기도 활동의 긴장 이후에 뒤따르는 휴식일 뿐만 아니라 빛과 어둠, 태양의 궤도처럼 외적 자연에서 볼 수 있는 것입니다. 거리를 날짜로 따지는 것은 보다 계산적인 또 다른 의미의 노력과 관련됩니다. 다른 마을까지 가는 데 사흘이 걸린다는 말을 들으면 우리는 대략 어느 정도 양의 식량과 물을 가져가야 할지 압니다. 우리는 목적지까지 가는 데 필요한 에너지의 양을 계산할 수 있습니다. 미니애폴리스에서 로스앤젤레스까지의 거리는 얼마나 될까요? 마일이나 킬로미터로 대답하는 것은 그 거리의 단위가 시간, 노력, 필요한 자원으로 신속히 환산되지 않는다면 크게 도움이 되지 않습니다. 반면 "자동차로 사흘 정도 걸려요"라는 대답은 우리에게 숙박비, 연료비, 식비에 필요한 돈, 즉 에너지 구입에 필요한 돈을 얼마나 가져가야 할지 한층 더 직접적으로 알려줍니다.

어떤 장소로 가려는 의도는 역사적 시간을 창조합니다. 그 장소는 미래의 목표입니다. 하지만 미래를 개방되고 규정되지 않은 상태로 놔두어서는 안 됩니다. 미국의 내륙에 정착하고자 했던 유럽의 이주민들은 적당한 시기인 봄에 목적지에 도착하도록 계획을 세워야만 합니다. 목표가 그저 미국이 아닌 다소 구체적으로 미국 내부의 특정 지역이었던 만큼 미래도 시간의 제한이 없는 것이 아니라 특정한 연도의 특정한 계절이 되었습니다. 미래와 역사적 시간에 대한 이런 제한은 그 자체로 거리를 시간의 단위로 추산해야 하는 확실한 이유가 됩니다. 어떤 장소에 있어야 할 필요성이 생기면 거의 예외 없이 어떤 시간에 그곳에 있게 되기 마련입니다. 목동은 가축을 특정한 날에 특정한 목초지로 이끌고 가야 하며 사업가는 특정한 시간에 도시의 다른 지역에서 열리는 회의에 참석해야 합니다. 시간은 어디서나 인간의 삶과 생계를 규제합니다. 기술사회와 비기술사회 간의 본질적인 차이는 기술사회에서 시간은 정확한 시와 분으로 측정된다는 것입니다.[16]

우주진화론적 시간, 천문학적 시간, 그리고 인간적 시간

우리는 개인적인 경험에서 공간과 시간이 어떻게 서로 공존하고 맞물리며 서로를 규정하는지를 살펴보았습니다. 모든 활동은 특정한 시공간적 구조를 출현시키지만 그 구조는 좀처럼 의식의 전면에 나오지 않습니다. 회사에 출근하고, 방문을 계획하고, 경치를 구경하고, 다른 도시에 사는 친구들의 소식을 듣는 것 같은 사건들은 너무나 당연하게 여겨지는 일상생활의 형태이기 때문에 깊이 있는 사고로 이어지지 않지요. 그렇다면 무엇이 우리를 경험에 대해 깊이 생각하도록 이끌까요? 그것은 바로 까다로운 사건들입니다. 비기술사회에서는 종종 자연의 힘을 예측하기 어려운 듯합니다. 자연의 힘은 인간의 삶을 침해하고 관심을 유발하는 까다로운 사건들을 일으킵니다. 그것은 우주론이나 세계관의 일부로 편입되면서 완화될 수 있습니다. 모든 문화들이 명확한 세계관을 지니고 있는 것은 아닙니다. 명확한 세계관이 존재하는 곳에서 그것을 상세하고도 체계적으로 개념화할 수 있는 사람들은 상대적으로 드뭅니다. 세계관은 특정한 경험과 욕구들과는 거리가 멉니다. 그것은 일종의 지적 구조물입니다. 이제 우리는 이런 질문을 던질 수 있습니다. 그런 구조물에서 공간과 시간은 어떻게 표현되느냐고요. 또 한 유형의 신화적 시간은 한 유형의 신화적 공간을 수반하는지, 또 그 반대의 경우도 성립하는지 말입니다.

신화적 공간은 대체로 기본방위와 중앙의 수직축으로 이루어진 좌표체계 주위에 배열됩니다. 이 구조물은 우주적이라고 불릴 수 있는데, 왜냐하면 그 구조가 우주에서 일어나는 사건들에 의해 정의되기 때문입니다. 신화적 시간은 우주진화론적 시간, 천문학적 시간, 인간적 시간, 이렇게 세 가지 유형으로 구분됩니다. 우주진화론적 시간은 기원에 관한 이야기이며 우주의 창조가 포함됩니다. 인간적 시간은 인간의 삶의 과정입니다. 이 두 유형의 시간은 일차원적이고 일방적입니다. 천문학적 시간은 태양의 일과와 계절의 순환으로 경험되며 반복적인 특성을 지닙니다. 우주적 공간이 두드러지게 표현되는 곳에서는 우주진화론적 시간은 무시되거나 부실하게 상징화되는 경향이 있습니다. 북아메리카에서 인디언들에게 흔한 우주진화적 주제는 바다에서 땅을 끌어올린 지구잠수부 이야기로, 그는 그 땅으로 점차 규모가 커지는 섬을 만들었습니다. 순환하는 천문학적 시간과 달리 이런 창조 설화는 우주적 공간에서는 묘사되지 않습니다. 또 다른 유형의 기원 신화는 선조들과 문화적 영웅들의 탄생 및 업적과 연관됩니다. 미국 남서부의 푸에블로 인디언들은 그들의 선조들이 북쪽의 시팝 대지에서 출현해 중심지를 찾아 남쪽으로 내려왔다고 믿습니다. 이 신화의 여러 요소들은 푸에블로 인디언들의 우주적 공간에 그 흔적을 남겼습니다. 시팝은 북쪽에 위치해 있습니다. 남쪽으로 우주의 중심에서 중간 정도쯤 되는 곳에 백악관이 있는데, 선조들은 그곳에 잠시 머물며 문화적 기술을 습득했습니다.[17] 따라서 기본방위 좌표 위로 펼쳐진 푸에블로 인디언의 우주적 공간의 대칭은 이주의 신화를 구현하는 시간의 화살에 의해 왜곡됩니다.

오스트레일리아 원주민들의 신화적 공간은 기하학적이지 않습니다. 순환하는 천문학적 시간은 원주민의 사고와는 상반됩니다. 하지만 그들은 우주진화론적 시간을 인지하고 있습니다. 우주진화론적 시간은 공간에 그 흔적을 남기고 그것을 통해 인정됩니다. 원주민의 사고에서 우주진화론적 시간은 대지, 하늘, 바다의 창조와 연관되지 않습니다. 그들에게는 기본적인 환경이 존재하는 것으로 가정됩니다. 그들의 기원 신화는 태초의 선조들이 인간의 거주를 위해 지구를 마련했던 과정과 그들이 천연자원을 공급하고 경관을 바꾸었던 방식과 연관됩니다. 오스트레일리아 원주민들에게 지형적 특성은 "여기에 누가 있었고 무엇을 했는지"에 대한 기록입니다.[18] 비록 서구인들이 보기에는 변형되지 않았을지라도 경관은 한 민족의 업적을 기록합니다. 중앙오스트레일리아와 아넘랜드(Arnhem Land, 오스트레일리아 북부 노던주의 북쪽 지역)에서 신화들은 태초의 선조들이 머나먼 목표들을 향해 방랑했던 과정을 알려줍니다. 이따금 그들은 길을 잃고 헤맸고 운명이 그들을 압도했습니다. 그들이 죽은 곳에 그들은 정기를 남겼습니다. 경관에는 짧게 머물렀던 신화적 영웅들의 기념물들이 여기저기 흩어져 있습니다.[19] 영웅들을 방랑자로 여기고 신화적 여정을 주기적으로 재연함으로써 오스트레일리아 원주민들은 그들의 대지에 방향성 있는 시간감각을 부여했습니다(그림 19).

우주진화론적 시간에 비하면 천문학적 시간은 쉽사리 공간적 틀 위에 그려집니다. 순환적이고 반복적인 천문학적 시간은 대칭적 공간에서 가장 잘 표현됩니다. 대칭적 공간은 태양의 경로를 표시하는 우주 시계입니다. 우리는 우주진화론적 시간이 이런 공간적 대칭을 훼손한다고 지적했습니다. 인간적 시간도 방향성을 지닙니다. 인간의 삶은 출생으로 시작해 죽음으로 끝납니다. 그것은 한 방향으로만 가는 여정입니다. 인간적 시간은 미래에 유

오스트레일리아 왈비리족의 신화적 여정

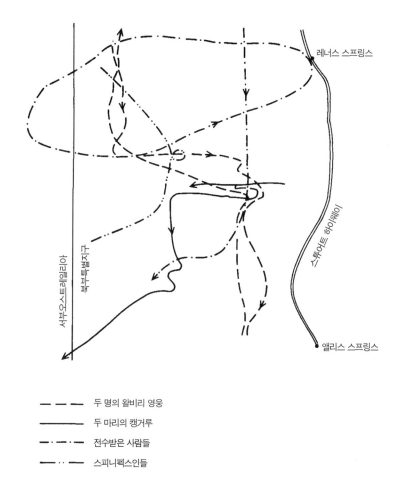

레너스 스프링스

스튜어트 하이웨이

서부오스트레일리아

북부특별지구

앨리스 스프링스

- – – – 두 명의 왈비리 영웅
- ——— 두 마리의 캥거루
- –·–·– 전수받은 사람들
- —··— 스피니펙스인들

그림 19 우주진화론적 신화와 방향성 있는 공간. 중앙오스트레일리아 왈비리족의 선조 영웅들의 신화적 궤적. Amos Rapoport, "Australian aborigines and the definition of place," in W. J. Mitchell, ed., *Environmental Design and Research Association*, Proceedings of the Third Conference at Los Angeles, 1972, page 3-3-9, figure 4 를 수정해서 게재했습니다.

리하게 치우쳐 있습니다. 삶은 미래에 살아지는 것이며, 미래는 다음 끼니처럼 가까울 수도 있고 성공의 사다리를 오르기 위한 다음 승진처럼 멀 수도 있습니다. 인간의 신체처럼 인간적 시간도 비대칭적입니다. 인간의 등이 과거라면, 인간의 얼굴은 미래입니다. 살아가는 것은 끊임없이 빛을 향해 나아가는 것이고, 등 뒤에 있어 볼 수 없는 것을 포기하는 것은 어둠과 과거입니다. 푸에블로 인디언들은 사람이 죽으면 선조들이 출현했던 시팝으로 돌아간다고 믿었습니다. 하지만 죽음은 종종 우주적 공간의 중심에서 수직축을 따라 이동하는 혹은 기본방위의 한 방향으로 이동하는 계속되는 여정이기도 합니다. 살아 있는 자들의 세계에서 미래와 전방은 선호됩니다. 우주적 공간의 대칭은 특권을 지닌 축과 방향에 의해 왜곡됩니다. 전통적인 중국의 도시에 대해 생각해 볼까요. 중국 도시의 우주적 도면에는 별들의 움직임과 계절의 진행이 표시됩니다. 이상적인 경우라면 그것은 대칭적이어야 하지만 실제로는 그렇지 않습니다. 바로 특권을 지닌 축이 있는 것입니다. 그 축은 왕궁에서부터 남쪽으로 자오선 문까지 이어져 있는 중앙의 대로입니다. 수도에서 왕궁의 통치자는 어둡고 세속적인 공간인 북쪽을 등지고 빛과 인간의 세계인 남쪽을 마주합니다. 비록 기본적인 설계에서 우주적 사상에 큰 영향을 받긴 했지만 그럼에도 이 전통적인 도시는 넬슨 우가 지적하는 것처럼 인간의 도시입니다.[20] 그것은 바로 인간적 시간과 삶의 비대칭을 반영합니다(그림 20).

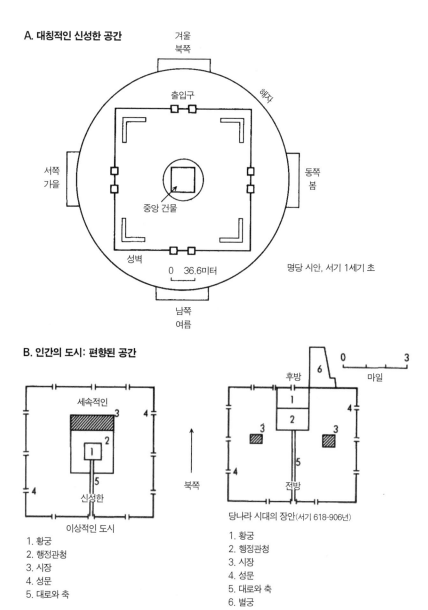

A. 대칭적인 신성한 공간

겨울
북쪽

출입구

해자

서쪽
가을

동쪽
봄

중앙 건물

성벽

0   36.6미터

명당 시안, 서기 1세기 초

남쪽
여름

B. 인간의 도시: 편향된 공간

세속적인

이상적인 도시

신성한

북쪽

1. 황궁
2. 행정관청
3. 시장
4. 성문
5. 대로와 축

후방

마일

전방

당나라 시대의 장안(서기 618-906년)

1. 황궁
2. 행정관청
3. 시장
4. 성문
5. 대로와 축
6. 별궁

그림 20 대칭을 이루는 신성한 공간(명당)과 이상적인 형태와 실제 형태(장안)에서 비대칭적 혹은 편향된 공간인 인간의 도시.

13

시간의 흐름이
장소를 낳는다

시간과 장소가 서로 어떻게 연관을 맺는지는 서로 다른 접근법을 요하는 복잡한 문제입니다. 여기서는 세 가지를 탐구해 보려고 합니다. 첫 번째는 움직임 또는 흐름으로서 시간과 그 흐르는 시간 가운데 일시 정지라 할 수 있는 장소, 두 번째는 "한 장소를 알려면 시간이 걸린다"라는 말에서 포착할 수 있는 것처럼 시간의 기능이 낳은 장소에 대한 애착, 세 번째는 시간이 가시적으로 만드는 장소 또는 지나간 시간에 대한 기념물로서의 장소입니다.

장소는 의미가 체계적으로 조직된 세계입니다. 이는 근본적으로 고정된 개념입니다. 만약 우리가 세상을 지속적으로 변해가는 하나의 과정으로 본다면 우리는 어떠한 장소감도 발전시킬 수 없을 것입니다. 공간에서 움직임은 한 방향으로 진행되거나 반복이 함축된 순환성을 띠게 됩니다. 보통은 화살이 시간을 상징하고 여기에 원 궤도와 좌우로 흔들리는 진자운동이 가세해서 공간과 시간의 이미지가 하나로 합쳐집니다. 일반적으로 화살은 시간의 방향적 성격뿐 아니라 공간에서 목표지점으로 향하는 움직임을 상징합니다. 목표지점은 시간에서 한 지점이자 공간에서 한 지점이기도 합니다. 가령 내가 자동차회사 부회장이 되는 목표를 세웠다고 해보죠. 그 목표는 나의 미래에 놓여 있습니다. 그 목표는 사회에서 내가 도달하고 싶은 〈최종적인 장소〉입니다. 부회장이라는 자리가 내 희망을 너무 크게 지배하다 보니 감독이라든가 관리자 같은 중간직은 승진의 사다리에서 시시한 단계가 돼버립니다(그림 21A). 나는 감독직에만 오래 있을 생각은 없어서 그 일에 필요한 복장을 구입하는 것도 주저합니다. 이것은 미래지향적이고 목표에 매진하는 사람들이라면 누구에게나 공통적으로 보이는 사고의 특성일 것입니다. 그렇다면 이스라엘 민족과 그들의 시간관은 어떠했을까요? 선택된 민족(유대인을 지칭)의 최종 종착지는 〈신의 왕국〉이었습니다. 어중간한 왕국들은 그들의 성에 차지 않습니다. 고대 그리스인들과 달리 이스라엘인들은 영속성을 전제로 한 정치조직을 세우는 데 주저했습니다. 그들에게 세속적인 장소들은 모두 일시적인 것이고 기껏해야 궁극의 목적지로 가는 무대에 불과하기 때문입니다. 이렇듯 초월적 희망을 담은 종교는 장소를 확립하는 것을 좌절시키는 경향이 있습니다. 왜냐하면 그러한 종교는 "네가 갖고 있는 것에 집착하지 말라. 현재를 미래로 가는 기착지 혹은 길옆 정거장이라 생각하라"는 가르침을 전하기 때문입니다.[1]

중간관리자의 사무실은 부회장의 집무실과 겨우 문 두 개 정도 떨어져 있을 수 있습니다. 하지만 그가 거기에 도달하기까지는 여러 해에 걸친 고단한 근무가 필요할지도 모릅니다. 부회장실은 세속적인 목표입니다. 그 목표란 공간에서의 한 장소, 즉 대양이나 산 너머에 있는 약속의 땅일 것입니다. 이주자들이 어떤 목적지에 도달하기까지는 수개월이 소요될 수도 있습니다. 그러나여행이 시작될 때 그들을 두렵게 하는 것은 시간이 아니라 그들이 지나가야 할 공간입니다. 움직임이 되돌아올 생각 없이 한 방향으로 진행될 때 그 (움직임이 이뤄지는) 장소는 세 가지 범주로 나눌 수 있는데 그 가운데 하나가 목표지점입니다. 나머지 둘은 시작점인 집 그리고 중간의 기착지 혹은 길옆 정류장입니다. 집은초월해야 할 안정적인 세계이고, 목표지점은 도달해야 할 안정된세계이며, 중간 기착지는 한 세계에서 다른 세계로 가는 여행을하다 잠시 쉬어가는 휴게소입니다. 화살이야말로 이에 걸맞은 이미지라 할 것입니다(그림 21A).

그런데 대다수의 움직임들이 근거지와 목표지점이라는 대척점주변에서 이뤄지는 것만은 아닙니다. 그 움직임은 대체로 순환적인 경로 또는 진자처럼 앞뒤로 움직이는 운동입니다(그림 21B). 집에 있는 책상, 안락의자, 싱크대, 현관의 그네 같은 집 안의 가구들은 일상적인 복잡한 이동경로에 놓여 있는 하나의 지점들입니다. 이러한 지점들이 장소, 즉 세계를 조직하는 데에 중심이 됩니다. 일상적으로 이용함에 따라 그 경로는 심도 있는 의미와 안정감이라는 장소의 특성을 얻습니다. 경로와 정지가 장소와 함께하면서 더 큰 장소를 구성할 때 그것이 바로 〈집〉입니다. 우리가 집을 하나의 장소로 선뜻 받아들인다면 그 집에 더 작은 장소들이존재한다는 것을 깨닫기 위해서는 별도의 노력을 기울여야 합니

A. 직선 경로와 장소들

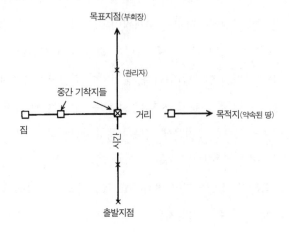

다. 우리의 관심이 집에 집중되는 이유는 집이 명백히 경계가 있고 시각적으로도 눈에 띄는 구조물이기 때문일 겁니다. 벽과 지붕은 집에 통일된 형태를 부여합니다. 하지만 벽과 지붕을 제거해 보면 책상, 부엌 싱크대 같은 일종의 〈정거장 역할〉을 하는 곳들이야말로 복잡한 경로, 이동 중 정지, 일상적이며 순환적인 시간의 이정표들로 연결되는 중요한 장소들이라는 게 이내 드러납니다.

유목민들의 세계는 이동경로를 따라 연결되는 장소들로 구성돼 있습니다. 그렇다면 자주 이동하는 유목민들은 강한 장소감을 갖고 있을까요? 네, 그럴 가능성이 상당히 높습니다. 유목민들은 이동은 하지만 한정된 지역 내에서 움직이며 그 여정의 양 끝단 사이의 거리도 웬만해선 320여 킬로미터를 넘지 않는다고 합니

B. 순환/진자운동 경로와 장소들

i. 매일

ii. 계절성(고대 중국의 두 축 - 장소들)

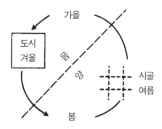

iii. 삶의 단계들(장소): 순환 모델

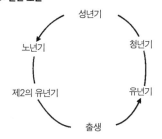

그림 21 이동, 시간 그리고 장소: 고대 중국에서 사람들은 겨울철 몇 달은 도시에 살았습니다. 봄이 다가오면 도시에서 나와 시골에 지어진 오두막에 거주하면서 직사각형으로 구획된 토지를 경작했습니다. 추수가 끝나면 다시 도시로 돌아가서 여러 가지 서비스업, 교역, 수공업 등에 종사했습니다. 따라서 그들의 삶은 도시와 시골, 겨울과 여름, 그리고 음과 양이라는 양극으로 분할되어 있었습니다.

다.[2] 유목민들은 해마다 대체로 동일한 장소(초원과 샘 주변)에서 멈추고 그곳에 야영지를 세웁니다. 그들의 이동경로 또한 거의 변화가 없음을 보여줍니다. 유목민들에게는 주기적으로 찾아오는 생활의 긴박한 필요에서 두 종류의 장소감이 만들어집니다. 바로 그들이 텐트를 치는 곳, 그리고 이동하는 더 넓은 지역에 대한 것입니다. 야영지는 친밀한 경험을 통해 습득된 그들의 기본 장소가 될 수 있습니다. 반면 유목민들이 지나가는 땅은 뚜렷하게 실재하는 구조가 없기 때문에 그들에게는 한층 희미할 뿐입니다.

현대사회에서는 이동과 장소감 간의 관계가 꽤 복잡해질 수 있습니다. 대다수 사람들이 30대에서 40대쯤 되면 한 사회에서 안정된 위치에 다다릅니다. 집과 사무실 또는 공장, 그리고 휴일에는 휴양지를 오가는 일상이 자리 잡게 됩니다. 그곳들 모두 확연히 구분되는 장소들입니다. 집에서 텔레비전을 시청하는 것과 사무실에서의 다소 지루한 업무를 혼동할 일은 없습니다. 또한 바닷가에서 보내는 2주간의 휴가는 심사숙고해서 결정하는 행사입니다. 세월이 흘러도 개인적으로 의미가 있는 장소들은 여전히 중요하게 남습니다. 가령 해마다 여름이면 영국의 해변도시 브라이튼Brighton으로 떠나는 가족이 있다고 해보겠습니다. 시간이 흘러 이들의 장소감은 사적인 장소를 넘어 이러한 장소들이 규정하는 지역으로까지 확장됩니다. 즉 집과 사무실, 휴양지로 구분됐던 지역은 확실한 경계가 없는데도 그 자체로 장소가 되는 것입니다.

그럼 한 고소득 임원의 경우를 생각해 볼까요. 그는 여기저기를 너무 많이 다녀서 장소들은 그에게 특별한 의미를 갖지 않습니다. 그렇다면 그에게 의미 있는 장소가 있을까요? 그의 집은 교외에 있습니다. 그는 그곳에 살지만, 그렇다고 집이 업무와 완전히 단절된 곳은 아닙니다. 이따금 그의 집은 회사 동료들이나 업무 관계자들을 대접하는 쇼의 무대가 되기도 하니까요. 또 일이 많은 임원은 일을 집에까지 가져오기 때문에 그에게 집은 일터이기도 합니다. 그의 자녀들은 기숙학교에 있으니 그의 집은 온 가족을 위한 곳은 아닙니다. 그 임원은 시골에 오두막 한 채도 따로 가지고 있습니다. 그 오두막은 가족 전체를 위한 장소이지만 일년 내내가 아니라 여름 한철만 이용할 뿐입니다. 그곳은 진지한 일이 벌어지는 곳이 아니라 단지 쉬고 노는 용도의 집인 것이지요. 사무실은 그의 일터이지만 어느 정도 그의 삶의 중심일터이니 그곳 또한 그 임원의 집이라 할 수도 있습니다. 게다가 그는 사무용 빌딩이 밀집한 곳이나 시내에 밤을 지낼 수 있는 아파트를 한 채 갖고 있을 수도 있습니다. 또 그 임원은 업무와 유람이 결합된 해외여행을 주기적으로 떠납니다. 그는 밀라노에서도, 바르바도스에서도 동일한 호텔에 묵고 동일한 친구들을 만납니다. 목표지점으로 향하는 그의 이동경로가 복잡하더라도 그것들은 그 임원의 상승하는 경력에서는 단 하나의 무대에 불과합니다. 그의 목적지는 여전히 앞에 놓여 있을지 모르니까요. 그의 이동 패턴은 아직도 확장할 수 있으며 그 장소들의 별자리 또한 그의 은퇴와 노년이 시작되기 전까지는 늘어갈 것입니다.[3]

한 장소에 대한 애착을 갖기까지 얼마의 시간이 걸릴까

두 번째 주제는 첫 번째와 긴밀하게 연결되어 있습니다만, 바로 〈어떤 장소를 알게 되는 데에는 얼마나 시간이 걸리는가?〉입니다. 이동이 잦은 현대인은 어디 한 군데 뿌리를 내릴 만한 시간이 없는 경우가 많습니다. 따라서 그의 경험과 장소에 대한 인식은 피상적일 수밖에 없겠지요. 하지만 이것은 관습적인 사고입니다. 한 장소에 관한 추상적인 지식은 그 사람이 부지런하기만 하면 신속하게 획득할 수 있습니다. 어떤 환경의 시각적 특징은 보는 사람이 예술가적 안목을 소유하고 있다면 신속하게 파악될 수 있습니다. 그렇지만 한 장소의 〈느낌〉을 획득하는 데는 오랜 시간이 걸립니다. 왜냐하면 그 느낌은 매일 매일 수년에 걸쳐 반복되는, 대부분은 찰나적이고 강렬하지 않은 경험들의 산물이기 때문입니다. 그 느낌은 시각과 청각과 후각의 특별한 조합입니다. 일몰과 일출 시간, 일과 휴식의 시간처럼 자연적이거나 인공적인 리듬의 독특한 조화인 것이죠. 한 장소에 대한 감정은 그 사람의 뼈와 근육에 새겨집니다. 흔히 뱃사람은 걸음걸이만 봐도 알아볼 수 있다고 하지 않습니까. 그의 체형이 먼바다에서 높은 파도에 요동치는 배의 갑판에 적응되어 있기 때문에 금방 알아볼 수 있는 것이죠. 그만큼 분명하지는 않더라도 산간지역에 사는 농부의 경우도 그의 근육은 다르게 발달했을 것이고, 걸음걸이 또한 산에 올라가 본 적도 없는 평원지대의 주민들과는 살짝 다를 것입니다. 이처럼 한 장소를 알아가는 데는 시간이 걸린다는 점은 분명합니다. 그리고 그것은 일정 부분 잠재의식에서 행해지는 앎입니다. 시간이 흐르면서 우리는 어떤 장소를 친숙하게 받아들입니다. 이는 곧 우리가 그 장소를 당연하게 여기게 된다는 의미일 겁니다. 새집은 시간이 흐르면서 우리의 관심을 이전만큼 끌지 못합니다. 마치 오래 신은 슬리퍼처럼 편안해져서 불필요한 관심을 끌지 않는 것처럼 말이지요.

사람에 대한 것이든 장소에 대한 것이든, 스쳐 지나가는 중에 애착이 생기는 일은 거의 없습니다. 그런데 철학자 제임스 K. 피이블만은 이렇게 얘기합니다.

"누군가의 삶에서 일어난 사건의 중요성은 공간성보다 강렬함에 비례하는 정도가 훨씬 크다. 어떤 사람이 일년이나 걸려 해외를 여행했지만 별다른 인상을 받지 못할 수도 있다. 그런데 한 여성의 얼굴을 보고 단 몇 초 만에 그의 인생이 완전히 바뀔 수도 있다."[4]

한 남자가 한 여성을 만나 첫눈에 사랑에 빠진 것처럼 장소도 첫눈에 사랑에 빠질 수 있습니다. 산길을 지나 처음으로 눈에 들어온 사막 또는 야생의 삼림지대에 처음 발을 들여놓는 순간, 우리에게는 희열뿐만 아니라 익히 들어온 오염되지 않은 원시세계에 대한 설명할 수 없는 감정들이 불쑥 솟아날 수 있습니다. 이처럼 짧지만 강렬한 경험은 약속의 땅으로 가기 위해 그동안의 집을 버리는 것과 같은 이치로 과거를 무효로 만들어버릴 수 있습니다. 그런데 이보다 흥미로운 것은 직접 대면의 이점 없이도 어떤 식으로든 환경에 대한 열정을 키울 수 있다는 점입니다. 그것은 이야기 한 편, 한 구절의 글, 책 속의 그림 한 장이면 충분합니다. 일례로 영국의 작가이자 학자인 C. S. 루이스는 어린 시절에 품었던 북쪽 세계에 대한 순수한 갈망, 아득히 먼 곳, 그 척박함에 대한 동경에 사로잡혀 있었습니다. 루이스의 평전에서 헬런 가드너는 이렇게 썼습니다.

북쪽 세계는 끝나지 않는 여름날의 황혼녘 대서양 위로 펼쳐진 드넓고 깨끗한 공간에 대한 환상이었다. 그에 대한 루이스의 초기 열정은 나중에도 식지 않았다. 북쪽 세계의 처연함과 혹독함은 그의 본성 깊은 곳의 무언가를 자극하였다. 하지만 그는 결코 북쪽 땅에 살아본 적이 없었다. 게다가 북쪽으로 여행을 떠나서 감각적 경험으로 개인적 환상과 정면으로 맞서볼 시도조차 하지 않았다. 그는 바그너와 「니벨룽겐의 반지」음반들을 비롯해 여러 전설들의 삽화들 같은 음악적, 문학적 수단을 통해 그 풍광에 심취한 것이었다.[5]

한 장소에서 여러 해를 보냈지만 회상하고 싶거나 회상할 수 있는 기억을 거의 남기지 못할 수도 있습니다. 반면 짧은 기간의 강렬한 경험이 우리 삶을 송두리째 바꾸어 놓기도 합니다. 우리는 이 점을 새길 필요가 있습니다. 이는 시간의 흐름을 장소의 경험에 관련지어 보자면 인간의 생애 주기를 고려해볼 필요가 있다는 것입니다. 어린 시절의 10년은 청장년 시절의 10년과 같지 않습니다. 어린아이들은 어른보다 훨씬 감각적으로 세상을 인식합니다. 어른이 집에 다시 갈 수 없는 이유가 바로 이것입니다. 또한 이것은 본국 태생의 토박이 시민이 다른 곳에서 성장한 후 귀화한 시민은 도저히 따라할 수 없는 방식으로 자기 나라를 인식하는 이유이기도 합니다. 삶의 다양한 국면들에서 경험한 시간의 폭은 동일한 기준으로 측정할 수 없습니다. 서인도제도 출신의 작가 비디아다르 네이폴은 자신의 소설에서 이민자의 특성을 이렇게 묘사하고 있습니다.

그들은 떠났어. 하지만 그들은 돌아왔지. 그러니까, 네가 어떤 장소에서 태어나 거기서 자랐다고 해보자. 너는 그곳의 나무들과 식물도 알게 될 거야. 앞으로도 네가 다른 나무나 식물들을 그만큼 알 일은 없을 거야. 그러니까 넌 구아바나무가 자라는 걸 보면서 자랐어. 넌 갈색과 초록이 섞인 나무껍질이 오래된 페인트처럼 벗겨지는 것을 알고 있어. 넌 그 나무에 오르려고도 해봤을 거야. 몇 번인가 오른 뒤에 그 껍질이 부드럽고 너무 미끈거려서 붙잡기 어렵다는 것을 알게 되지. 다리에 간지러운 감촉을 느끼기도 하고 말이야. 아무도 너에게 무엇이 구아바나무인지 가르쳐줄 필요가 없지. 너는 떠난다. 그러곤 묻겠지. "저 나무는 뭐예요?" 누군가 말해줄 거야. "느릅나무!"라고. 또 다른 나무를 보면 누군가 얘기해 주겠지. "저건 떡갈나무다"라고. 그래, 그런 식으로 너는 나무들을 알게 될 거야. 그런데 말이야, 그건 달라. 이곳에서는 일년에 단 일주일 피는 자카란다 꽃을 기다리지만 넌 자신이 기다리고 있다는 것조차 알지 못하겠지. 그래, 떠나보라고. 하지만 돌아오게 될걸. 네가 태어난 곳으로 말이야."[6]

어린아이들의 시간 경험은 어른과는 다릅니다. 어린아이에게 시간은 흐르는 것이 아닙니다. 아이는 내내 지속될 것 같은 어린 시절에 머물면서 시간의 바깥에 서 있습니다. 하지만 어른들에게는 시간이 마구 몰려와서 사정없이 밀어붙입니다. 어린아이들은 자신들의 경험을 되돌아보고 묘사하지 못하기 때문에 우리로서는 어른의 기억과 관찰을 참고할 수밖에 없습니다. 극작가 외젠 이오네스코는 자신의 희곡에서 어린 시절을 이렇게 회상합니다. 즉 8-9세 즈음의 아이들은 모든 것이 즐겁고 이른바 현존성을 갖습니다. 그들에게 시간은 공간 속의 리듬처럼 보입니다. 계절의 흐름 또한 뚜렷하지 않고 공간 안에 그냥 펼쳐져 있다고나 할까요. 어린아이들은 색색으로 물든 다채로운 배경으로 꾸며진 세상 한복판에 서 있습니다. 그 장식은 어두워졌다 밝아지기도 하고, 꽃들과 풀밭이 나타났다가 사라지기도 하고, 다가왔다 물러서기도 하면서 반복하지요. 그동안 아이는 같은 장소, 즉 시간의 밖에 머물면서 시간이 흘러가는 것을 지켜봅니다. 하지만 15-16세 즈음이 되면 그것도 지나간 일이 되어버립니다. 십대의 이오네스코는 원심력에 의해 끌어내려져서 영영 떠나버리는 것들의 한복판으로 내동댕이쳐지는 것처럼 느껴졌습니다. 그는 시간의 흐름 속에, 도망가는 시간 속에, 유한함 속에 놓입니다. 현재는 자취를 감추어 버렸습니다. 그에게 남은 것은 과거와 내일뿐, 과거로서 이미 지각했던 내일뿐입니다.[7]

시간에 대한 감각은 장소에 대한 감각에도 영향을 미칩니다. 어린아이의 시간이 나이 많은 성인과 다르듯이 장소의 경험 또한 마찬가지입니다. 어른은 아이처럼 장소를 인식하지 못합니다. 성인 저마다의 감각과 사고능력이 상이할 뿐 아니라 시간에 대한 느낌이 다르기 때문입니다.

과거에 대한 숭배, 사물에 대한 애착

한 사람이 살아가는 동안 과거는 연장됩니다. 그러면 이 개인적인 과거란 어떤 것일까요? 시몬느 드 보브와르는 자신의 과거를 회상한 뒤 다음과 같이 꽤 우울한 글을 썼습니다.

> 내 뒤에 놓인 과거는 평화로운 풍경이 아니다. 즉 그것은 어디든 내가 즐거이 거닐 수 있고 차츰 그 비밀스러운 언덕과 계곡들을 드러내 보이는 그런 세계가 아니다. 내가 앞으로 나아감에 따라 그 과거는 부서지고 있었다. 아직도 볼 수 있는 잔해들 대부분은 색을 잃었고, 일그러졌고, 얼어붙어 버렸다……. 나는 이따금 여기저기서 그 음울한 아름다움으로 나를 미혹하는 파편들을 만난다.[8]

과거는 우리에게 어떤 의미를 줄 수 있을까요? 사람들은 여러 이유로 옛일을 돌아봅니다. 하지만 자기감과 정체성을 얻고 싶은 욕구는 누구에게나 해당됩니다. 저의 경우를 보자면, 저는 이 앙상한 현실이 규정하는 것 그 이상이며, 이 순간에도 생각을 글로 자아내려고 필사적으로 애를 쓰는 사람입니다. 또한 저는 책을 출판한 작가이며, 곁에는 제게 위안을 주는 양장본 한 권이 놓여 있습니다. 우리는 우리가 현재 소유한 것들이라 할 수 있습니다. 즉 우리에게는 친구들과 친척들과 조상들이 있습니다. 또 우리는 기술과 지식을 보유하고 있고 선한 행동을 해왔습니다. 하지만 이것들은 눈으로 볼 수도, 선뜻 접근할 수 있는 것도 아닙니다. 친구들은 먼 곳에 살거나 세상을 떠났습니다. 또한 우리가 보유하고 있는 기술이나 지식을 이용하겠다는 이도 없을뿐더러 지금은 아예 시대에 뒤처진 것일 수도 있습니다. 가치 있는 선행도 타인에게 효력을 가질 때에야 제 모습을 드러내는 환영 같은 것이고요.

자기감을 강화하려면 과거를 구출해서 그것에 접근할 수 있게 해야 합니다. 부서진 과거의 풍경을 떠받칠 만한 것으로는 여러 다양한 장치들이 있습니다. 예를 들어 한 선술집을 가볼 수도 있겠습니다. 그곳에서 애기를 나누다 보면 시시한 행위조차 대단한 모험담이 되기도 하고, 어쩌면 약간은 평범한 삶들이 인정받기도 하며, 심지어 귀가 얇아지는 술꾼의 심리 덕분에 잠시나마 으쓱해질 수도 있겠지요. 친구들은 떠났지만 그들의 편지는 사람들 사이에 존중이 지속적으로 남아 있다는 증거입니다. 친척들은 세상을 떠났지만 가족 앨범에는 아직 웃고 있는 그들의 모습이 남아 있습니다. 이처럼 우리의 과거는 조각과 파편들로 구성됩니다. 과거는 고등학교 졸업장에서, 결혼식 사진에서, 모서리가 닳은 여권에 찍힌 비자용 스탬프에서, 줄이 끊어진 테니스 라켓에서, 많은 여행을 함께한 낡은 트렁크에서, 개인 서재에서, 오래된 가족의 집에서 자신의 집을 찾습니다. 어떤 것이 우리 존재를 가장 잘 보여줄 수 있을까요? 할아버지의 시계? 가보로 물려받은 은식기? 책상 서랍 속의 내용물들? 아니면 책들? 필명이 아리스티데스라는 한 작가는 이렇게 말합니다.

"개인의 서재에 있는 책 한 권은 어떤 의미에선 한 개인의 존재라 할 수 있는 건물에서 기억을 나르는 벽돌 한 장이며, 그 풍성함 속에서 선별키 어려운 결합체인 한 개인의 지적 역사를 담고 있는 작은 덩어리이다."[9]

사물은 시간을 묶어둡니다. 물론 그 사물이 꼭 개인 소유물일 필요는 없습니다. 이전에 살던 동네라든지 부모님의 고향을 잠깐 방문하는 것만으로도 시간을, 즉 과거를 복원할 수 있습니다. 또는 어렸을 때 우리를 알았던 사람들과 관계를 지속함으로써 우리 개인의 역사를 다시 붙잡을 수도 있고요. 아마 노년층에게는 개인 소유물이 훨씬 더 중요한 의미를 가질 겁니다. 왜냐하면 어떤 계획이나 행동으로 자기감을 세우기에는 노년층들은 너무 지쳐 있거든요. 노인의 사회적 세계는 위축되고 있고 그로 인해 공정한 행위를 보여줄 기회도 축소됩니다. 또 좋은 추억을 지닌 장소들을 방문하기에는 몸이 따라주지도 못하지요. 그러므로 오래된 편지들과 가족 소파 같은 개인적인 소유물들은 노년층에게는 접근하기 쉬운 안락함, 그것들에 어려 있는 과거의 풍미로서 남아 있습니다.

젊은이들은 미래에 삽니다. 그들에게는 그들이 현재 소유하고 있는 것보다는 그들이 하고 있는 것이 그들의 자기감을 더 많이 규정합니다. 그러나 젊은 사람이라고 때때로 과거를 돌아보지 않는 건 아닙니다. 그들도 길지 않았던 옛 시절과 자신만의 전유물이었던 것들에 대한 그리움을 느낄 수 있습니다. 현대사회에서 몸과 마음이 급속히 변하는 십대들은 자신이 누구인지 잘 깨닫지 못할 수 있습니다. 때로는 세상이 자신의 통제 범위 밖에 있는 것처럼 보이기도 할 겁니다. 그러한 십대에게 안전은, 그가 어린 시절의 쉼터로 여겼던 일상에 그리고 인생에서 보다 안정적이었던 이전 시기와 동일시되는 대상들 안에 스며 있습니다.[10] 대개 인간은(노소를 불문하고) 세상이 너무 빨리 변한다고 느낄 때면 이상적이고 안정적이었던 과거를 떠올립니다. 반면 어떤 사람이 스스로 변화를 통제하고 자신에게 중요한 사안을 장악하고 있다고 느낄 때, 그의 인생에는 그리움이 들어설 자리가 없습니다. 과거의 순간들보다는 현재의 행동이 그의 정체성을 뒷받침해줄 테니까요.

과거를 되찾느라 유난히 애를 쓰는 사람들이 있습니다. 그와는 대조적으로, 과거를 물질적 소유와 같은 짐으로 받아들여 애써 지우려는 사람들도 있습니다. 사물에 대한 애착과 과거에 대한 숭배는 자주 함께 나타납니다. 가죽으로 장정된 책들과 떡갈나무 천장 들보를 좋아하는 사람은 그 때문에라도 과거에 얽매여 있다고 할 수 있습니다. 반면 소유물과 과거를 무시하는 사람은 어쩌면 이성주의자(합리주의자)이거나 신비주의자라 할 수 있습니다. 합리주의는 어수선하게 채우는 것에 동조하지 않습니다. 합리주의는 바람직한 삶이란 매우 단순해서 정신이 전통과 관습을 독립적으로 설계할 수 있다는 신념을 권장합니다. 실제로 그 전통과 관습 때문에 이성적인 사고의 프리즘이 흐려질 수 있으니까요. 신비주의 또한 물질이든 정신이든 어지럽히는 것은 질색합니다. 신비주의는 역사적 시간이 일종의 허상이라고 선언합니다. 또한 인간의 본질적 존재는 영겁의 시간에 속해 있다고 믿습니다. 그래서 신비주의자는 물질적인 것의 짐에 구속되지 않습니다. 그는 은둔자의 암자나 월든 호수 곁에서 살아갑니다. 그는 그만큼 자신의 과거로부터 자유롭기 때문입니다.

깊이에 가치를 더하는 것은 시간

개인들만큼이나 사회도 시간과 장소에 대해 다른 태도를 보입니다. 미개 사회(문자나 글자가 없는 사회)는, 프랑스의 문화인류학자 레비-스트로스식 용어를 빌리자면, 일종의 〈냉각된cold 사회〉입니다. 냉각된 사회는 그 균형과 지속성에 영향을 주는 역사적 사건들의 효력을 무효화하려고 합니다. 이 사회들은 사회의 발전 상황을 가능한 한 영구적으로 만들려는 노력과 변화를 "우리가 과소평가하는 재주를 부려" 부인합니다.[11] 콩고 열대우림의 피그미족은 굉장히 피상적인 시간감각을 갖고 있습니다. 그들에게는 창조 설화가 없습니다. 또한 가계도는 물론 동물들의 수명주기에 조차 관심을 두지 않습니다. 그들은 온전히 현재만 살아가는 것처럼 보입니다. 과연 그들에게는 과거를 더욱 길게 연장해 보게 하는 환경은 있기나 할까요? 열대우림은 늘 같습니다. 피그미족은 무엇이든 신속하게 만들고 그만큼 분해도 신속하게 합니다. 그러다 보니 지난 시간의 징표로서 대대로 전해져 오는 사물들이 거의 남아 있지 않게 됩니다.

이와 비교해 오스트레일리아의 원주민들은 훨씬 강한 역사의식을 갖고 있습니다. 현재로 이어지는 사건들은 풍경들 속에 기록되었고, 따라서 사람들은 특별한 틈새나 동굴 혹은 뾰족한 봉우리를 지날 때마다 조상과 문화적인 영웅의 행동을 상기해볼 수 있습니다. 그럼에도 글로 적힌 기록이나 정교한 계산 체계가 부재하다면 시간감각은 깊이를 얻을 수가 없습니다. 아프리카의 누에르족을 관찰했던 에번스 프리처드는 이렇게 썼습니다.

"그들에게 유효한 역사는 한 세기 내에 막을 내린다. 넉넉하게 계산해서 한 가계의 전통은 겨우 10에서 12세대 위까지 거슬러 올라갈 수 있을 뿐이다. 따라서 가계가 결코 증식하지 않을 거라는 가정이 옳다면 천지개벽과 현재 사이의 거리는 좁힐 수 없다는 말이 된다. 그 아래에서 최초의 인간이 태어났다는 나무가 서부 누에르 땅에 불과 몇 년 전까지 해도 있었다는 사실로 미루어 보면 누에르의 시간은 얼마나 얄팍한가!"[12]

미개 민족들에게는 역사적으로 생각하려는 방법은 물론 열망도 결핍돼 있습니다. 그들이 이상으로 꼽는 것은 발전이 아니라 평형, 즉 불변의 조화 상태입니다. 그들에게 있어 세상은 존재하는 그대로 유지되어야 하고, 그렇지 않으면 원래 그대로의 완벽함을 회복해야 합니다. 원숙함이 미숙한 초보보다 대우받는 이유도 바로 그 때문입니다. 통과의례를 통해 다시 태어난 소년은 남성의 위엄을 부여받을 준비를 하면서 미완성의 시기를 버릴 수 있게 됩니다. 그러한 부족들에게는 완성된 사회질서와 같은 성취로 나아가는 미숙한 걸음걸이는 이내 무시되고 맙니다. 제도들은 세월과 무관하게 영원한 신화들과 불변의 우주의 승인을 받습니다. 그들이 사물들을 장소만큼이나 숭배하는 것은 단지 오래되어서가 아니라 그것들도 힘을 가지고 있거나 또는 힘을 가진 존재와 관련되어서입니다. 그런 점에서 보면 단순히 오래된 것에 매료되고 수집하는 골동 취미는 그러한 원시적 사고와는 동떨어진 것이지요.

중국과 일본 같은 유구한 문화를 지닌 동양사회는 역사의식을 잘 발달시켰습니다. 왕조의 기록을 보존하거나 과거의 지혜를 귀히 여기는 중국인들의 조상 숭배 관습은 널리 알려졌습니다. 그런데 동양인의 역사의식은 근대 서구의 역사의식, 그러니까 18세기 이후의 역사의식과는 현저한 차이가 있습니다. 전통적인 중국 사회에서는 사회가 사물의 이치에 따른다는 이상세계의 이미지는 역사를 누적된 변화로 보는 인식을 압도하는 경향을 보입니다. 과거의 전성기를 부단히 언급하는 일들도 이상화된 모델에 부합하는 현재를 조화롭게 재건하라는 간곡한 권고인 것입니다. 이 권고는 이전 사회질서와 그것을 존속케 했던 의례로 회귀하라고 요구합니다. 그런데 이 목소리가 감상적이거나 복고 지향적이지는 않습니다. 중국인은 과거의 세간들이 더 우아했다는 이유로 모방할 가치가 있다고는 보지 않았습니다. 그들이 모방하고 존속시키고자 했던 것은 사회적 조화를 이루는 데 필요한 더욱 엄격하고 추상적인 규칙들이었습니다.

형태는 부패하기 쉬운 특정 재료보다 훨씬 중시됩니다. 형태를 구성하는 재료는 필연적으로 부패하게 되어 있는 데 비해 형태는 다시 살아날 수 있기 때문입니다. 이 재생 관념을 일본의 신도(shinto, 조상과 자연을 섬기는 일본 종교)가 여실히 설명해 줍니다. 신도의 사원들은 정기적으로 다시 지어지고 그 시설과 장식 또한 새로 교체됩니다. 특히 이 종교의 핵심 장소라 할 이세Ise 신사의 대형 사당들은 20년마다 다시 지어집니다.[13] 반면 유럽의 샤르트르 대성당, 캔터베리 같은 주요 기독교 성지들은 수세기가 지나도록 그 상태로 남아 있습니다. 동양과 달리 형태는 기나긴 건설 과정에서 변해왔지만, 일단 그 자리에 세워진 건물의 실체는 변치 않고 남아 있는 경우라 할 수 있지요.

돌은 서구의 역사적 건축물에서 주요한 재료입니다. 중국과 일본은 주로 목재를 사용했지만 나무는 오래가는 재료가 아닙니다. 중국 문명의 역사는 오래되었지만 중국의 풍경은 장구한 역사를 품은 인공 구조물은 거의 남겨두지 않았습니다. 그 축조 시기가 몇 세기 이상 된 구조물들이 드물다는 얘기입니다. 만리장성이나 그 부속 건축물들이 현재의 모습을 이룬 것은 주로 명나라(서기 1366-1644년) 대에 이르러서입니다. 중국에서 현재 남아 있는 가장 오래된 구조물 중 하나인 허베이 지방의 자오저우차오는 서기 605년부터 616년 사이에 건설됐습니다.[14] 성곽 도시, 석조 무지개다리, 수석 정원, 탑, 별관 등도 세월의 기풍과 영속성을 품고 있습니다. 마치 자연의 작품인 양 이것들 또한 변치 않을 것처럼 보입니다. 그러나 그 풍경은 선명한 스토리라인을 보여주지 않습니다. 따라서 유물들은 과거의 어떤 국면들을 명확히 얘기해 주지 않습니다.

역사에는 깊이가 담겨 있으며 여기에 가치를 부여하는 것이 시간입니다. 이러한 생각은 제작에 오랜 시간이 걸렸다는 사실을 알고 있는 유물에 둘러싸여 사는 사람들에게서 더욱 발전될 가능성이 높습니다. 중세의 대성당은 한 세기 내지는 그 이상으로 지속된 노력의 산물입니다. 여러 세대에 걸쳐 이어지는 인간 사회는 기념비적인 건축물이 세워지는 과정에 비견될 수 있습니다. 그런 점에서 그 건축물은 공공의 시계라 할 수 있습니다. 그 건축물이 서 있는 도시 또한 고목의 나이테처럼 늘어가는 그 성곽에서 객관화된 시간의 깊이를 담고 있습니다(그림 22). 반면에 중국에서는 거대한 건축물, 심지어 한 도시조차도 건설하는 데 오랜 시간이 걸리지 않습니다. 중국인들은 영속성을 추구하지 않고 신속하게 건설합니다. 굳이 영구적인 형태를 따지지 않는다면 말입니다. 예를 들어 한나라 수도인 장안은 기원전 192년 봄에 건설되기 시작해서 기원전 190년 가을께에 완성되었습니다.[15] 이후 서기 581년에 권좌에 오른 수나라 초대 황제 문제文帝는 전대미문의 규모로 수도를 건설하겠다는 열망을 품었습니다. 그런데 그가 새로 건설한 도시로 거처를 옮긴 것은 불과 2년 뒤였습니다. 또한 수나라 황제들은 동쪽 수도인 낙양을 건설했는데 2백만 명의 인력이 동원되어 완성하는 데 채 일년(서기 605-606년)이 걸리지 않았습니다.[16] 쿠빌라이 칸의 칸발리크(위대한 칸의 거주지라는 뜻으로, 후에

파리의 나이테(연속 확장해가는 성벽)

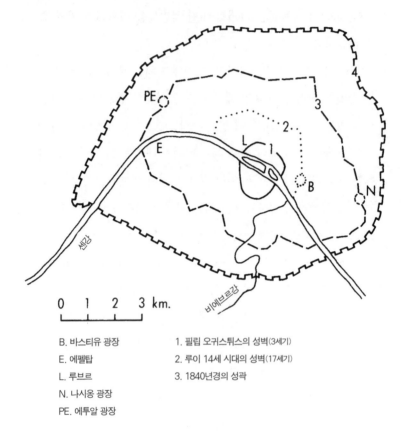

B. 바스티유 광장
E. 에펠탑
L. 루브르
N. 나시옹 광장
PE. 에투알 광장

1. 필립 오귀스튀스의 성벽(3세기)
2. 루이 14세 시대의 성벽(17세기)
3. 1840년경의 성곽

그림 22 파리의 나이테(연속되는 성벽). 도시의 동심원적 나이테에 시간이 드러나게 됩니다. Lucien Callois, "Origin and growth of Paris," *Geographical Review*, vol. 13, 1923, page 360, figure 12. 미국지리학회의 허락을 받아 인용합니다.

베이징이 됨) 또한 완전히 새로운 토대 위에 세워졌습니다. 1267년에 성곽이 도시를 에워쌌고 1273년에 주요 광장과 궁전 건설 작업이 시작되었고 이듬해 초반에 최종 완성되었습니다. 1275년에 마르코 폴로가 칸발리크에 도착했을 때 이 도시의 나이는 불과 몇 살 안 되었지만 이미 활력이 넘치는 곳이었습니다.[17]

한편 중국과 달리 유럽의 경관은 건축 유물의 박물관이라 할 수 있을 만큼 역사성을 담고 있습니다. 선사시대의 거석들, 그리스 신전들, 로마의 수로들, 중세 교회들, 르네상스의 궁전들이 현대의 경관에 영향을 줄 만큼 충분히 남아 있습니다. 건축양식의 획기적인 변화는 안목 있는 사람에게는 역사를 반복되지 않은 스토리라인을 가진 장구한 연대기로 바라보게 해줍니다. 그렇지만 오래된 건축물들이 어수선하게 남아 있는 경관이라고 해서 누군가에게 그것에 대해 역사적 해석을 부여하도록 강요하지는 않습니다. 역사적 시각을 가지려면 일종의 안목을 지녀야 하니까요. 실제로 18세기까지 유럽인들은 시간의 깊이라는 것에 대해 거의 생각해 보지 않았습니다. 1650년대에 대주교 제임스 어셔가 기원전 4004년이 천지창조의 시간이라고 제시했던 일을 기억해 보세요. 중세와 르네상스 시대 사람들 또한 역사를 주로 고귀한 행위와 야비한 행위들의 연속이자 자연적인 사건과 초자연적인 사건들의 연속으로 바라보려 했다는 것도 기억해 보세요. 그들은 과거 여러 다른 시기에 살았던 선조들의 습성과 태도를 거의 인식하지 못했습니다. 실은 그들 자신의 시간에 대해서도 잘 알지 못했습니다. 한편 역사를 주로 화려한 의상을 걸친 사람들의 행렬이나 가구 유행의 변천사로 이해하고 그 외에는 무지했던 근대인의 역사인식은 중세적 사고와는 괴리가 있었습니다.[18]

고대라는 개념은 근대적 사고의 산물입니다. 오래된 가구와 건물은 시간이 선사한 특별한 가치를 지녔으니 필히 보존되어야 한다는 생각 같은 것이지요. 일례로 로마에 있는 콜로세움의 운명을 시대적으로 한번 살펴볼까요. 중세에는 그 거대한 타원형의 4층 건물이 일종의 주택부지로 사용되었습니다. 당시 사람들은 그것을 멍하니 바라보지만 않았습니다. 그들은 이 건물의 틈새를 동굴이나 천연 경사면 같은 피신처로 생각했습니다. 15세기에 이르자 콜로세움은 그 석회질 덩어리들을 강탈당했습니다. 그것들은 베네치아 궁전과 성 베드로 대성당 같은 대형 건축물을 짓는 데 쓰였습니다. 바로크 로마 시대에 위대한 도시계획가이기도 했던 교황 식스투스 5세 또한 고대 유물에 일말의 존경심도 보이지 않았습니다. 그는 건축자재를 얻기 위해 많은 고대 유적들을 채굴했습니다. 짧은 재위 기간의 막바지에 이르렀을 때, 그는 콜로세움을 찬찬히 뜯어봅니다. 다만 역사가의 눈이 아니라 기업가의 시선으로요. 그는 그 거대한 구조물을 양모 방적공들을 위한 집단 작업장으로 변형시킬 수 있을 거라 생각했습니다.[19]

과거의 가치에 대한 숭배는 어디까지 이어져야 할까

과거에 대한 관심은 물질적인 것을 수집하고 소유하려는 욕망 그리고 보다 체계화된 학문적 수준으로까지 호기심의 열기가 높아지면서 더욱 힘을 얻습니다. 이 열망에 부응한 것이 박물관이었습니다. 박물관은 원래 부자들의 개인 컬렉션에서 출발했습니다.

그들은 친숙한 예술품에서 시작해 세계 여러 지역에서 가져온 자연적이고 인공적인 진귀한 물건으로까지 수집의 범위를 넓혔습니다. 애초에 그 수집품들은 선택된 집단에게만 기쁨과 자부심을 제공하다가 18세기에 이르자 대중의 접근이 가능해졌습니다. 애당초 수집가는 과거에 관심이 없었습니다. 그의 관심사는 값이 나가거나 진기한 물건들, 즉 오래되어서라기보다는 진기해서 가치 있게 받아들이는 물건들이었습니다. 그러다가 그 품목들에 꼬리표가 붙고 분류가 되면서 관심을 얻게 된 것입니다. 그 과정에서 서구의 정신에서 가장 단순한 분류 체계로서 시간과 장소의 재구성이 필요해집니다. 이를테면 동전 한 개 또는 뼈 한 조각이 과거 어떤 시기에 속하고 어느 곳에서 왔는지 같은 것 말입니다.

계몽주의 시대에 이르자 과거와 발전 그리고 기억이라는 개념에 열광하는 교양 있는 유럽인들이 점점 늘어갑니다. 그들은 박물관의 소장품 목록을 작성하면서 인간의 시간의 길이까지 숙고하기에 이릅니다. 새로 태동한 자연사와 지질학은 무수한 자연 형태들에는 선행 사건이 있었음을 상기시켰습니다. 철학의 경우에는 기억 현상이 당대의 주된 관심사로 부상합니다. 철학자들에 따르면 인간은 기억을 통해 전적으로 순간적인 감각, 실존의 순간들 사이에서 그를 기다리는 허무를 피할 수 있다고 합니다.[20] 그렇다면 실재하는 과거에 대한 증거들인 오래된 가구, 오래된 건물, 그리고 박물관 소장품들보다 기억에 더 유익한 도움이 되는 것은 무엇일까요?

박물관 건립과 오래된 건축물의 보존에서 드러나는 과거 숭배

현상은 유럽 역사의 한 국면에서 발생한 하나의 의식 형태였습니다. 그런데 이는 장소에 뿌리내린 존재라는 사실과는 공통점이 거의 없습니다. 뿌리내림의 상태는 본질적으로 잠재의식적입니다. 이는 곧 한 민족이 특정 위치의 장소를 자신들과 동일시하고, 그곳이 자신들의 집이며 조상의 집이라고 느끼게 되었다는 뜻입니다. 하지만 박물관은, 장소란 뿌리를 내리는 곳이며 신성불가침한 곳으로 인식하는 심리에 반대하는 사고방식을 반영합니다. 박물관은 결국 온전히 제자리에서 옮겨온 것들로 이뤄진 곳이니까요. 보물들과 진기한 물건들은 전 세계의 다양한 문화적 모체로부터 찢겨져 나와 낯선 환경의 받침대 위에 모셔집니다. 런던 브릿지를 해체해서 대양과 대륙을 건너 애리조나 사막에 다시 세우려고 옮길 때 당시 언론은 이를 두고 미국인의 어리석음의 표본 같은 짓이라고 비난을 퍼부었습니다. 그런데 그것이 별난 짓이기는 하지만 어디까지나 규모에 한해서일 것입니다. 왜냐하면 아테네의 대리석을 가져다 브리티시 박물관에서 전시했던 엘진 경(Lord Elgin, 1766-1841년)과 시간과 장소에 대해서는 본질적으로 동일한 태도를 보여주었으니 말입니다.

과거를 숭배하는 것은 실제보다는 환상을 요구합니다. 18세기에 한때 유행했던 자연식 정원의 유적은 진짜처럼 보이려 하지 않았습니다. 중요한 것은 그 유적이 시간 속에 잠긴 비애감을 제공한다는 것 아닐까요? 박물관에는 완전한 진품이 꼭 필요합니다. 항아리 전체는 작은 조각들을 합쳐서 맞춘 것이고 동물 몸통도 작은 뼛조각들로 다시 만들어낸 것입니다. 역사적인 방을 복원하는 원칙도 이와 비슷합니다. 일단 진품 가구들을 구해봅니다. 그걸 찾기 어려우면 그 진품과 닮은 골동품을 찾을지도 모릅니다. 그런데 이것마저도 구하기 어려우면 최근에 만들어진 복제품으로 대체됩니다. 박물관의 주된 역할은 바로 교훈적인 환상을 만들어내는 것이니까요.

독립전쟁 시기와 독립 후의 미국인들은 과거의 가치가 지배하는 유럽의 유산을 인정하지 않으려 했습니다. 그러나 그 바람은 부분적으로만 성공을 거두었습니다. 18세기에 탄생한 국가인 미국은 시간과 기억에 대한 유럽의 열광뿐 아니라 고대 로마와 그리스에 대한 존경도 얼마간 계승합니다. 아닌 게 아니라 미국의 3대 대통령이자 인습 타파주의자라고 할 수 있을 만한 토머스 제퍼슨조차 대학 건물을 고전주의 양식으로 설계했고, 애팔래치아 산맥의 일부인 블루리지 산맥의 풍광을 보면서 위대한 고대를 떠올렸다는 것을 보면 이런 분위기가 없지는 않았던 모양입니다.[21] 머지않아 이 신생국가에 역사학회들이 출현합니다. 1791년 보스턴을 필두로 1804년에는 뉴욕에, 이어 다른 지역에도 속속 설립됩니다. 그 단체들의 설립 목적은 그 지역의 유래를 알려줄 수 있는 기록들을 수집 및 보관하는 일이었습니다. 오래된 가구들, 도구들과 작은 장식품들은 향후 박물관 수집품의 핵심이 될 3차원적 기록물이었습니다.[22]

한 민족이 자발적으로 환경을 바꾸고 운명을 통제할 수 있다고 느낀다면 그들로서는 굳이 향수에 젖을 이유가 없습니다. 미국의 역사학회들은 뒤를 돌아볼 필요가 없었습니다. 확실한 성장의 국면에 방점을 찍고 미래를 암시하는 자료들을 보존하기 위해 설립되었으니까요. 이와는 반대로 급속한 변화가 일어나고 있는 데 자신들이 통제하기에는 어렵다고 느낄 때 과거에 대한 향수는 더 강해집니다. 일례로 미합중국에서는 독립 100주년 기념행사가 끝나자마자 역동적인 성장기로 인식되던 과거에 대한 향수가 퍼져나가기 시작했습니다.[23] 이에 발맞춰 이러한 시간 인식에 봉사하는 역사학회들과 박물관들이 늘어났습니다. 인도아대륙에서 운영된 것으로 알려진 274개 박물관에 견주어, 1960년대까지 미국 전역에서는 대략 2,500개의 역사박물관이 문을 열었습니다.[24]

유럽이나 미국에서는 건축 및 도시계획 설계자들과 시민들이라면 역사적 건축물을, 심지어 동네 전체를 보존하는 일에 관심을 갖는 것이 당연합니다. 왜 그래야 할까요? 다른 건축물이 아니라 꼭 그 건축물을 보존해야 하는 배후 원칙은 무엇일까요? 이 질문들이 제기하는 문제를 단순화하려면 우선 도시보다 인간 개인의 삶을 바라보아야 합니다. 여기 같은 집에 오래도록 살아온 한 사람이 있습니다. 그의 나이 50줄에 들어설 즈음이면 집에는 분주한 삶의 축적물들이 가득 들어차 있게 됩니다. 그것들은 그 사람의 과거를 말해주는 훈훈한 추억거리들이지만 그것들이 그의 현재와 미래의 계획을 방해할 조짐이 보인다면 그 중 일부는 폐기되어야 합니다. 그는 많은 것들을 버리고 자신에게 가치 있는 것은 남겨야 합니다. 그는 자신의 과거를 평가하도록 촉구받은 셈이지요. 과연 그는 무엇을 기억하고 싶어 할까요? 출판사로부터 받은 출간 거절의 편지 같은 실패의 증거, 사용법을 배워본적 없는 구형 복사기 등은 신속하게 폐기처분됩니다. 인간은 미래의 역사학자가 해석하도록 공명정대하게 기록물을 보관해야 하는 자기 삶의 기록 보관 담당자는 아닙니다. 즉 그는 그저 자기 감을 지탱해줄 물건들로 가득 차 있는 널찍한 집을 원할 뿐입니다. 이를테면 정서적인 가치를 담고 있으면서도 공간을 크게 차지하지 않는 옛 편지들과 작은 골동품처럼 가치 있는 것들은 남겨질 겁니다. 손님방에 있는 캐노피 침대는 어떨까요? 그것은 오랫동안 가족과 함께해온 것이고 솜씨 좋은 기술자가 만든 것이지만, 바닥이 너무 딱딱해서 사람의 척추를 압박하고 침대 때문에 방 안에 벽장을 설치할 자리도 부족해집니다. 그렇다면 집주인의 미련 때문에 손님이 고생해야 할까요?

시 당국자들과 시민들 역시 본질적으로 비슷한 문제에 봉착합니다. 도시의 경우에는 과거의 어떤 부분들을 보존해야 할까요? 오래된 감옥이나 정신병원, 구빈원(생활 능력이 없는 가난한 이들을 수용하는 공적 사적 시설) 같은 그 사회의 실패의 증거들은 해당되지 않겠지요. 이것들은 존중되어 마땅한 역사성을 재고할 필요도 없이 가차없이 철거됩니다. 예술작품과 책들은 보존되어서 갤러리나 도서관으로 보내집니다. 문서와 기록물들도 정리되어 보관됩니다. 개별적 혹은 집단적으로 쓰여졌든 간에 이러한 것들은 도시의 규모에 비해 공간을 많이 차지하지 않는 편이니까요. 그렇다면 한때 주요 인물이 소유했던 낡은 주택이나 건축적인 가치는 있지만 이젠 애물단지로 전락한 백화점 건물은 어떻게 할까요? 귀중한 그림이나 서적과는 달리 도시에서 오래된 건물은 넓은 장소만 차지하고 현재의 필요나 염원과 충돌할 수도 있습니다.

보존에 대한 열정은 정체성을 뒷받침해주는 실재하는 대상물에 대한 필요에서 발생합니다. 이미 이 주제를 살펴본 바에 따르면 과거의 것들을 지키자는 보존주의자의 명분에는 심미적, 도덕적 그리고 사기 진작이라는 세 가지 이유가 깔려 있습니다. 오래된 건축물은 건축적 가치를 지녔고 조상의 업적이기 때문에 후세를 위해 보존되어야 한다는 주장이 있습니다. 그 명분은 경건함이 밴 미학에 기반을 두고 있습니다. 또 이전에 유명 정치가나 발명가가 살았다는 이유로 오래된 집도 보존해야 합니다. 이는 경건함, 주민들의 사기, 요컨대 철저하게 그들의 자존심을 세우기 위한 호소입니다. 다 쓰러져가는 낡은 동네를 도시 재개발로부터 보존해야 하는 것은 지역 주민들의 요구도 있지만, 물리적 환경의 쇠락에도 불구하고 그 보존이 인간적 덕목과 다양한 삶의 양식을 촉진시키는 것처럼 보이기 때문입니다. 이는 기존 삶의 방식에 내재한 특성과 변화의 힘에 저항하여 자신들의 고유한 관습을 지키려는 사람들의 도덕적 권리에 호소하는 것입니다.[25]

왜 변화를 무릅써야 할까요? 과거는 실제로 존재했습니다. 우리의 모든 것이 과거에 신세를 지고 있습니다. 현재 또한 가치 있습니다. 그것은 우리가 경험한 현실, 즉 기쁨과 슬픔이 뒤죽박죽 혼재된 실존을 느끼게 한 지점이니까요. 반면 미래는 일종의 허상입니다. 많은 비전들이 실현되지 않고 일부는 악몽으로 변질되기도 합니다. 정치적 혁명은 우리에게 새로운 세상을 약속하지만 혼돈과 독재를 선사할 수도 있습니다. 건축적 혁명은 우리에게 새로운 도시를 약속하면서도 텅 빈 잔디밭과 자동차들로 꽉 찬 주차장만 잔뜩 선사할 수도 있습니다. 하지만 비전과 변화에 대한 열망이 없다면 우리 삶은 진부해질 것입니다. 오믈렛 만드는 것까지 포함한 모든 창의적인 노력은 사실상 파괴를 앞세웁니다. 미래의 성취가 아직은 삶의 상징을 보여주는 도시의 어떤 부분을 제거하는 것을 정당화할 수 있을까요? 과거에 저지른 잘못들과 그 모든 문제점들에 민감한 도시설계 계획자들과 시민들은 실현되지 않을지도 모를 미래의 꿈을 위해 바로 지금을 희생시켜야 할지 주저할 수밖에 없습니다. 그럼에도 불구하고 원치 않은 도전들에 대한 성공적인 대응의 사례들도 있습니다. 도시는 반복적으로 자연과 전쟁의 폭력 앞에 무릎을 꿇어왔습니다. 중세에 런던이 화재로 폭삭 내려앉았고, 지진으로 샌프란시스코가 크게 파괴되었으며, 나치 폭격기들이 로테르담을 초토화시켰지만, 인간의 비전과 의지로 재앙을 극복할 수 있었습니다. 그 폐허로부터 탁월하면서도 기능적으로도 뛰어난 새로운 도시들이 탄생한 것입니다.[26]

지금까지 우리는 시간과 장소의 경험 간에 확실하게 존재하는 관련성을 간략하게 살펴보았습니다. 그 주요 사항들을 짧게 정리해보면 다음과 같습니다. 첫째, 시간이 일종의 흐름과 움직임으로 이해된다면 장소는 정지라 할 수 있습니다. 이런 관점에서 인간의 시간은 공간 안에서 정지하는 인간의 움직임이 남기는 흔적들을 통해 어떤 단계들로 표시됩니다. 즉 시간을 화살, 원 궤도, 진자운동 등으로 표현할 수 있는 것처럼, 공간에서의 움직임도 그렇게 표현할 수 있는 것입니다. 그리고 각 표현은 저마다 고유한 일련의 정지 또는 장소들을 가집니다. 둘째, 장소에 대한 애착을 형성하는 데 시간이 필요하다면 경험의 질과 강도는 단순한 시간의 지속 그 이상으로 중요합니다. 셋째, 어떤 장소에 뿌리를 내린다는 것은 장소에 대한 감각을 키우는 것과는 다른 종류의 경험입니다. 제대로 뿌리내린 공동체는 성지와 기념비적 건축물을 세울지는 모르지만 과거를 보존하려고 굳이 박물관과 학회를 만들 것 같지는 않습니다. 장소에 대한 감각과 과거에 대한 감각을 환기하려는 노력은 대체로 의도적이고 의식적입니다. 이 노력이 의도적이라 할 만큼 생각이 작동하기에, 만약 그 생각에게 무소불위의 권력을 휘두르게 한다면 과거를 몽땅 현재의 지식으로 만들어 버림으로써 과거를 폐기시켜 버릴 것입니다.[27]

14

에필로그:
우리의 미묘한 경험들이
공간과 장소에
의미를 불어넣는다

인간은 다른 동물들처럼 대지 위에서 편안함을 느낍니다. 우리는 시간의 대부분을 세상 속 우리의 영역에 있을 때 안심합니다. 매일의 일상은 우리에게 너무도 익숙합니다. 아침에 토스트를 만들어 먹는 것은 당연한 일입니다. 마치 제시간에 사무실에 출근하는 것처럼요. 일단 습득한 기술은 숨쉬는 것만큼이나 자연스러워집니다. 무엇보다 우리에게는 방향감이 있습니다. 그리고 이것이 우리 자신감의 기본 원천이 됩니다. 우리가 어디에 있는지 알면 우리는 동네 약국으로 가는 길도 쉽게 찾을 수 있습니다. 그러다 보니 자신감이 충만한 상태에서 성큼성큼 걷다가 계단을 놓치거나 우리 몸이 예상했던 계단이 나오지 않으면 몹시 당황하게 됩니다.

배움이 명시적이고 공식적인 수준에서만 이뤄지는 경우는 흔치 않습니다. 아기는 엄마가 다가오고 있다는 신호 역할을 하는 사람 목소리에 귀기울이면서 거리감을 배웁니다. 어린아이는 학교까지 몇 번 걸어가 본 후에는 지도를 보지 않고도 스스로 학교에 갈 수 있습니다. 하지만 실상 아이는 집에서 학교까지 가는 경로를 머릿속에서 미리 그리지는 못합니다. 이번에는 우리가 낯선 도시 어딘가에 와 있다고 상상해 볼까요. 자, 우리 앞에 잘 알지 못하는 공간이 펼쳐져 있습니다. 하지만 시간이 점점 흐르면서 그곳의 몇몇 주요 지형물들을 알게 되고 나아가 그것들을 연결하는 경로도 알아갑니다. 그러자 낯선 도시이자 미지의 공간이었던 그곳이 이제 익숙한 장소가 됩니다. 추상적인 공간은, 낯설음은 차치하고라도, 의미조차 결여된 그 공간은 이제 의미로 가득 찬 〈구체적인 장소〉가 됩니다. 이렇듯 많은 것이 배움을 통해 얻어지지만 그 통로가 비단 공식적인 교육만은 아닙니다.

거의 모든 배움은 잠재의식 수준에서 이뤄집니다. 그리하여 우리는 어떤 음식에 대한 취향을 갖게 되고, 어떤 사람을 좋아하는 법을 배우고, 그림의 가치를 알게 되고, 동네나 휴양지에 대한 호감을 키워갑니다. 한때 관심 밖이었던 대상들이 우리의 관심 안으로 들어오면서 이제 우리는 그것들을 개별적이고 특별하게 인식합니다. 복합적인 특별함으로 사람과 장소를 바라보는 이러한 능력은 인간에게서 가장 고도로 발달했습니다. 이는 우리의 지능이 뛰어나다는 표시이지만, 그렇다고 우리가 그 능력을 꼭 체계적인 방식으로 적용할 필요를 느끼는 것은 아닙니다. 우리가 친구나 고향에 대해 체계적으로 조사해 보지 않아도 그 둘을 잘 안다고 장담할 수 있는 것처럼요. 게다가 기술의 습득조차 늘 분명한 교육을 요구하는 건 아닙니다. 예를 들어 에스키모 어린이들은 어른들이 사냥하는 모습을 보면서 어떻게 사냥을 해야 하는지 그 방법을 배웁니다. 우리도 또한 굳이 물리학적으로 이론을 알려주는 설명서가 없어도 자전거 타는 법을 배웁니다. 힘의 균형에 관한 공식적인 지식은 오히려 방해가 될 수도 있습니다.

일상적인 활동과 표준이 되는 행위에 굳이 분석적 사고가 필요하지는 않습니다. 새롭거나 더 뛰어난 무언가를 하려고 하면 우리는 잠시 멈춘 채 머릿속으로 그려보고 생각할 필요가 있습니다. 운동선수는 물론 자신의 능력에 맞춰 운동을 해야 하지만 그가 자신의 움직임을 생각해보고 실제 경기에서뿐 아니라 자신의 생각 속에서 그것들을 완전하게 하려고 노력하면 그의 경기력은 한층 향상될 것입니다. 생각하기와 계획 세우기는 민첩한 신체 동작이라는 측면에서 인간의 공간 능력을 향상시키는 데 도움을 줍니다. 그러나 보다 더 놀라운 것은 공간 정복이라는 측면에서 획득한, 공간 능력을 생각하고 계획을 세우는 일이 불러오는 효과입니다. 덕분에 해도와 나침반(생각하기의 산물)의 도움으로 인간은 대양을 항해했습니다. 또 보다 정교한 도구들로 지구를 벗어나 달까지 여행할 수 있었습니다.

분석적 사고는 우리의 물리적, 사회적 환경을 변화시켰습니다. 그 위력의 증거는 여기저기에 차고 넘칩니다. 〈앎〉이 〈무엇에 대해 알고 있음〉과 실상 동일하다는 점은 우리에게 놀라운 일입니다. 여기에 한술 더 떠 영국의 물리학자 켈빈 경은 우리가 측정할 수 없는 것은 진실로 알고 있다고 할 수 없다고까지 했습니다. 물론 인간 경험의 많은 부분이 명확하게 설명되기는 어렵습니다. 감정의 특징이나 미학적 반응을 만족스럽게 측정하는 도구도 전혀 찾아내지 못하고 있습니다. 우리 인간은 인정받는 학문적 언어로 말할 수 없는 것은 부인하거나 잊어버리는 경향이 있습니다. 지리학자는 공간과 장소에 관한 자신의 지식이 책, 지도, 항공사진 그리고 조직화된 현장조사 등을 통해 오직 자신만이 얻은 것처럼 말합니다. 지리학자는 사람들이 정신과 시야를 부여받았지만 세상을 이해하고 그 안에 담긴 의미를 찾을 수 있는 감각은 갖추지 않은 것처럼 말합니다. 지리학자와 건축설계사는 이른바 세상 속에서의 존재란 무엇인가를 서술하고 이해하려고 하기보다는 익숙함, 즉 우리는 어떤 공간 안에서 방향감을 가지며 장소에서 편안함을 느낀다는 사실을 가정하려는 경향을 보입니다.

경험에 관한 대규모 데이터가 무시되는 이유는 우리가 무비판적으로 받아들이는 물리학의 개념들에 그 데이터를 적용할 수 없기 때문이기도 합니다. 그 결과 인간의 현실을 이해하려는 우리의 시도도 어려움을 겪습니다. 흥미로운 것은 경험의 깊이를 망각하는 것이 사회학자들 못지않게 일반인에게도 해를 끼친다는 점입니다. 경험을 제대로 보지 못하는 것은 사실 인간에게 공통적으로 할애된 조건입니다. 우리는 우리가 〈무엇을〉 알고 있는지에 대해서는 관심을 기울이지 않습니다. 대신 우리는 〈무엇에〉 대하여 알고 있는지에 주의를 기울입니다. 우리가 어떤 현실을 지각하는 것은 그 현실이 우리가 수월하게 보여주고 말할 수 있는 것이기 때문일 겁니다. 우리는 말할 수 있는 것보다 훨씬 더 많은 것을 알고 있습니다. 그럼에도 우리는 말할 수 있는 것이 알고 있는 것의 전부라고 믿어버립니다. 한 파티에서 누군가가 이렇게 묻습니다. "미니애폴리스는 어떤 점이 좋은가요?" 전형적인 대답은 이렇습니다. "좋은 도시죠. 살기에 좋은 장소예요. 단, 영영 끝날 것 같지 않은 겨울만 빼면요." 이처럼 성의 없고 지루한 표현들은 우리의 개인적이고 미묘한 경험들을 몇 번이고 잘못 전달합니다. 성의 없어 보이는 대화의 또 다른 사례로 가족여행에서 찍은 사진을 보여줄 때를 들 수 있습니다. 당장 자리에서 일어날 수 없는 손님은 자신의 가족이 아닌 타인의 가족사진을 마냥 보는 것은 그저 졸립고 따분할 뿐입니다. 그 여행을 함께했던 누군가는 사진을 보면서 친밀한 무언가를 연상할 수도 있을 겁니다. 사진은 담아내지 못했지만 발가락 사이에 느껴지는 따듯한 모래감촉 같은 것 말입니다. 그러나 함께 여행은 가지 않고 사진 보는 자리에만 참석한 손님들에게는 사진은 그저 사진일 뿐입니다. 끝도 없이 이어질 것 같은 소대들의 행진이라는 시각적 진부함일 뿐입니다.

사회적 존재인 동시에 학자인 우리는 사람들과 세상에 대한 불완전한 이미지들을 서로 주고받습니다. 경험은 명확히 설명하거나 가리킬 방안이 없다는 이유로 한편으로 치워지거나 무시당합니다. 그런데 이 결핍은 언어 자체에 내재한 결함에 기인하는 것은 아닙니다. 우리는 무언가가 충분히 중요하다고 생각하면 대개는 그것이 드러나게 할 방도를 찾으니까요. 도시인에게 눈snow은 눈일 뿐입니다. 딱히 구분되지 않는 현상일 뿐이지요. 그러나 에스키모인들에게는 눈을 표현하는 단어가 십여 개나 됩니다. 느낌과 친밀한 경험들은 대다수 사람들에게는 서툴고 다루기 어려운 문제지만 작가들과 예술가들은 그것에 형태를 부여할 방법을 찾아갑니다. 일례로 문학에는 인간의 삶에 대한 정밀한 묘사가 가득하지요. 그리고 학문은 풍부한 경험상의 자료들을 생산해서 우리로 하여금 보다 면밀하게 주의를 기울이게 해줍니다.

환경과 인간을 연구하는 학생들을 위한 풍부한 자료는 이미 존재합니다. 이렇듯 공부하는 이, 다시 말해 우리 모두에게 중요한 문제는 이런 다방면에 걸친 자료를 체계화하는 것입니다. 그런 점에서 이 책 또한 공간과 장소에 관한 인간의 경험을 체계화하는 시도입니다. 이 책을 읽는 사람들에게 경험의 폭(다양성)과 그 복잡성을 보여줄 수 있다면 이 책은 성공이라 할 수 있습니다. 게다가 풍부한 경험적 요소들에서 보다 체계적인 관계들을 얼마간 명확히 밝힐 수 있었다면 더할 나위 없겠지요. 그러나 이 책에는 보다 큰 목표가 있습니다. 그것은 이 책에서 던지는 질문들이(대답이 아니라면) 환경 설계의 논쟁 안으로 진입하는 것입니다. 따라서 도시계획 설계자들과 디자이너들의 담론은 다음의 질문들을 포괄하는 수준으로 확장되어야 합니다.

공간의 인식과 미래 시간 및 목표에 대한 사고 간에는 어떤 관련이 있을까? 한편으로는 인간의 신체 자세와 대인 관계, 다른 한편으로는 공간 가치들과 거리 관계는 어떤 관련이 있는가? 우리가 어떤 사람이나 장소에 대해 느끼는 편안함의 속성인 익숙함은 어떻게 표현할 수 있을까? 계획할 수 있는 친밀한 장소들의 종류는 어떤 것들이며, 또 계획할 수 없는 것들은 어떤 것들인가? 최소한 깊이 있는 인간적 만남에 대한 계획을 세울 수 있는 것 외에 할 수 있는 것은 무엇일까? 공간과 장소는 모험, 안전, 개방, 정의에 대한 인간의 욕구에서 파생된 환경적 등가물인가? 어떤 장소에 대한 지속적인 애착이 형성되는 데는 얼마가 걸릴까? 장소감이란 무의식적인 한 장소에 〈뿌리내림〉과 악화된(단지 또는 거의 정신적이기에 악화된) 의식에 수반하는 〈멀어짐〉 사이에서 균형을 유지하고 있는 인식의 특성인가? 두드러진 시각적 상징 없이도 뿌리내린 공동체들의 가시성을 어떻게 촉진시킬 수 있을까? 또한 이 촉진에서 얻는 것과 잃는 것은 무엇일까?

이런 질문들이 사회학자들과 도시설계자들의 일을 보다 편하게 만들어 주지는 않습니다. 오히려 전문가나 비전문가들이 망각하기 쉬운 사실들을 공개하게 함으로써 한층 어렵게 만들어 버릴 수도 있습니다. 혹시 우리가 어떤 막연한 계획을 검토하고, 어떤 사회조사를 분석하고, 삶의 일반적인 잡담에도 귀기울이다 보면, 세상이 굉장히 복잡다단하지만 인간과 그들의 경험들은 단순하다는 점을 알게 될 가능성이 높습니다. 과학자들은 분명한 관계들을 분석하는 제한된 목적을 위해 단순한 인간을 가정하는데 이 방법은 전적으로 유효합니다. 위험은 학자가 자신의 발견을 순진하게 현실 세계에 도입할 때 발생합니다. 왜냐하면 인간의 단순함이 어떤 발견이나 연구의 필연적인 결론이 아니라 하나의 가정이라는 점을 그가 망각할 수 있기 때문입니다. 과학의 편리한 가정이자 선전을 위한 정교한 허상인 〈단순한 존재〉는 흔히 길에서 마주치는 우리 대다수라 할 일반인이 받아들이기에도 너무 쉽습니다. 우리는 공식화된 발언의 진부한 표현에 호응하다 보니 우리 경험의 진정한 본질을 부인하거나 잊어버리곤 합니다. 그러므로 이 책이 궁극적으로 추구하는 것도 인문학적인 작업에 발맞추어 우리 인식에 더 큰 부담을 안기고자 하는 것입니다.

참고문헌

1장 서론: 공간에 가치를 부여하면 그곳은 장소가 된다

1. Paul Tillich, *My Search for Absolutes* (New York: Simon and Schuster, 1967), p. 29.
2. Werner Heisenberg, *Physics and Beyond: Encounters and Conversations* (New York: Harper Torchbook, 1972), p. 51.

2장 우리가 공간을 느끼는 두 가지 감정: 광활함과 과밀함

1. Irwin Altman, *The Environment and Social Behavior* (Monterey, California: Brooks, Cole Co., 1975); the special issue on "Crowding in real environments," Susan Saegert, ed., in *Environment and Behavior*, vol. 7, no. 2, 1975; Aristide H. Esser, "Experiences of crowding," *Representative Research in Social Psychology*, vol. 4, 1973, pp. 207-218; Charles S. Fischer, Mark Baldassare, and Richard J. Ofshe, "Crowding studies and urban life: a critical review," *Journal of American Institute of Planners*, vol. 43, no. 6, 1975, pp. 406-418; Gunter Gad, "'Crowding'and 'pathologies': some critical remarks," *The Canadian Geographer*, vol. 17, no. 4, 1973, pp. 373-390.
2. Studs Terkel, *Working* (New York: Pantheon, 1974), pp. 385-386.
3. Antoine de Saint-Exupery, *Wind, Sand, and Stars* (Harmondsworth: Penguin Books, 1966), p. 24.
4. Jay Appleton, *The Experience of Landscape* (London: John Wiley, 1975); Edoardo Weiss, *Agoraphobia in the Light of Ego Psychology* (New York: Grune & Stratton, 1964), p. 52, 65.
5. Raymond Firth, *We, the Tikopia* (London: George Allen & Unwin, 1957), p. 19.
6. Burton Watson, *Chinese Lyricism: Shih Poetry from the Second to the Twelfth Century* (New York: Columbia University Press, 1971), p. 21.
7. Maxim Gorky, "On the Russian peasantry," quoted in Jules Koslow, *The Despised and the Damned: The Russian Peasant through the Ages* (New York: Macmillan, 1972), p. 35.

8. Martin Heidegger, "Art and space," *Man and World*, vol. 6, no. 1,1973, pp. 3-8.

9. Michael Sullivan, *The Birth of Landscape Painting in China* (Berkeley: University of California Press, 1962); Edward H. Schafer, *The Vermilion Bird: The Images of the South* (Berkeley: University of California Press, 1967), pp. 120-122.

10. John F. A. Sawyer, "Spaciousness," *Annual of the Swedish Theological Institute*, vol. 6, 1967-68, pp. 20-34.

11. Ervin Goffman, *Behavior in Public Places* (New York: The Free Press, 1966), p. 15.

12. Aristide H. Esser, *Behavior and Environment: The Use of Space by Animals and Men* (New York: Plenum Press, 1971), p. 8.

13. Mary McCarthy, *The Writing on the Wall* (New York: Harcourt, Brace & World, 1970), p. 203.

14. Jules Henry, *Jungle People: A Kaingang Tribe of the Highlands of Brazil* (New York: J. J. Augustin, 1941), pp. 18-19.

15. Patricia Draper, "Crowding among hunter-gatherers: the IKung Bushmen," *Science*, vol. 182, 19 October 1973, pp. 301-303.

16. Alvin L. Schorr, "Housing and its effects," in Harold M. Proshansky, William H. Ittelson, and Leanne C. Rivlin, *Environmental Psychology* (New York: Holt, Rinehart and Winston, 1970), p. 326.

17. *The Bernard Berenson Treasury*, selected and edited by Hanna Kiel (New York: Simon and Schuster, 1962), p. 58.

18. *The New York Times*, Sunday, July 29, 1973, p. 38.

19. In *Doctor Zhivago*; quoted by Edmund Wilson, "Legend and symbol in Doctor Zhivago," in *The Bit between My Teeth* (London: W. H. Allen, 1965), p. 464.

20. O. F. Bollnow, "Lived-space," in Nathaniel Lawrence and Daniel O'Connor, *Readings in Existential Phenomenology* (Englewood Cliffs: Prentice- Hall, 1967), pp. 178-186.

21. Richard Hoggart, *The Uses of Literacy* (New York: Oxford University paperback, 1970), p. 34.

22. Irwin Altman, "Privacy: a conceptual analysis," *Environment and Behavior*, vol. 8, no. 1, 1976, pp. 7-29.

23. Robert Roberts, *The Classic Slum: Salford Life in the First Quarter of the Century* (Manchester: Manchester University Press, 1971).

24. Haim Schwarzbaum, "The overcrowded earth," *Numen*, vol. 4, January 1957, pp. 59-74.

25. Knud Rasmussen, *The Intellectual History of the Iglulik Eskimos*, Report of the 5th Thule Expedition, The Danish Expedition to Arctic North America, vol. 7, 1929, pp. 92-93.

3장 애틋하고도 친밀한 장소들, 그곳에서의 애틋한 경험

1. Gaston Bachelard, *The Poetics of Space* (Boston: Beacon Press, 1969), pp. 40-41.

2. S. L. Washburn and Irven De Vore, "Social behavior of baboons and early man," in S. L. Washburn, ed., *Social Life of Early Man* (Chicago: Aldine, 1961), p. 101.

3. *The House of Life* (New York: Oxford University Press, 19M). Quoted by Edmund Wilson, *The Bit between My Teeth* (London: W. H. Allen, 1965), p. 663.

4. Tennessee Williams, *The Night of the Iguana* (New York: New Directions, 1962), Act 3.

5. Augustine, *Confessions*, book 4, 4:9.

6. Robert S. Weiss, *Loneliness: The Experience of Emotional and Social Isolation* (Cambridge: The MIT Press, 1973), pp. 117-119.

7. Christopher Isherwood, *A Single Man* (New York: Simon & Schuster, 1964), p. 76.

8. Paul Morgan, *Whitewater* (New York: Paperback Library edition, 1971), p. 163.

9. John Updike, "Packed dirt, churchgoing, a dying cat, a traded car," *New Yorker*, 16 December 1961, p. 59.

10. Robert Coles, *Migrants, Sharecroppers, Mountaineers* (Boston: Little, Brown and Co., 1971), p. 204.

11. *Ibid.*, p. 207.

12. Doris Lessing, *The Golden Notebook* (New York: Bantam Book edition, 1973), p. 390.

13. Wright Morris, *The Home Place* (New York: Charles Scribner's Sons, 1948), pp. 138-139.

14. Freya Stark, *Perseus in the Wind* (London: John Murray, 1948), p. 55.

15. Helen Santmyer, *Ohio Town* (Columbus: Ohio State University Press, 1962), p. 50.

16. Archie Lieberman, *Farm Boy* (New York: Harry N. Abrams, 1974), pp. 130-131.

17. Robert M. Pirsig, *Zen and the Art of Motorcycle Maintenance* (New York: William Morrow, 1974), p. 341.

18. On the meaning and symbolism of the American town, see Page Smith, *As a City upon a Hill: The Town in American History* (Cambridge: MIT Press, 1973); on the courthouse square and small town, see J. B. Jackson, "The almost perfect town," in *Landscapes* (University of Massachusetts Press, 1970), pp. 116-131.

19. On intimate places of general symbolic import see Gaston Bachelard, *The Poetics of Space* (Boston: Beacon Press, 1969), and Otto Bollnow, *Mensch und Raum* (Stuttgart: Kohlhammer, 1971). On the symbolism of the house see Clare C. Cooper, "The house as symbol of self," *Institute of Urban and Regional Development*, University of California, Berkeley, Reprint no. 122, 1974); J. Douglas Porteous, "Home: the territorial core," *Geographical Review*, vol. 66, no. 4, 1976, pp. 383-390.

4장 깊숙하면서도 고요한 애착의 장소, 고향

1. John S. Dunne, *The City of Gods: A Study of Myth and Mortality* (London: Sheldon Press, 1974), p. 29; J. B. Pritchard, *Ancient Near Eastern Texts* (Princeton: Prince-University Press, 1955), pp. 455ff.

2. *Ibid.*, p. 85; see also René Guénon, "La Cité divine," in *Symboles fondamentaux de la science sacrée*, (Paris: Gallimard, 1962), pp. 449-453; Lewis R. Farnel, *Greece and Babylon* (Edinburgh: T. Clark, 1911), pp. 117-120.

3. *Appian's Roman History*, book 8, chapter 12:28, trans. Horace White (London: William Heinemann, 1912), vol. 1, p. 545.

4. M. D. Fustel de Coulanges, *The Ancient City* (Garden City, New York: Doubleday Anchor Books, n.d.), pp. 36-37. (First published as *La Cité antique* in 1864.)

5. Martin P. Nilsson, *Creek Popular Religion* (New York: Columbia University Press, 1940), p. 75.

6. De Coulanges, *The Ancient City*, p. 68.

7. Euripides, *Hippolytus*, 1047-1050. See Ernest L. Hettich, *A Study in Ancient Nationalism* (Williamsport, Pa.: The Bayard Press, 1933).

8. Pericles' funeral oration in Thucydides, *The History of the Peloponnesian War*, book 2: 36, trans. Richard Crawley (Chicago: The University of Chicago Press), Great Books, vol. 6, 1952, p. 396.

9. Isocrates, *Panegyricus*, 23-26, trans. George Norlin (Cambridge: Harvard University Press, 1928), vol. 1, p. 133.

10. Raymond Firth, *Economics of the New Zealand Maori* (Wellington, New Zealand: Government Printers, 1959), p. 368.

11. *Ibid.*, p. 370.

12. *Ibid.*, p. 373.

13. Clarence R. Bagley, "Chief Seattle and Angeline," *The Washington Historical Quarterly*, vol. 22, no. 4, pp. 253-255.

14. Leonard W. Doob, *Patriotism and Nationalism: Their Psychological Foundations* (New Haven: Yale University Press, 1952), p. 196.

15. Ernest Wallace and E. Adamson Hoebel, *The Comanches: Land of the South Plains* (Norman: University of Oklahoma Press, 1952), p. 196.

16. Chief Standing Bear, *Land of the Spotted Eagle* (Boston: Houghton Mifflin, 1933), p. 43, pp. 192-193.

17. W. E. H. Stanner, "Aboriginal territorial organization: estate, range, domain and regime," *Oceania*, vol. 36, no. 1, 1965, pp. 1-26.

18. T. G. H. Strehlow, *Aranda Traditions* (Melbourne: Melbourne University Press, 1947), p. 51.

19. *Ibid.*, pp. 30-31; see also Amos Rapoport, "Australian aborigines and the definition of place," in W. J. Mitchell, ed., *Environmental Design and Research Association*, Proceedings of the 3rd Conference at Los Angeles, 1972, pp. 3-3-1 to 3-3-14.

20. Robert Davis, *Some Men of the Merchant Marine*, unpublished Master's thesis, Faculty of Political Science, Columbia University Press, 1907; quoted in Margaret M. Wood, *Paths of Loneliness* (New York: Columbia University Press, 1953), p. 156.

21. Raymond Firth, *We, the Tikopia* (London: George Allen & Unwin, 1957), pp. 27-28.

22. John Nance, *The Gentle Tasaday* (New York: Harcourt, Brace, Jovanovich, 1975), pp. 21-22.

23. *Ibid.*, p. 57.

24. *Tao Te Ching*, chapter 80; quoted in Fung Yu-lan, *A Short History of Chinese Philosophy* (New York: Macmillan, 1948), p. 20.

25. Archie Lieberman, *Farm Boy* (New York: Harry N. Abrams, 1974), p. 36.

26. *Ibid.*, p. 130.

27. *Ibid.*, p. 293.

5장 인간이 만든 공간은 우리의 감정을 살아나게 한다

1. Karl von Frisch, *Animal Architecture* (New York: Harcourt Brace Jovanovich, 1974).

2. See Christopher Alexander, *Notes on the Synthesis of Form* (Cambridge: Harvard University Press, 1964).

3. Pierre Deffontaines, *Céographie et religions* (Paris: librarie Gallimard, 1948); Mircea Eliade, *The Sacred and the Profane* (New York: Harper & Row, 1961); Lord Raglan, *The Temple and the House* (London: Routledge & Paul, 1964). On the animal and human sacrifices in the building of a Royal City, see T. K. Chêng, *Shang China* (Toronto: University of Toronto Press, 1960), p. 21.

4. John Harvey, *The Medieval Architect* (London: Wayland Publishers, 1972), p. 97.

5. *Ibid.*, p. 26.

6. P. du Colombier, *Les Chantiers des cathedrales* (Paris: J. Picard, 1953), p. 18; quoted in Adolf Katzenellenbogen, *The Sculptural Programs of Chartres Cathedral* (New York: Norton, 1964), p. vii.

7. Leopold von Ranke, *Ecclesiastical and Political History of the Popes during the Sixteenth and Seventeenth Centuries* (London: J. Murray, 1840), vol. 1, book 4, sec.

8; quoted by Geoffrey Scott, *The Architecture of Humanism* (New York: Charles Scribner's, 1969), pp. 112-113.

8. Neil Harris, "American space: spaced out at the shopping center," *The New Republic*, vol. 173, no. 24, 1975, pp. 23-26.

9. S. Giedion, *The Eternal Present*, particularly "Supremacy of the vertical," pp. 435-492.

10. Wright Morris, *The Home Place* (New York: Charles Scribner's, 1948), pp. 75-76.

11. S. Giedion, *Architecture and the Phenomena of Transition* (Cambridge: Harvard University Press, 1971), pp. 144-255. On the importance and influence of the Pantheon see William L. MacDonald, *The Pantheon: Design, Meaning, and Progeny* (Cambridge: Harvard University Press, 1976).

12. Susanne K. Langer, *Mind: An Essay on Human Feeling* (Baltimore: Johns Hopkins University Press, 1967), vol. 1, p. 160.

13. John G. Neihardt, *Black Elk Speaks* (Lincoln: University of Nebraska Press, 1961), pp. 198-200.

14. Clark E. Cunningham, "Order in the Atoni House," *Bijdragen Tet De Taaland-En Volkekunde*, vol. 120, 1964, pp. 34-68.

15. P. Suzuki, *The Religious System and Culture of Nias, Indonesia* (The Hague: Ph.D. dissertation, Leiden University, 1959), pp. 56ff.; summarized in Douglas Fraser, *Village Planning in the Primitive World* (New York: George Braziller, n.d.), pp. 36-38.

16. Colin M. Turnbull, *Wayward Servants* (London: Eyre & Spottiswode, 1965), p. 200.

17. The teaching function of the cathedral is a theme developed in Emile Mâle, *The Gothic Image* (New York: Harper Torchbooks, 1958).

18. Patrick Nuttgens, "The metaphysics of light," in *The Landscape of Ideas* (London: Faber & Faber, 1972), pp. 42-60.

19. A. Rapoport, "Images, symbols and popular design," *International Journal of Symbology*, vol. 4, no. 3, 1973, pp. 1-12; MarcTreib, "Messages in the interstices: symbols in the urban landscape," *Journal of Architectural Education*, vol. 30, no. 1, 1976, pp. 18-21.

20. Scott, *The Architecture of Humanism*, p. 50.

6장 공간은 우리의 신체와 인간관계에 따라 구분된다

1. Immanuel Kant, "On the first ground of the distinction of regions in space," in *Kant's Inaugural Dissertation and Early Writings on Space*, trans. John Handyside (Chicago: Open Court, 1929), pp. 22-23. See also J. A. May, *Kant's Concept*

of Geography and Its Relation to Recent Geographical Thought, University of Toronto Department of Geography Research Publication no. 4 (University of Toronto Press, 1970), pp. 70-72.

2. Arnold Gesell and Catharine S. Amatruda, *Developmental Diagnosis* (New York: Harper & Row, 1947), p. 42.

3. E. W. Straus, *Phenomenological Psychology* (New York: Basic Books, 1966), p. 143.

4. E. R. Bevan, *Symbolism and Belief* (London: George Allen and Unwin, 1938), p. 48.

5. Michael Young and Peter Willmott, *The Symmetrical Family* (New York: Pantheon Books, 1973), pp. 44-45.

6. Rene Guenon, "L'Idee du centre dans la tradition antique," in *Symboles fondamentaux de la science sacrée* (Paris: Gallimard, 1962), pp. 83-93; Paul Wheatley, "The symbolism of the center," in *The Pivot of the Four Quarters* (Chicago: Aldine, 1971), pp. 428-436.

7. Uno Holmberg, "Siberian mythology," in J. A. Macculloch, ed., *Mythology of All the Races* (Boston: Marshall Jones, 1927), vol. 4, p. 309.

8. Bevan, *Symbolism and Belief*, p. 66.

9. A. J. Wensinck, "Ka'ba" in *The Encyclopaedia of Islam* (Leiden : Brill, 1927), vol. 2, p. 590.

10. John Wesley, *A Survey of the Wisdom of God in the Creation* (London: 1809), vol. 3, p. 11.

11. Marcel Granet, "Right and left in China," in R. Needham, ed., *Right & Left: Essays on Dual Symbolic Classification* (Chicago: University of Chicago Press, 1973), p. 49.

12. Ervin Goffman, *The Presentation of Self in Everyday Life* (Garden City, N.Y.: DoubledayAnchor, 1959), p. 123.

13. A. F. Wright, "Symbolism and function: reflections on Changan and other great cities," *Journal of Asian Studies*, vol. 24, 1965, p. 671.

14. D. C. Munro and G. C. Sellery, *Medieval Civilizations: Selected Studies from European Authors* (New York: The Century Co., 1910), pp. 358-361.

15. Documented in Needham, ed., *Right & Left*.

16. Robert Hertz, *Death and the Right-Hand* (Glencoe, Illinois: Free Press, 1960), pp. 100-101.

17. A. C. Kruyt, "Right and left in central Celebes," in Needham, ed., *Right & Left*, pp. 74-75.

18. J. Chelhod, "Pre-eminence of the right, based upon Arabic evidence," in Needham, ed., *Right & Left*, pp. 246-247.

19. James Littlejohn, "Temne right and left: an essay on the choreography of everyday life," in Needham, ed., *Right & Left*, p. 291.

20. Granet, "Right and left in China," pp. 43-58.

21. Henri Frankfort, H. A. Frankfort, John A. Wilson, and Thorkild Jacobsen, *Before Philosophy* (Baltimore: Penguin, 1951), pp. 45-46.

22. Carl H. Hamburg, *Symbol and Reality* (The Hague: Martinus Nijhoff, 1970), p. 98.

23. D. Westermann, *A Study of the Ewe Language* (London : Oxford University Press, 1930), pp. 52-55.

24. Ernst Cassirer, *The Philosophy of Symbolic Forms* (New Haven: Yale University Press, 1953), pp. 206-207.

25. Maurice Merleau-Ponty, *Phenomenology of Perception* (London: Routledge & Kegan Paul, 1962), p. 101.

26. Jean-Paul Sartre, "The body," in Stuart F. Spicker, ed., *The Philosophy of the Body* (Chicago: Quadrangle Books, 1970), p. 227.

27. *Notes and Queries in Anthropology*, Committee of the Royal Anthropological Institute (London: Routledge & Kegan Paul, 1951), p. 197.

28. J. Littlejohn, "Temne space," *Anthropological Quarterly*, vol. 36, 1963, p. 4.

29. R. H. Codrington, *The Melanesian Languages* (Oxford: Clarendon Press, 1885), pp. 164-165; see also pp. 103-105.

30. Franz Boas, "Kwakiutl," in Franz Boas, ed., *Handbook of American Indian Languages* (Smithsonian Institution, Washington, D.C. : Government Printing Office, 1911), Bulletin 40, part 1, p. 445.

31. *Ibid.*, p.446.

32. Cassirer, *The Philosophy of Symbolic Forms*, p. 213.

33. John R. Swanton, "Tlingit," in Boas, ed., *Handbook of American Indian Languages*, p. 172.

34. Waldemar Bogoras, "Chukchee," in F. Boas, ed., *Handbook of American Indian Languages* (Smithsonian Institution, Washington, D.C. : Government Printing Office, 1922), Bulletin 40, part 2, p. 723.

35. Stephen A. Erickson, "Language and meaning," in James M. Edie, ed., *New Essays in Phenomenology* (Chicago: Quadrangle Books, 1969), pp. 45-46.

7장 우리의 몸과 오감은 공간과 장소를 어떻게 경험할까

1. Michael Oakeshott, *Experience and Its Modes* (Cambridge at the University Press, 1933), p. 10.

2. Paul Ricoeur, *Fallible Man: Philosophy of the Will* (Chicago: Henry Regnery Co., 1967), p. 127.

3. The German word *erfahren* includes the different meanings of "to find out," "to learn," and "to experience."

4. Susanne K. Langer, *Philosophy in a New Key* (New York: Mentor Book, 1958), p. 85.

5. Jose Ortega y Gasset, *Man and People* (New York: Norton Library, 1963), pp. 158-159; Julian Marias, *Metaphysical Anthropology: The Empirical Structure of Human Life* (University Park: Pennsylvania State University Press, 1971), p. 40.

6. R. W. Moncrieff, *Odour Preferences* (London: Leonard Hill, 1966), p. 65.

7. *Ibid.*, p. 246.

8. Susanne K. Langer, *Mind: An Essay on Human Feeling* (Baltimore: Johns Hopkins University Press, 1972), vol. 2, pp. 192-193.

9. *Ibid.*, pp. 257-259.

10. Geza Revesz, "The problem of space with particular emphasis on specific sensory spaces," *American Journal of Psychology*, vol. 50, 1937, pp. 429-444.

11. Bernard G. Campbell, *Human Evolution: An Introduction to Man's Adaptations* (Chicago: Aldine, 1966), pp. 78, 161-162.

12. William James, *The Principles of Psychology* (New York: Henry Holt, 1918), vol. 2, p. 134.

13. D. M. Armstrong, *Bodily Sensations* (London: Routledge & Kegan Paul, 1962), p. 21.

14. Albert Camus, *Garnet, 1942-1951* (London: Hamish Hamilton, 1966), p. 26.

15. Susanne K. Langer, *Feeling and Form: A Theory of Art* (New York: Charles Scribner, 1953), p. 117.

16. Roberto Gerhard, "The nature of music," *The Score*, no. 16, 1956, p. 7; quoted in Sir Russell Brain, *The Nature of Experience* (London: Oxford University Press, 1959), p. 57.

17. P. H. Knapp, "Emotional aspects of hearing loss," *Psychosomatic Medicine*, vol. 10, 1948, pp. 203-222.

18. James, *Principles of Psychology*, pp. 203-204.

19. *Ibid.*, p. 204.

8장 아이들은 어떻게 공간을 탐험하고 자신만의 장소를 탐색할까

1. Ernest G. Schachtel, *Metamorphosis: On the Development of Affect, Perception, Attention, and Memory* (New York: Basic Books, 1959), pp. 287-288, p. 298.

2. J. S. Bruner et al., *Studies in Cognitive Growth* (New York: John Wiley, 1966), p. 2; Wilder Penfield, *The Mystery of the Mind* (Princeton: Princeton University Press, 1975), p. 19.

3. Bing-chung Ling, "A genetic study of sustained visual fixation and associated behavior in the human infant from birth to six months," *Journal of Genetic Psychology*, vol. 61,1942, pp. 271-272; M. Scaife and j. S. Bruner, "The capacity for joint visual attention in the infant," *Nature*, 24 January 1975, pp. 265-266.

4. B. E. McKenzie and R. H. Day, "Object distance as a determinant of visual fixation in early infancy," *Science*, vol. 178, 1972, pp. 1108-1110.

5. Rene A. Spitz, *The First Year of Life* (New York: International Universities Press, 1965), p. 64.

6. Jean Piaget, *The Construction of Reality in the Child* (New York: Ballantine Books, 1971), pp. 46-47; Gerald Cratch, "Recent studies based on Piaget's view of object concept development," in Leslie B. Cohen and Philip Salapatek, eds., *Infant Perception: From Sensation to Cognition* (New York: Academic Press, 1975), vol. II, pp. 51-99.

7. Jean Piaget and Barbel Inhelder, *The Child's Concept of Space* (New York: Norton Library, 1967), p. 5.

8. T. G. R. Bower, "The visual world of infants," *Scientific American*, vol. 215, no. 6, 1966, p. 90; Albert Yonas and Herbert J. Pick, jr., "An approach to the study of infant space perception," in Cohen and Salapatek, *Infant Perception*, pp. 3-28; Daphne M. Maurer and Charles E. Maurer, "Newborn babies see better than you think," *Psychology Today*, vol. 10, no. 5, 1976, pp. 85-88.

9. Piaget, *The Construction of Reality*, p. 285.

10. Spitz, *The First Year of Life*, p. 176.

11. G. A. Morgan and H. N. Ricciuti, "Infants' response to strangers during the first year," in B. M. Foss, ed., *Determinants of Infant Behavior* (London: Methuen, 1967), p. 263.

12. Eleanor Gibson, *Principles of Perceptual Learning and Development* (New York: Appleton-Century-Crofts, 1969), pp. 319-321.

13. M. J. Konner, "Aspects of the developmental ethology of a foraging people," in N. Blurton Jones, ed., *Ethological Studies of Child Behavior* (Cambridge at the University Press, 1972); p. 297.

14. J. W. Anderson, "Attachment behavior out of doors," in N. Blurton Jones, *Ethological Studies of Child Behavior*, p. 205.

15. *Ibid.*, p. 208.

16. Roman Jakobson, *Child Language Aphasia and Phonological Universals* (The Hague: Mouton, 1968); quoted in Howard Gardner, *The Quest for Mind* (New York: Vintage Books, 1974), pp. 198-199.

17. Arnold Gesell, F. L. llg, and G. E. Bullie, *Vision: Its Development in Infant and*

Child (New York: Paul B. Hoeber, 1950), pp. 102, 113, 116.

18. L. B. Ames and J. Learned, "The development of verbalized space in the young child," *Journal of Genetic Psychology*, vol. 72, 1948, pp. 63-84.

19. Piaget and Inhelder, *The Child's Concept of Space*, p. 68, pp. 155-160, p. 20.

20. D. R. Olson, *Cognitive Development: The Child's Acquisition of Diagonality* (New York: Academic Press, 1970).

21. Jean Piaget, *The Child and Reality* (New York: Viking Compass Edition, 1974), p. 19, 86. See also Roger A. Hart and Gary T. Moore, "The development of spatial cognition: a review," in Roger M. Downs and David Stea, eds., *Image and Environment* (Chicago: Aldine, 1973), pp. 246-288.

22. Piaget and Inhelder, *The Child's Concept of Space*, pp. 379, 389.

23. *Ibid.*, p. 49.

24. J. M. Blaut and David Stea, "Studies of geographic learning," *Annals, Association of American Geographers*, vol. 61, no. 2, 1971, pp. 387-393, and David Stea and J. M. Blaut, "Some preliminary observations on spatial learning in school children," in Downs and Stea, *Image and Environment*, pp. 226-234.

25. Susan Isaacs, *Intellectual Growth in Young Children* (New York: Harcourt and Brace, 1930), p. 37.

26. Ruth M. Beard, *An Outline of Piaget's Developmental Psychology* (New York: Mentor Book, 1972), pp. 109-110.

27. Gesell et al., *Vision*, p. 126.

28. Gesell et al., *Vision*, p. 121.

29. Ames and Learned, "The development of verbalized space," pp. 72, 75.

30. F. J. Estvanand E. W. Estvan, *The Child's World: His Social Perception* (New York: G. P. Putnam's, 1959), pp. 21-76.

31. Jean Piaget, *The Child's Conception of the World* (Totowa, New Jersey: Littlefield, Adams, 1969), pp. 352-354.

32. Susan Isaacs, "Property and possessiveness," in Toby Talbot, ed., *The World of the Child* (Garden City, New York: Anchor Books, 1968), pp. 255-265.

33. Robert Coles, *Migrants, Sharecroppers, Mountaineers* (Boston: Atlantic- Little, Brown, 1972), p. 67.

34. S. Honkavaara, *The Psychology of Expression*, British Journal of Psychology Monograph Supplements, no. 32, 1961, pp. 41-42, p. 45; Howard Gardner and Ellen Winner, "How children learn : three stages of understanding art," *Psychology Today*, vol. 9, no. 10, 1976, pp. 42-45, p. 74.

9장 왜 집단에 따라 공간적 능력과 공간적 지식은 차이가 날까

1. Michael Polanyi and Harry Prosch, *Meaning* (Chicago: University of Chicago Press, 1975), p. 41.

2. I have explored this theme in "Images and mental maps," *Annals, Association of American Geographers*, vol. 65, no. 2, 1975, pp. 205-213.

3. C. C. Luce and Julius Segal, *Sleep* (New York: Coward-McCann, 1966), p. 134.

4. Nathaniel Kleitman, *Sleep and Wakefulness* (Chicago: University of Chicago Press, 1963), p. 282.

5. Griffith Williams, "Highway hypnosis: an hypothesis," *International Journal of Clinical and Experimental Hypnosis*, vol. 11, no. 3, 1963, p. 147.

6. L. A. Pechstein, "Whole vs. part methods in motor learning," *Psychological Monograph*, vol. 33, no. 99, 1917, p. 30; quoted by K. S. Lashley, "Learning: I. Nervous mechanisms in learning," in Carl Murchison, ed., *The Foundations of Experimental Psychology* (Worcester: Clark University Press, 1929), p. 535.

7. Warner Brown, "Spatial integration in human maze," *University of California Publications in Psychology*, vol. 5, no. 6, 1932, pp. 123-134.

8. *Ibid.*, p. 128.

9. *Ibid.*, p. 124.

10. D. O. Hebb, *The Organization of Behavior: A Neuropsychological Theory* (New York: John Wiley, 1949), p. 136.

11. Robert Edgerton, *The Cloak of Competence* (Berkeley: University of California Press, 1967), p. 95.

12. Alan Richardson, *Mental Imagery* (London : Routledge & Kegan Paul, 1969), p. 56; Richard M. Suinn, "Body thinking: psychology for Olympic champs," *Psychology Today*, vol. 10, no. 2, 1976, pp. 38-43.

13. J. A. Leonard and R. C. Newman, "Spatial orientation in the blind," *Nature*, vol. 215, no. 5108, 1967, p. 1414.

14. J. McReynolds and P. Worchel, "Geographic orientation in the blind," *Journal of General Psychology*, vol. 51, 1954, p. 230, 234.

15. H. R. De Silva, "A case of a boy possessing an automatic directional sense," *Science*, vol. 73, 1931, pp 393-394.

16. John Nance, *The Gentle Tasaday* (New York: Harcourt Brace Jovanovich, 1975), pp. 21-22.

17. H. D. Hutorowicz, "Maps of primitive peoples," *Bulletin, American Geographical Society*, vol. 43, 1911, pp. 669-679; C. E. LeGear, "Map making by primitive peoples," *Special Libraries*, vol. 35, no. 3, 1944, pp. 79-83.

18. Hutorowicz, "Maps of primitive peoples," p. 670.

19. John W. Berry, "Temne and Eskimo perceptual skills," *International Journal of Psychology*, vol. 1, 1966, pp. 207-229.

20. Edmund S. Carpenter, "Space concepts of the Aivilik Eskimo," *Explorations*, vol. 5, 1955, p. 140.

21. *Ibid.* , p. 138.

22. Berry, "Temne and Eskimo perceptual skills." See also Beatrice Whiting's discussion on "Differences in child rearing between foragers and nonforagers" in Richard B. Lee and Irven de Vore, eds., *Man the Hunter* (Chicago: Aldine, 1968), p. 337.

23. David Lewis, *We, the Navigators* (Honolulu : The University Press of Hawaii, 1972), pp. 17-18.

24. Thomas Gladwin, *East Is a Big Bird.* (Cambridge: Harvard University Press, 1970), pp. 17-18.

25. *Ibid.*, p. 56.

26. Lewis, *We, the Navigators*, p. 87.

27. Gladwin, *East Is a Big Bird*, p. 129.

28. *Ibid.*, p. 131.

29. *Ibid.*, p. 34; M. Levison, R. Gerard Ward, and J. W. Webb, *The Settlement of Polynesia: A Computer Simulation* (Minneapolis: University of Minnesota Press, 1973), pp. 62-64.

10장 깊은 의미를 주는 장소가 꼭 시각적으로 특출한 것은 아니다

1. Wallace Stevens, *Collected Poems* (New York: Knopf, 1965), p. 76.

2. Langer, *Feeling and Form*, p. 40.

3. R. M. Newcomb, "Monuments three millennia old—the persistence of place," *Landscape*, vol. 17, 1967, pp. 24-26; Rene Dubos, "Persistence of place," in *A Cod Within* (New York: Charles Scribner's, 1972), pp. 111-134.

4. Langer, *Feeling and Form*, p. 96.

5. *Ibid.*, p. 98.

6. John Y. Keur and Dorothy L. Keur, *The Deeply Rooted: A Study of a Drents Community in the Netherlands*, Monographs of the American Ethnological Society, vol. 25, 1955.

7. Maurice Halbwachs, *The Psychology of Social Class* (Clencoe, Illinois: The Free Press, 1958), p. 35.

8. C. William Skinner, "Marketing and social structure in rural China," *The Journal of Asian Studies*, vol. 24, no. 1, 1964, p. 32.

9. *Ibid.*, p. 35.

10. *Ibid.*, p. 38.

11. Herbert J. Cans, *The Urban Villagers* (New York: The Free Press, 1962), p. 105.

12. *Ibid.*, p. 107.

13. Walter Firey, *Land Use in Central Boston* (Cambridge: Harvard University Press, 1947), pp. 45-48, pp. 87-88, p. 96.

14. Caroline F. Ware, *Greenwich Village 1920-1930* (Boston: Houghton Mifflin Co., 1935), pp. 88-89.

15. Eliade, *The Sacred and the Profane*, p. 49.

16. Charles Pendrill, *London Life in the 14th Century* (London: Allen & Unwin, 1925), pp. 47-48.

17. Anselm Strauss, *Images of the American City* (New York: Free Press, 1961).

18. Jan Morris, "Views from Lookout Mountain," *Encounter*, June 1975, p. 43.

19. A. Andrewes, "The growth of the city-state," in Hugh Lloyd-Jones, ed., *The Greeks* (Cleveland and New York: World, 1962), p. 19.

20. Thucydides, ii, 37 (B. Jowett translation).

21. William R. Halliday, *The Growth of the City State* (Chicago: Argonaut, 1967), p. 94.

22. Ernst Moritz Arndt, "Was ist des Deutschen Vaterland?" in *The Poetry of Germany*, trans. Alfred Baskerville (Baden-Baden and Hamburg, 1876), pp. 150-152; quoted in Louis L. Snyder, *The Dynamics of Nationalism* (Princeton, N.J.: D. Van Nostrand, 1964), p. 145.

23. Albert Mathiez, *Les Origines des cultes révolutionnaires* (1789-1792) (Paris: Georges Bellars, 1904), p. 31; quoted in C. J. H. Hayes, *Essays on Nationalism* (New York: The Macmillan Co., 1928), p. 103.

24. Leonard W. Doob, *Patriotism and Nationalism: Their Psychological Foundations* (New Haven: Yale University Press, 1964), p. 163.

25. Hayes, *Essays on Nationalism*, p. 108-109.

26. *Ibid.*, p. 65.

11장 신화적 공간은 인간의 욕구에 상상력이 반응한 것이다

1. For Northwest Passage, see John K. Wright, "The open Polar Sea," in *Human Nature in Geography* (Cambridge: Harvard University Press, 1966), pp. 89-

118. For terrestrial paradise, see Henri Baudet, *Paradise on Earth* (New Haven: Yale University Press, 1965), and Carolly Erickson, *The Medieval Vision: Essays in History and Perception* (New York: Oxford University Press, 1976), pp. 3-8. I wish to thank Ivor Winton for reading this chapter critically.

2. T. A. Ryan and M. S. Ryan, "Geographical orientation," *American Journal of Psychology*, vol. 53, 1940, pp. 204-215.

3. Thomas Gladwin, *East Is a Big Bird: Navigation and Logic on Puluwat Atoll* (Cambridge: Harvard University Press, 1970), pp. 17, 132.

4. A. Irving Hallowell, *Culture and Experience* (Philadelphia: University of Pennsylvania Press, 1955), p. 187.

5. *Ibid.*, pp. 192-193.

6. Victor W. Turner, "Symbols in African ritual," *Science*, vol. 179, 16 March 1973, p. 1104.

7. *Ibid.* See Genevieve Calame-Griaule, *Ethnologie et Langage: le parole chez les Dogons* (Paris: Gallimard, 1965), pp. 27-28.

8. For Chinese folk belief concerning nature, see E. Chavannes, *Le T'ai Chan* (Paris: Ernest Leroux, 1910).

9. William Caxton, *Mirrour of the World*, ed. Oliver H. Prior (London: Early English Text Society, 1913), p. 109. First published in 1481.

10. Sir Walter Ralegh, *The History of the World*, book 1, chap. 2, sec. 5, in *The Works of Sir Walter Ralegh* (Oxford: 1829), p. 59.

11. Christopher Packe, *A Dissertation upon the Surface of the Earth* (London: 1737), pp. 4-5.

12. Ernst Cassirer, *The Individual and the Cosmos in Renaissance Philosophy* (Oxford: Clarendon Press, 1963), p. 110.

13. Leonard Barkan, *Nature's Work of Art: The Human Body as Image of the World* (New Haven : Yale University Press, 1975), p. 23.

14. Gilbert Cope, *Symbolism in the Bible and the Church* (London: SCM Press, 1959), pp. 63-64.

15. G. W. Stow, *The Native Races of South Africa* (London: Sonnenschein, 1910), p. 43.

16. White, "The Pueblo of Santa Ana, New Mexico," p. 80.

17. Hallowell, *Culture and Experience*, p. 191.

18. *Ibid.*, p. 199.

19. Nelson I. Wu, *Chinese and Indian Architecture* (New York: Braziller, 1963), p. 12.

20. Nowotny, *Beitrage zur Geschichte des Weltbildes*.

21. Franz Cumont, *Astrology and Religion among the Greeks and Romans* (New York: Dover, 1960), p. 67.

22. Vincent Scully, *The Earth, the Temple, and the Gods* (New Haven : Yale University Press, 1962), p. 44.

23. Ernest Brehaut, *An Encyc/opedist of the Dark Ages: Isidore of Seville* (Columbia University Studies in History, Economics, and Public Law), vol. 48, 1912, pp. 61-62.

24. *Ibid.*, pp. 238-239.

25. Cope, *Symbolism in the Bible*, pp. 242-243.

26. See, for example, the Ebsdorf world map (ca. 1235), reproduced in Leo Bagrow, *History of Cartography* (Cambridge: Harvard University Press, 1964), plate E.

27. Donald J. Munro, *The Concept of Man in Early China* (Stanford: Stanford University Press, 1969), p. 41.

28. D. R. Dicks, "The KAIMATA in Creek geography," *Classical Quarterly*, vol. 5, 1955, p. 249.

29. Clarence J. Clacken, *Traces on the Rhodian Shore* (Berkeley: University of California Press, 1967).

30. Geoffrey Lloyd, "Right and left in Greek philosophy," in Needham, ed., *Right & Left*, p. 177.

31. Loren Baritz, "The idea of the West," *American Historical Review*, vol. 66, no. 3, 1961, pp. 618-640.

32. Merrill Jensen, ed., *Regionalism in America* (Madison: University of Wisconsin Press, 1965); Wilbur Zelinsky, *The Cultural Geography of the United States* (Englewood Cliffs: Prentice-Hall, 1973).

33. Leslie A. Fiedler, *The Return of the Vanishing American* (New York: Stein & Day, 1968), pp. 16-22.

34. J. B. Jackson, *American Space: The Centennial Years 1865-1876* (New York: Norton, 1970), p. 58.

35. Mircea Eliade, *Images and Symbols* (New York: Sheed and Ward, 1969), p. 39.

12장 공간은 시간을 품는다

1. Langer, *Feeling and Form*, p. 112.

2. Colin M. Turnbull, *The Forest People* (London: Chatto & Windus, 1961), p. 223, 227; "The legends of the BaMbuti," *Journal of the Royal Anthropological Institute*, vol. 89, 1959, pp. 45-60; "The MButi Pygmies: an ethnographic survey," *Anthropological Papers*, The American Museum of Natural History, vol. 50, part 3, 1965, p. 164, 166.

3. Benjamin Lee Whorf, "An American Indian model of the universe," *Collected*

Papers on Metalinguistics (Washington, D.C.: Foreign Service Institute, 1952), pp. 47-52.

4. Arthur O. Lovejoy and George Boas, *Primitivism and Related Ideas in Antiquity* (Baltimore: Johns Hopkins University Press, 1935).

5. A. C. Graham, *The Book of Lien Tzu* (London: John Murray, 1960), pp. 34-35.

6. Philip W. Porter and Fred E. Lukermann, "The geography of Utopia," in David Lowenthal and Martyn Bowden, eds., *Geographies of the Mind* (New York: Oxford University Press, 1976), pp. 197-223.

7. Rudolf Arnheim, *Art and Visual Perception* (Berkeley and Los Angeles: University of California Press, 1965), p. 240.

8. E. Minkowski, *Lived Time: Phenomenological and Psychological Studies* (Evanston: Northwestern University Press, 1970), pp. 81-90.

9. John T. Ogden, "From spatial to aesthetic distance in the eighteenth century," *Journal of the History of Ideas*, vol. 35, no. 1, 1974, pp. 63-78.

10. Frederick Bradnum, *The Long Walks: Journeys to the Sources of the Nile* (London: Victor Collancz, 1969), pp. 21-22.

11. Christopher Salvesen, *The Landscape of Memory: A Study of Wordsworth's Poetry* (London: Edward Arnold, 1965), pp. 156-157.

12. Brian Elliott, *The Landscape of Australian Poetry* (Melbourne: F. W. Cheshire, 1967), p. 3.

13. David Lowenthal, "The American way of history," *Columbia University Forum*, vol. 9, 1966, pp. 27-32.

14. Patrick Hart, *Thomas Merton/Monk: A Monastic Tribute* (New York: Sheed and Ward, 1974), pp. 73-74.

15. E. W. Straus, *The Primary World of Senses* (New York: The Free Press, 1963), p. 33.

16. D. N. Parkes and N. Thrift, "Timing space and spacing time," *Environment and Planning A*, vol. 7, 1975, pp. 651-670.

17. Leslie A. White, "The world of the Keresan Pueblo Indians," in Stanley Diamond, ed., *Primitive Views of the World* (New York: Columbia University Press, 1964), pp. 83-94.

18. T. G. R. Strehlow, *Aranda Tradition* (Melbourne: Melbourne University Press, 1947), pp. 30-31.

19. R. M. Berndt and C. H. Berndt, *Man, Land and Myth in North Australia: The Cunwinggu People* (East Lansing: Michigan State University Press, 1970), pp. 18-41.

20. N. I. Wu, *Chinese and Indian Architecture* (New York: Braziller, 1963), pp. 29-45.

13장 시간의 흐름이 장소를 낳는다

1. John C. Gunnel I, *Political Philosophy and Time* (Middletown, Conn.: Wesleyan

University Press, 1968), pp. 55-56, 65-66.

2. F. Fraser Darling, "The unity of ecology," *The Advancement of Science*, November 1963, p. 302.

3. Michael Young and Peter Willmott, *The Symmetrical Family* (New York: Pantheon Books, 1973), pp. 148-174, pp. 239-262.

4. James K. Feibleman, *Philosophers Lead Sheltered Lives* (London: Allen & Unwin, 1952), p. 55.

5. Helen Gardner, "Give Staples Lewis," *Proceedings of the British Academy*, vol. 51, 1965, p. 421.

6. V. S. Naipaul, *The Mimic Men* (London: Andre Deutsch, 1967), pp. 204-205. 205.

7. Eugene Ionesco, *Fragments of a journal* (London: Faber & Faber, 1968), p. 11.

8. Simone de Beauvoir, *The Coming of Age* (New York: Putnam, 1972), p. 365.

9. Aristides, "The opinionated librarian," *The American Scholar*, Winter, 1975/76, p. 712.

10. Daniel A. Sugarman and Lucy Freeman, *The Search for Serenity: Understanding and Overcoming Anxiety* (New York: The Macmillan Company, 1970), p. 81.

11. Claude Levi-Strauss, *The Savage Mind* (London: Weidenfeld & Nicolson, 1966), p. 234.

12. E. E. Evans-Pritchard, *The Nuer* (Oxford: Clarendon Press, 1940), p. 108.

13. Jiro Harada, *A Glimpse of Japanese Ideals: Lectures on Japanese Art and Culture* (Tokyo: Kokusai Bunka Shinkokai, 1937), p. 7.

14. T. T. Chen, "The Chauchow stone bridge," *People's China*, vol. 15, August 1955, pp. 30-32; Andrew Boyd, *Chinese Architecture and Town Planning* (Chicago: University of Chicago Press, 1962), p. 155.

15. Homer Dubs, *The History of the Former Han Dynasty* (Baltimore: Waverly Press, 1938), vol. 1, pp. 181 and 183.

16. L. S. Yang, *Les Aspects économiques des travaux publics dans la Chine impériale* (Paris: College de France, 1964), p. 18.

17. *The Travels of Marco Polo*, trans. R. Latham (Harmondsworth: Penguin, 1958), pp. 98-100.

18. C. S. Lewis, *The Discarded Image* (Cambridge at the University Press, 1964), pp. 182-183.

19. Sigfried Ciedion, *Architecture and the Phenomena of Transition*, p. 231.

20. Georges Poulet, *Studies in Human Time* (Baltimore: The Johns Hopkins University Press, 1956), pp. 23-24.

21. Howard Mumford Jones, *O Strange New World* (New York: Viking Press, 1964), p. 359.

22. Alvin Schwartz, *Museum: The Story of America's Treasure Houses* (New York: E. P. Dutton, 1967), pp. 126-127.

23. David Lowenthal, "The past in the American landscape," in David Lowenthal

and Martyn J. Bowden, eds., *Geographies of the Mind* (New York: Oxford University Press, 1976), p. 106.

24. Schwartz, Museum, pp. 29 and 124; Dillon Ripley, *The Sacred Grove: Essays on Museums* (New York: Simon and Schuster, 1969), p. 89.

25. *Smithsonian*, vol. 6, no. 6,1975, pp. 33-40; and "The future of the past: our clouded vision of historic preservation," *Pioneer America*, vol. 7, no. 2, 1975, pp. 1-20.

26. Herbert J. Muller, *The Children of Frankenstein* (Bloomington: Indiana University Press, 1970), p. 270.

27. Robert M. Newcomb, "The nostalgia index of historical landscapes in Denmark," in W. P. Adams and F. M. Helleiner, eds., *International Geography 1972* (Toronto: University of Toronto Press, 1972), vol. 1, sec. 5, pp. 441-443.

옮긴이

윤영호

한국외국어대학교 언어학과를 졸업했으며 현재 전문 번역가로 활동하고 있다. 옮긴 책으로는『권력의 미래』,『진정성의 힘』,『화폐의 전망』,『플러스 나인』,『변화관리』,『마케팅』,『인재관리』,『위대한 두목 엘리자베스』,『자본의 미스터리』,『어떻게 세계는 서양이 주도하게 되었는가』,『삼성 라이징』,『슈퍼팬덤』 등이 있다.

김미선

한국외국어대학교를 졸업했으며 현재 전문 번역가로 활동 중이다. 옮긴 책으로는『체 게바라 평전』,『아랍인의 눈으로 본 십자군전쟁』,『마야, 잃어버린 도시들』,『보르헤스와 아르헨티나 문학』,『아이들이 너무 빨리 죽어요』,『종이괴물』,『지리의 힘』 등이 있다.

공간과 장소

1판 1쇄 펴냄   2020년 10월 20일
1판 5쇄 펴냄   2024년 3월 20일

지은이   이-푸 투안
옮긴이   윤영호 김미선
펴낸이   권선희
펴낸곳   사이
출판등록 제2020-000153호
주소 03938 서울시 마포구 월드컵로 36길 14 516호
전화 02-3143-3770
팩스 02-3143-3774
email saibook@naver.com

ⓒ 사이, 2020, Printed in Seoul, Korea

ISBN 978-89-93178-93-7 03300